赣州首届红色教育培训
精品课程大赛获奖课程汇编

HONG YAO
GANNAN

赣州市红色资源保护发展中心 编著

江西人民出版社
Jiangxi People's Publishing House
全国百佳出版社

本书编委会

顾　　问：张泰城

　　　　　匡　胜

　　　　　吴晓荣

主　　编：蔡小卫

执行主编：周　鸿

编　　务：彭　倩

　　　　　李　勤

　　　　　林　倩

　　　　　吴新玥

　　　　　刘　群

中国·赣州首届红色教育培训精品课程大赛剪影

2022 年 11 月 21 日，中国·赣州首届红色教育培训精品课程大赛总决赛在赣州广播电视台举行，来自中国井冈山干部学院、江西省社科院等单位的 9 位专家评委和 20 名大众评委现场打分，评出一、二、三等奖和优秀奖共 40 门课程，并选出"十佳红培讲师"。

评委正在专注认真地进行评选工作

评委与参赛选手合影

中国·赣州首届红色教育培训精品课程大赛剪影

进入决赛阶段的选手们综合运用视频、现场访谈、互动交流等多种形式，讲述了感人至深的红色故事、英烈事迹等，并将党的二十大精神融入其中，令人鼓舞、启人心智。

红培访谈教学课现场选手风采

红色研学课现场选手风采

　　江西赣州，是全国著名的革命老区，留下了无数共产党人践行革命理想信念的光辉事迹，孕育了跨越时空的苏区精神、长征精神和苏区干部好作风。

　　从 1927 年大革命失败后赣南农民武装暴动开始，到 1937 年抗日战争全面爆发、南方红军三年游击战争结束，中国共产党领导赣南人民进行了长达十年的艰苦革命斗争，第一个全国性红色政权——中华苏维埃共和国临时中央政府在这里成立，举世闻名的红军二万五千里长征从这里出发，艰苦卓绝的南方红军三年游击战争在这里"浴血坚持"。赣南苏区和赣南人民为中国革命的胜利、人民共和国的诞生作出了重大贡献，付出了巨大牺牲，也留下了许多特色鲜明、无比珍贵的革命文物、红色故事、红色歌谣等红色资源。

　　党的十八大以来，习近平总书记多次强调，"要用心用情用力保护好、管理好、运用好红色资源"，要把理想信念的火种、红色基因一代代传下去，让革命事业薪火相传、血脉永续。2019 年 5 月，习近平总书记亲临江西并来到赣州考察，提出了"作示范、勇争先"目标定位和"五个推进"重要要求，其中之一就是要推进红色基因传承。2023 年 10 月，习近平总书记再次到江西考察，强调要用井冈山精神、苏区精神、长征精神砥砺党员干部，高质量开展第二批主题教育。党的二十大报告明确提出，要用好红色资源，弘扬革命文化，持续抓好党史、新中国史、改革开放史、社会主义发展史宣传教育。这些重要讲话和论述，为我们在新征程上大力推进红色基因传承、广泛凝聚团结奋进力量提供了根本遵循和重要指导。

近几年，赣州市深入学习贯彻习近平新时代中国特色社会主义思想，认真落实《中共江西省委关于深入推进红色基因传承的意见》等有关文件精神，以创建全国红色基因传承示范区为抓手，全面加强红色资源开发利用工作，举办了纪念中华苏维埃共和国成立90周年、南方红军三年游击战争胜利85周年、纪念南昌起义军余部"赣南三整"95周年等系列理论研讨活动，创作了《八子参军》《一个人的长征》《大道薪火》《向死而生》等一批红色文艺精品，成功创建了国家5A级瑞金共和国摇篮景区，打造了全国首个高科技红色文化主题乐园——赣州方特东方欲晓，高标准推进长征国家文化公园赣州段建设，推出了"红色摇篮·革命赣南"等精品线路，红色旅游、红色教育培训、红色文化产业蓬勃发展，不断推动红色基因根植灵魂、融入血脉，努力把赣州打造成为最讲党性、最讲政治、最讲忠诚、最讲担当的红土圣地。

红色基因，薪火相传。为推动红色教育培训事业高质量发展，赣州市红色资源保护发展中心在全省率先制定实施了红色教育培训"十四五"规划，出台全市红色教育培训机构、基地和师资管理办法，成立全国第一个地级市红培协会，开展"喜迎二十大 红培传基因""看变化 感党恩"等多项红培主题活动，特别是把教学课程作为工作重点，制定年度课程开发计划，面向全国举办红色教育培训精品课程大赛，培育造就一支高素质师资队伍，全力打造全国红色教育培训"一线城市"。

中国·赣州首届红色教育培训精品课程大赛由全国红色基因传承研究中心办公室指导，赣州市委宣传部、市红色资源保护发展中心主办，市融媒体中心承办，共收到北京、南京、延安、湘潭、深圳等地的218门参赛课程，经过专家评审，遴选出40门优秀课程。这些课程立足赣南红色资源，挖掘出一大批可歌可泣、感人至深的红色故事，通过生动的文字叙述和精彩的语言表达，给人以强烈的共鸣，激发出奋进的力量，是对党员干部和群众进行革命传统教育、爱国主义教育的生动教材。

红色故事中辉映着红色历史，流淌着红色血脉。我们把此次课程大赛获奖课程汇编成册、出版发行，是为了纪念，更是为了传承，通过运用好大赛成果，让赣南这片红土地上鲜活生动的革命历史、有血有肉的英雄模范、催人奋进的伟大精神绽放出新的时代光芒。我们要从这些精神"富矿"中感受革命先烈的坚定意志，汲取红色精神的强大力量，当好红色传人，在讲好党的故事、革命的故事、英雄的故事中传承红色基因，在全社会厚植爱党爱国爱社会主义情怀。

新时代，新征程。站在新的历史起点上，我们要以党的二十大精神为指引，传承红色基因，赓续红色血脉，自信自强、守正创新，踔厉奋发、勇毅前行，以实干实绩创造新时代"第一等工作"，奋力推动革命老区高质量发展，不断书写中国式现代化的壮丽篇章。

目 录

现场教学

★ 马前托孤践初心

◎**内容提要** 本课程从众多革命故事当中选取马前托孤的故事来反映兴国人民的牺牲奉献精神。故事主人公李美群支持革命战争，动员家人参加红军，全力做好扩红工作，痛失爱人依然坚持为党工作。后响应党的号召，挥泪告别女儿钟全列，在身陷囹圄后，坚持与敌人顽强斗争。女儿钟全列知道身世后每年回兴国祭拜母亲。以小见大，马前托孤的故事歌颂所有为新中国献身的革命烈士，激励党员干部在缅怀革命历史中感悟初心，在传承红色基因中汲取力量，在新时代新征程上展现新担当新作为。

◎**主创人员** 刘毅 中共兴国县委党校常务副校长
范颖 中共兴国县委党校教育培训中心主任
◎**授课地点** 江西省赣州市兴国县革命烈士陵园烈士英名长廊前

各位学员：

大家好！

欢迎大家来到兴国烈士陵园，这里位于县城的繁华地段，就在这人来人往的闹市区，祭奠着5万多位革命先烈。为了心中的理想，他们拜别了年迈的双亲，挥别了新婚的妻子，寄养了嗷嗷待哺的孩子，用热血和生命践行了共产党人的初心和使命。

兴国烈士陵园内的革命烈士纪念馆

　　兴国是著名的苏区模范县、红军县、将军县，也是中华烈士第一县。在苏区时期，只有23万人口的兴国，参军参战的就有9万多人，为国捐躯的烈士有5万多位，而留下姓名的就只有我们眼前这条英名长廊上所刻写的23179位，烈士之多、牺牲之大，位列全国各县之首。

　　今天，我们站在这里，尽管战火的硝烟已经离我们远去，但是当我们仰望这23179个英名的时候，我们怎能忘记，在那战火纷飞的年代，英勇的兴国儿女舍

兴国烈士陵园内的烈士英名长廊

生忘死、前赴后继，铸就了这一座座不朽的丰碑。

在这个烈士陵园的展厅里，有一尊栩栩如生的雕像，叫作"马前托孤"，它讲述的正是血与火的岁月里，发生在兴国县的一个动人心魄、催人泪下的故事。故事的主人公叫李美群。

李美群出生在兴国县一个贫苦农民的家庭，从小被送到一户姓钟的人家当童养媳。1929 年，苏区革命的烈火燃遍了兴国大地，年仅 17 岁的李美群毅然带头剪掉辫子，拿起刀枪，当上了妇女赤卫队队长，站岗放哨、筹粮筹款、支援前线，日夜为革命事业奔走。身为先进分子的她送郎当红军自然不能落后，就这样，李美群动员新婚的丈夫钟延章参加了红军。在第三次反"围剿"战斗中，红军打了一个大胜仗，李美群率领慰问队到前线去慰问，想顺便跟丈夫见上一面，没想到，得到的却是丈夫牺牲的噩耗！夫妻之情，同志之爱，使她痛不欲生。但她并没有就此消沉，她擦干眼泪，重新投入到火热的斗争当中，率领妇女慰问队为红军送水送饭，抢救看护伤员，多次得到前线指挥部的表彰。在蔡畅的介绍下，她与省

马前托孤雕像

委组织部干部倪志善组建了新的家庭。然而,夫妻二人温馨的日子没有过上多久,因为战事紧张,中央再度发出了扩大红军的号召,李美群又毫不犹豫地动员丈夫去参加红军。李美群娘家九姐妹,只有一个弟弟,回到娘家,她又动员弟弟去参加了红军。送夫当红军,送弟上前线,李美群的事迹感动了苏区的无数群众,她走到哪里,哪里的扩红工作就搞得轰轰烈烈,兴国很快掀起了母送子、妻送郎、兄弟相争上战场的动人场景。80%的青壮年都参加了红军,李美群也因此被授予了"扩红模范"的称号,光荣地出席了第二次全国苏维埃代表大会,并当选为中央候补执行委员。也就是在此次"扩红"运动中,李美群发现自己已经怀有身孕,在兴国有一个风俗,女子不能在娘家生养。而倪志善是上海人,无奈之下,她只能回到钟家生孩子。1934年1月15日,李美群生下了女儿,取名钟全列,意思是希望有一天"马克思列宁主义旗帜能够插遍全中国"。

1933年9月,国民党反动派纠集百万大军,向苏区发动了第五次"围剿",中央苏区形势万分危急。1934年10月,倪志善随中央红军长征,不久就牺牲在长征途中。这时,李美群利用战斗间隙回家看望孩子,可是刚到家,就接到了上级要她立即归队的命令。她深知,自己这一去不知道什么时候才能回来。如果自己走了,女儿怎么办?这个家怎么办?身为儿媳,李美群对婆婆有太多的愧疚:钟家的五个儿子有三个被自己动员去参加了红军,如今婆婆体弱多病,自己却不能尽孝,她的心里怎能不牵挂?身为母亲,李美群对女儿有太多的不舍:孩子出生不久,就失去了父亲,如今自己又要奔赴战场,假如自己不幸牺牲,孩子就将成为孤儿!漫漫人生路,谁陪她长大?谁为她挡风遮雨?想到这里,这位坚强的女战士禁不住潸然泪下。

但是前方战事危急,就算个人再困难,也不能影响到党组织交给自己的任务。李美群不再犹豫,扑通一声跪在婆婆面前说:"妈,美群不孝,孩子就托付给您了。"说完便毅然跨上骏马,挥泪而别,就在她翻身上马的那一刻,小全列似乎知道妈妈要走了,发出了撕心裂肺的哭声,这哭声刺痛了李美群的心!无情未必真豪杰,怜子如何不丈夫!身为母亲,有谁不爱自己的孩子?但是,远处传来的枪声,引颈嘶鸣的战马，都在催着她重上战场，她狠心地在马背上抽了一鞭子，奔赴战场，而这一别，竟成了这对母女之间的永别！

红军长征后，李美群带领一支游击队与敌人周旋于崇山峻岭之间，最后弹尽粮绝，受伤被俘。敌人对她严刑拷打，威逼利诱，妄想从她的嘴里知道红军的机密，李美群总是咬紧牙关，与敌人进行顽强的斗争。尽管身陷囹圄，但她不断鼓励难友保持革命气节，等待胜利。由于长期被囚禁于监牢中，1936 年，李美群不幸身患重病，牺牲在南昌的监狱，年仅 25 岁。根据当时和李美群关在同一个监狱里的老红军回忆，李美群在生命的最后一刻，最放心不下的就是女儿的安危。

而此时，苏区笼罩在一片白色恐怖之中，卷土重来的土豪恶霸乘势向苏区群众反攻倒算。面对敌人的疯狂报复，李美群的婆婆已经无法保护小全列，就在此时，苏区人民用生命保护了烈士的遗孤。钟全列先由红军家属谢远淇收养，几个月后，同村的谢帮仁又接过了小全列。为了在白色恐怖中保全这个红色幼苗，谢帮仁一家背井离乡，流落到泰和县马市镇彭家岭一带隐姓埋名，种田为生。出于对小全列的保护，谢家对于她的身世只字未提，并且为她改名叫金冬秀。中华人民共和国成立后，蔡畅同志曾经派人四处寻找李美群的孩子，但是都没有结果。直到四十多年以后的 1979 年 12 月，钟全列的二叔辗转找到她时，她才第一次知道，原来自己叫钟全列，她还有一个革命的母亲！1982 年，钟全列夫妇专程从泰和来到兴国祭拜母亲，当她看到母亲的雕像时，她泣不成声、长跪不起，48 年的沧桑、48 年的思念、48 年的等待，一时间化作了泪水，奔涌而出。赴死疆场，家中盼归，最怕革命成功人未归，思念无处寄。

从此以后，每年的清明节，钟全列都要来这里祭奠母亲，为母亲的雕像擦擦灰，陪母亲说一说话。我曾经也采访过钟全列，当年襁褓中的那个婴儿如今已经是八十多岁的耄耋老人了。我问她："您最想对妈妈说的话是什么？"老人说："下辈子我还要做她的女儿！"

对于许多先烈的后人来说，亲人是缺席的存在，是最亲却最遥远的距离，他们终其一生都在寻找自己的亲人，只为走得更近一些，看得更清楚一些，最后盼到的只是一尊雕像和一个怎么念也回不来的名字！

可以慰藉烈士英魂的是，李美群所憧憬的新中国已经成为现实。如今，在党和政府的照顾下，她的女儿钟全列过上了幸福的生活。2011 年，作为烈士后人的代表，钟全列光荣地走进了北京人民大会堂，参加庆祝中国共产党成立 90 周年大会。

青山处处埋忠骨，何须马革裹尸还。在兴国，这样的感人故事还有很多很多……2019 年习近平总书记在江西视察时提到的"死到阴间不反水"的江善忠、腰缠万贯的"讨米人"刘启耀，他们的名字都在这烈士英名碑上，他们的事迹都陈展在这烈士纪念馆里，革命先烈践行着的是党旗下的铮铮誓言，坚守的是共产党人那份始终不变的初心使命，他们用生命和鲜血为共和国奠基，以奉献与牺牲为人民谋福祉，他们的英名将永远镌刻在中华民族伟大复兴的巍峨丰碑上，他们的精神也必将激励一代又一代传人。同志们：继承先烈遗志，坚守初心使命，让我们以人民的名义，将他们永远铭记！

点评：该课程讲述了中央苏区时期少共江西省委组织部部长李美群与其女钟全列的感人故事，展现了中央苏区时期党的干部在保全革命政权和革命火种时那种坚定的信念和不怕牺牲的品格。教学内容丰富真实，文字言简意赅，层次结构较为清晰，逻辑性强。教学环节详略得当，细节把握较好，语言表述流畅。

★ 傅连暲的红色信仰

◎**内容提要**　本课程讲述了出身贫寒的傅连暲在接触共产主义刊物、与红军战士的朝夕相处以及结识红军领导人以后，思想上发生的巨大转变。从同情革命到支持革命，最后放弃优越的生活，携带全部家产投身革命。在缺医少药的特殊年代，为部队及群众的健康殚精竭虑，在医疗卫生领域作出了巨大的贡献。难能可贵的是，在经历多次波折后，傅连暲内心的信仰依然坚定，多次要求加入中国共产党，终于在 1938 年 9 月实现了他多年的心愿。本课程通过对傅连暲思想转变过程和转变后对信念矢志不渝的介绍，让党员思想得到洗礼、学员心灵感到震撼，受到特别深刻的教育。

◎**主创人员**　朱慧琳　江西瑞金干部学院讲师
◎**授课地点**　江西省赣州市瑞金市叶坪镇朱坊村傅连暲纪念园

各位学员：

欢迎大家来到叶坪朱坊，这里是傅连暲纪念园。大家看这尊铜像，他目光炯炯，步履坚定，从福建方向走来。他就是中央红色医院、中华苏维埃共和国国家医院首任院长傅连暲。

他从未领兵打仗，甚至连枪都不会用，为什么成了新中国的开国中将？他原本是一个基督教徒，为什么成了一名无产阶级革命家、一位坚定的共产主义信仰

瑞金叶坪朱坊村傅连暲纪念园

者？今天，我们一起来追忆被毛主席称为"红色华佗"的革命先辈——傅连暲。

他 1894 年 9 月出生于福建省长汀县，家境贫寒，从小就跟着父母信奉了基督教。22 岁那年，他从亚盛顿医科学校毕业，成了长汀福音医院的一名医生。由于聪明好学、勤奋刻苦，几年的临床实践下来，业务进步很大，收入也逐渐提高。母亲看在眼里、喜在心中，时不时提醒儿子，给人家看病要耐心，对穷苦人不能另眼相看，别忘了咱们家祖祖辈辈都是穷人！

善良的母亲给他种下了善良的种子，对穷苦百姓，傅连暲的内心总是充满着悲悯。1922 年盛夏的一天，医院里抬来了一位奄奄一息的船工，他查了个遍，竟没查出是什么病。后来，病人的几个工友说，因为没有活干，他已经好几餐没有吃饭了。傅连暲摇了摇头，叹了口气，转身出门，很快端来一碗稀饭，一碟小菜，叫护士小心给他喂下，病人慢慢缓了过来。三天后，康复出院。傅连暲垫付了他的全部医疗费用，还另外给了他两个大洋。船工千恩万谢、感激不已，差点就要跪下。

1925 年，震惊中外的五卅惨案发生，汀州人民反帝呼声高涨，福音医院的洋院长、洋医生都逃走了，傅连暲被大家推举担任了院长。这年底，他与闽西的革命青年邓子恢邂逅，开始接触一些进步刊物。尤其是瞿秋白的"新社会"思想，那种"人人平等、充满真善美的社会"构想，让他兴奋不已。他看到了希望、看见了曙光。

1927年，南昌起义部队南下广东，途经长汀，面对300多名伤病员，本着医者仁心和对革命的同情，傅连暲召集全城的医生和自己的家人、学生，夜以继日为伤病员扎伤口、做手术。

他渐渐发现，这是一支不一样的军队。尽管他们穿着破烂，却说话和气，还会主动缴纳医药费，跟以往国民党军队吃三喝四、蛮横无理的作风截然不同。更让他惊讶的是，当时的营长陈赓，腿骨被打成了三截，在没有麻药的治疗过程中，依然能听到他爽朗的笑声；身患重病的徐特立，已经50岁了，竟然才刚刚加入中国共产党。他发现，共产党的队伍有着一种向上的力量。

1929年春，"朱毛"红军辗转来到长汀。这期间，他耳闻目睹，红军打了土豪、分了田地，群众的生活都有所好转。他在想，难道共产党能让老百姓摆脱贫困？

瑞金叶坪朱坊村中央红色医院旧址

这往后，傅连暲的心更加倾向这支部队了。福音医院也成了中央苏区第一个为红军服务的正规医院。他主动为全体官兵接种牛痘，防止了天花蔓延；他先后创办了两所医务学校，为红军培养出了第一批医护人员。

然而，最终让他明白道理，决心踏上革命道路的，是毛主席。1932年年底，毛主席来到长汀福音医院养病。虽说是养病，其实每天都在工作，白天黑夜忙个不停，劝也劝不住。为了保证主席的休息和适当锻炼，他想出了一个好办法。每天下午5点钟，他就邀请主席到医院后面的北山散步、聊天。经过一段时间的耳濡目染，他完全明白了：国家战乱不堪、百姓贫病交加，都是源于帝国主义入侵、封建地主压迫、官僚资本主义的剥削。只有推翻这三座大山，人民群众才能安居乐业，中华民族才能独立富强。共产党闹革命打天下，目的就是救群众于水火、挽民族于危亡。

傅连暲辨清了方向，坚定了信仰，找到了前行的路。正如他后来回忆说："不是我这个医生治了他们的病，而是他们治愈了我的心。一个真正的中国人的

福建长汀福音医院旧址

心。""自从结识了毛主席，我心中产生了一种力量，这力量使我永远离不开毛主席，永远离不开共产党。我相信终有那么一天能站在党旗下，向党交出一颗心，把自己的一切甚至生命献给共产主义事业。"

没错！后来的傅连暲，用自己的行动证明了这个心灵告白！

1933年初，国民党加紧了对中央苏区的"围剿"，毛主席要离开汀州了。傅连暲执意要跟着主席到瑞金来。主席问他，医院怎么办？他说，搬到瑞金去。果然，傅连暲把福音医院从手术台前的仪器到病房里的百叶窗，都卸装打包，雇了150多个挑夫，半个月后，福音医院从汀州搬到了这里——叶坪朱坊。

他放弃了每个月400大洋的丰厚收入，带着70多岁的老母亲、妻子和几个孩子，举家搬迁到了瑞金，把整个医院的药品、器械以及个人家产全部捐献，组建了中央红色医院。从此，他正式加入红军队伍，彻底走上了革命道路。

傅连暲的这一壮举，当时的《红色中华》报专门刊登了文章，题为《红匾送给捐助巨产的傅院长》，盛赞他是"苏区第一模范"。

在中央苏区瑞金，这所医院挽救了很多战士和群众的生命，为苏区医疗卫生事业做出了巨大贡献。长征前夕，组织上考虑傅连暲体弱，经不起长途跋涉，建议他回到汀州继续操持福音医院，他是一个有名望的医生，国民党不至于为难他。

1955年傅连暲被授予中将军衔

没想到，他却坚决要求参加长征。1934年10月10日，傅连暲带着一个"马背上的医院"随主力部队出发。快到延安时，八个大箱子的药品全部用完，只剩下一只听诊器和一把手术刀。

1938年9月，多次申请加入中国共产党的傅连暲，以毛泽东、陈云作为历史证明人，正式成为中国共产党党员，终于实现了多年来的夙愿，彻底完成了一名共产主义战士的信仰转变。中华人民共和国成立后，他担任过卫生部副部长等职务。因为他对人民军队医疗卫生事业的杰出贡献，1955年被授予中将军衔。

各位学员，我曾到过坐落在长汀县城的傅连暲故居。望着那栋当年的豪华别墅，我曾思考过：1933年的傅连暲不再是爱冲动的青年小伙，而是一个上有老、下有小的中年男人，当时的选择应该是理智的。一个人在不惑之年，抛下前半辈子积攒的财富和地位，舍小家而顾大家，这是为什么？

延安期间，一个法国记者好奇地追问过他："你是信奉上帝的人，为什么会放弃优越的生活选择参加红军呢？"傅连暲说："红军没有医生，我义不容辞！我之所以留于红军中，是因为我深信它指示了中华民族和中国人民解放的道路。"

这就是傅连暲的红色信仰。他相信了中国共产党，他认定了我们党的这条道路，就是实现人民幸福、民族复兴的正确道路。因为这一信仰，他奋斗了终身、奉献了一切。

同志们，习近平总书记说："人民有信仰，民族有希望，国家有力量。"

昨天，面对食不果腹的劳苦大众、面对满目疮痍的中华大地，革命前辈把良知化为行动、用信仰积聚力量，义无反顾，奋勇向前，终于赢得了胜利，让中国人民站起来了。

今天，站在新的历史交汇点，面临复杂多变的国际形势，我们既要充满信心，更要主动作为，坚定共产主义信仰，沿着中国特色社会主义道路，凝心聚力、继续奋斗！

点评：该课程以被毛主席称为"红色华佗"的传奇将军傅连暲确立、坚守红色信仰的过程为主题，政治导向鲜明正确；深入挖掘并凸显了中央苏区红色资源，内容准确规范，具有一定的理论深度；能够有意识地运用多种科学的教学方法，力求引人入胜，增强了教学的感染力、吸引力。

★ 用生命守护苏区贸易

◎**内容提要**　本课程以赣县区江口镇有代表性的红色资源为切入点，阐述江口贸易分局在苏维埃革命中的贸易历程，讲述经典的红色事迹，进而颂扬当年的经济英雄面对重重危机，秉持坚定的革命信念，用智慧和生命开拓出中央苏区贸易新局面的壮举。

◎**主创人员**　龚海春　赣州市赣县区委统战部
　　　　　　　黄明强　赣州市赣县中学
　　　　　　　刘道远　赣州市赣县区公安局大田派出所

◎**授课地点**　江西省赣州市赣县区江口镇，原中央苏区中央对外贸易总局江口贸易分局旧址

各位学员：

大家好！

有人说，这里是中国共产党创建的最早的对外经济贸易"试验田"，因为她比深圳特区早了足足 47 年；有人说，这里是中国华润公司的"祖师爷"，因为华润公司在香港开展红色贸易、筹集抗战物资的模式和方法，很多都脱胎于这里的探索和开拓。这里，就是在苏区经济史上写下了浓墨重彩一笔的江口贸易分局。

今天，让我们走进江口贸易分局，走进烽火线上的交易，重温当年经济英雄用生命开创和守护苏区贸易的红色传奇。

中华苏维埃共和国临时中央政府成立后，引起了国民党当局的极度恐慌。国民党军围绕中央苏区修建了三道碉堡封锁线，进行了严密的经济封锁，试图从经济上扼杀中央苏区。一旦抓到偷运食盐等禁运物资到苏区者，轻者没收物资、剃眉毛、罚苦役两到三年，重者以"济匪"罪名杀头示众！新生的苏维埃政权面临着生死存亡考验！

面对这重重危机，为了打破局面，绝境逢生，1933年2月，中央苏区在瑞金成立中央对外贸易总局，下辖江口、汀州、乱石、值夏等对外贸易分局。其中，坐落在贡江渡口一幢民房的江口贸易分局，在当时交易规模最大。正是从这里，我党经济战线的先驱们从无到有、从小到大开启了红色贸易之路。

如何打破重重封锁，在千难万险中开出一条贸易血路？江口贸易分局的英雄们给出了响亮的回答！他们克服各种艰难险阻，运用杰出的智慧，想出绝妙的办法，开展了一系列卓有成效的工作，保障了苏区物资的采购、运输，有效维系了苏区经济的生存和发展。

江口贸易分局在内部建立党的坚强组织，在红色贸易线沿途的白区建立党的秘密支部，形成一条封锁线上的红色网络。在重重封锁下，革命干部们率领革命群众通过走亲戚、送柴草、尿桶加隔层、竹排掏空、盐水泡棉袄等各种方式往苏区秘密运送食盐、西药、布匹等紧缺物资。在国民党严密封锁的困境下，多少交易是在这样的场景中进行的。一群人把粪桶做成夹层，把收购到的食盐放在夹层挑到红区；几个人把食盐融化在棉衣里来到江口，进入贸易局；妇女做客时把药品放在果品盒里，蒙混过关；更有甚者，群众利用出殡的棺材冒九死一生之险匿藏物资进入红色区域……

在江口贸易艰苦卓绝的革命斗争中，经济英雄们将革命智慧发挥到了极致，留下许多经典的红色传奇。储潭村20多位渔民把铁皮箱子藏在船底，船头养几只鸬鹚，一路放网捕鱼，安然悠然地把煤油、食盐、西药等紧缺物资运回苏区。河西党支部在米市街临近贡江城墙下开设了"水源生染房"，以加染为名将物资打包从下水道或城墙上偷运出去，称为"钻地洞""坐飞机"。有一次，为把在赣州城内采购的物资运出城外，赣县党组织想尽了各种办法。当时凑巧赣州六合店铺一位老人去世，地下党员王贤选、何三苟做通了死者亲属的工作，以送葬的名义将食盐、西药等紧缺物资送到江口。

开创红色贸易，维系苏区经济生命线，不但需要杰出的智慧，还需要奋不顾身、不怕牺牲、百折不挠的革命精神。1933 年冬天，江口对外贸易分局满载物资的四条船趁夜偷渡，船上有从泰和、遂川一带运来的食盐、西药等，将足够苏区军民使用一月有余。寂静的夜里，突然"砰"的一声枪响，其中一艘船被国民党发现并遭受到了阻拦。听到这枪声，他们立刻做了决定，将本船做掩护，保护其他三条船的物资。在萧厚仁、何光龙的率领下，船员们陆续跳水，吸引敌人火力，敌人向他们密集射击。跳入水中的英雄们无一生还，他们用生命保全了其他三条船的物资，保障了苏区军民的生活需求，生动诠释了"不怕牺牲、英勇斗争、对党忠诚、不负人民"的伟大精神。

江口贸易分局以其英勇无畏的开创精神，取得了突出业绩，担当了苏区经济

赣县区江口贸易分局旧址

发展和红色贸易的主力军。江口贸易分局成立以后，承担了赣县、兴国、于都、瑞金等县出产稻谷、食油、豆类、木材等物资的输出任务，还组织出口外销钨砂近 5000 吨，使苏区获得巨大的资金收入。据估算，中央苏区战略物资的进口、钨砂的出口、关税的征收，70% 都是在江口分局完成的。在江口贸易分局和沿途党支部的努力下，封锁线上的贸易如火如荼，有力粉碎了国民党的经济封锁。

江口贸易分局创造了历史，开创了革命年代党对外贸易工作的新纪元，更成为我们党领导红色贸易的探路先锋。以此为起点，在经济战线上，红色血脉一直在传承。1938 年，杨廉安受命在香港开办联合行，带领党的经济干部，深入敌区，出生入死，为党筹集了大量急需的抗战物资。在抗日战争的烽烟中，联合行筹备物资的各种方法和手段，很多都是对江口贸易分局的借鉴和总结。1948 年，联合行改名华润公司，继续在香港经营，拓展新中国的对外贸易。从江口贸易分局到华润公司，红色贸易之路越走越宽。

面对世界百年未有之大变局，中国的机遇和挑战并存。习近平总书记指出，"进入新发展阶段，国内外环境的深刻变化既能带来新机遇，也带来一系列新挑战，是危机并存、危中有机、危可转机"，要善于"从眼前的危机、眼前的困难中捕捉和创造机遇"。在中央苏区更加艰难的环境中，江口贸易分局的经济英雄，用智慧和生命开创出了贸易新局面。处于新时代的我们，拥有中国共产党这一应对风险挑战的主心骨，拥有抵御风险挑战的制度保障，拥有坚定的理想信念和精神支撑，我们有信心有能力抓住机遇，开拓新局，走好新时代的长征路！

点评：该课程以"在存亡危机中诞生、打破困境的响亮回答、用生命守护苏区贸易、红色贸易的探路先锋"四个小节，讲述了苏区时期江口贸易分局用生命开创和守护苏区贸易的红色传奇。教学主题鲜明，层次清晰、重点突出，故事感人，创设了较好的教学情境和课堂氛围。

★ 生是为中国　死是为中国

◎**内容提要**　本课程通过讲述刘伯坚和妻子王叔振两人在形势严峻的情况下把三幼儿送人的感人事迹，让学员了解了刘伯坚家书背后的故事；感悟到"为了中国民族就为不了家和个人"的豪情壮志。通过诵读《带镣行》，体会刘伯坚上刑场前的大义凛然和视死如归，学习刘伯坚烈士的崇高气节和坚定信仰，激励学员干部谱写新时代的新篇章。

◎**主创人员**　张智晖　大余县委党校

　　　　　　　叶会泰　大余县青少年学生校外活动中心

◎**授课地点**　江西省赣州市大余县革命烈士陵园

各位学员：

大家好。现在我们在大余县金莲山革命烈士陵园伯坚广场，在我们左侧的烈士陵园，长眠着 157 位革命烈士，在烈士墙上就镌刻着这些英勇献身的烈士英名，刘伯坚就是其中坚定理想信念，并为之献出生命的典型。

每当我走进革命烈士陵园，瞻仰

大余县革命烈士陵园

刘伯坚烈士铜像，捧读他的家书和革命诗篇，我都感动不已。最感动的是，刘伯坚在家书中写下的铮铮誓言："生是为中国，死是为中国！"

下面就让我们一起回到80多年前，一起走进刘伯坚烈士的心灵深处。

刘伯坚，祖籍江西，1895年出生于四川省平昌县，是当地有名的才子。1920年，刘伯坚赴欧洲勤工俭学，两年后与周恩来、赵世炎等共同组建了"旅欧中国少年共产党"，随即转为共产党员。1926年春，应冯玉祥将军的邀请，回国担任西北军的政治部副部长。后来进入江西中央苏区，参与领导宁都起义并任红五军团政治部主任，被毛泽东同志誉为"我党我军政治工作第一人"。2009年被评为"100位为新中国成立作出突出贡献的英雄模范人物"。

刘伯坚和妻子王叔振因为共同的革命理想相知相爱，虽然革命工作使他们聚少离多，但不论走到哪里，刘伯坚总喜欢给妻子写上一封家书，他们婚后育有虎生、豹生、熊生三子，家书中也增加了许多天伦之乐，但是"为着中国民族就为不了家和个人"，两人忍痛把三个孩子先后都送人抚养，三个孩子在父母身边相聚的时间都很短。

大儿子虎生早在2岁的时候就托付给了凤笙大嫂带回西安抚养。

最小的熊生送给别人时甚至才刚满月不久，那时苏区的革命斗争形势已处在一个非常严峻的时刻，身为母亲的王叔振万般无奈之下，不得不将儿子送给别人抚养，同时她又非常期望儿子能再次回到自己的身边，于是就与闽西乡下的收养人黄氏夫妇订下一份抱约。抱约写完之后，王叔振沉默了一会，又写下"承先启后"四个大字，一撕为二，各留半边，以便日后相认。

送走小儿子熊生后，王叔振忍不住对儿

刘伯坚和妻子王叔振

子的思念，拿起笔给刘伯坚写去一封信："你说过的，为着革命，我们是什么都可以牺牲的。你别怪我，我也是忍着极大的痛苦，含着眼泪，把熊儿送人了。"

豹生送给山民郭婆婆的时候年纪还非常的幼小，那是一个寒冬的夜晚，刘伯坚走了一程又一程的山路把豹生送到郭婆婆手中，对郭婆婆说："眼下部队天天打仗，豹儿只好托付给您了，等革命胜利了，我会来接他的。如果我牺牲了，就让豹儿做您的孙子吧！"年幼的豹生号啕大哭，大声喊着："爸爸，爸爸，不要丢下我，我要爸爸，爸爸不要走！"年幼儿子的哭闹声像针扎一般深深地刺痛父亲的心。刘伯坚俯下身来，轻轻地对他说："豹儿，听话，等爸爸打败了敌人，一定会来接你的。"说完刘伯坚转身离开，只留下了豹生那揪心的哭喊。从此三个孩子天各一方，再也没有见过亲生父母。

幸运的是刘伯坚的三个孩子都活了下来。1979 年，在组织的关心下，分别44 年的三兄弟才终于团聚。

在艰苦卓绝的革命战争年代，刘伯坚为三个幼儿所设想的人生之路，不是追求大富大贵、功成名就，而是希望："最重要的诸儿要继续我的志向，为中国民族的解放努力流血，继续我未完成的光荣事业。"

为了国家的解放、人民的幸福，刘伯坚及妻子王叔振舍小家为大家，冲锋在前，与敌人进行血与火的战斗，却不得不承受骨肉分离的痛苦，甚至献出自己年轻的生命。

1935 年 3 月，因斗争形势严峻，刘伯坚率部队从于都南部山区突围时，不幸受伤，在信丰唐村，被数倍于己的敌人所俘。敌军团长多次进行劝降，只要刘伯坚暂时办理脱党手续，便可得到自由和重用。刘伯坚丝毫不为所动，斩钉截铁地说："我干革命就是顺应历史潮流，要干革命就得有危险。没有危险就没有革命，没有牺牲就没有工农大众的解放。"一席话把敌军团长堵得哑口无言。

几天后，敌人把刘伯坚押解到粤军第一军军部所在地大余监狱继续劝降，但刘伯坚都一一拒绝，不为所动。不久，又从大余监狱移往绥靖公署候审室。为打击刘伯坚的意志，故意押着他从当时大余县城最繁华的中心大街——青菜街游街示众。腿伤未愈的刘伯坚拖着沉重的手铐脚镣，在全副武装的国民党反动军警押解下艰难前行。围观群众越来越多，刘伯坚昂首挺胸，器宇轩昂，在铿锵的镣铐声中，吟唱出了气壮山河的革命诗篇——《带镣行》：

> 带镣长街行，蹒跚复蹒跚。市人争瞩目，我心无愧怍。
> 带镣长街行，镣声何铿锵。市人皆惊讶，我心自安详。
> 带镣长街行，志气愈轩昂。拼作阶下囚，工农齐解放。

在生命最后的日子里，刘伯坚还写了三封家书，每封家书至今读来都感人肺腑。最后一封家书是写给妻子王叔振的：

> 叔振同志，我的绝命书及遗嘱，你必能见着。你不要伤心，望你无论如何要为中国革命努力，不要脱离革命战线，并要尽一切力量，教养虎、豹、熊三幼儿成人，继续我的光荣事业。我葬在大庾梅关附近。十二时快到了，就要上杀场，不能再写了。致以最后的革命敬礼！

遗憾的是，这封家书，刘伯坚的妻子王叔振永远都不可能收到，也不可能看到了。因为就在刘伯坚牺牲的几天前，他的妻子已在福建长汀英勇牺牲了。

1935 年 3 月 21 日，刘伯坚被押解到大余县金莲山刑场，大义凛然，视死如归，高呼着"中国共产党万岁"，壮烈牺牲，时年 40 岁。

青山埋忠骨，碧血染金莲。刘伯坚生命的最后一刻永远定格在了旁边的金莲山。他永远与青松翠柏同在，傲骨峥嵘、四季常青。他的精神一直滋润着金莲山上的一草一木，他的英灵一直俯瞰着大余这片红土地，红色基因在一代又一代人之间薪火相传。

每年清明时节，排队前来瞻仰刘伯坚烈士铜像的人络绎不绝。刘伯坚将个人命运与民族解放紧密相连，视死如归，坚定自己的革命信仰，用生命向我们诠释

刘伯坚烈士铜像

着共产党人的责任与担当，这就是一位共产党人的理想信念，这就是一位共产党人的家国情怀。

今天，可以告慰先烈的是，他们为之奋斗的理想正在我们手中一天天变为现实。一百年来，党始终践行初心使命，我们已经实现了从站起来、富起来到强起来的伟大飞跃。

各位学员，习近平总书记在 2022 年中央党校中青年干部培训班开班式讲话中强调，"理想信念是立党兴党之基，也是党员干部安身立命之本。""党员干部只有胸怀天下、志存高远，不忘初心使命，把人生理想融入党和人民事业之中，把为人民幸福而奋斗作为自己最大的幸福，才能拥有高尚的、充实的人生。"所以，我们要牢记总书记嘱托，把实现共产主义作为最崇高的理想和最重要的目标，坚定理想信念，对党绝对忠诚，牢记初心使命，为实现第二个百年奋斗目标、实现中华民族伟大复兴的中国梦而不懈奋斗。

各位学员，现在让我们带着崇高的敬意向刘伯坚烈士默哀……

点评：该课程生动讲述了刘伯坚烈士的斗争故事和他的革命风范，花了很多精力，也收集了许多资料。任何历史人物都离不开他所处的历史时代背景。课程如能把刘伯坚与三年游击战争时期有机融合方面更进一层，再对刘伯坚的思想研究方面提升一下，课程结构设置就更能彰显刘伯坚"生是为中国，死是为中国"的深刻内涵和时代价值。

★ 就义前的慷慨家书

◎ **内容提要**　本课程以一封烈士遗书为切入点，挖掘红色故事背后蕴含的革命精神及其时代价值。通过在现场教学中带领学员集体诵读周德同志就义前的慷慨家书，讲述其可歌可泣的革命事迹，教育引导广大党员干部牢记共产党人的首创精神、奋斗精神、奉献精神！

◎ **主创人员**　周青云　上犹县社会科学界联合会主席
　　　　　　　　郭　弘　中共上犹县委党校教研室教师
◎ **授课地点**　江西省赣州市上犹县清湖暴动革命旧址

各位学员：

大家好！欢迎来到美丽的上犹，来到南河湖畔的清湖暴动革命旧址。大家眼前看的这片美丽湖泊名叫南湖，清湖是这里的村名。清湖村是赣南红色名村，清湖暴动革命旧址被评为全市爱国主义教育基地。我今天要跟大家分享的课程是《就义前的慷慨家书》，写这封家书的主人公名叫周德。

周德，原名周寿昌，出生于清湖圩贫苦农民家庭。1927 年，他在上犹县立高等小学读书时，受工农革命的熏陶，对革命充满了憧憬，热切追求革命。1928 年，他和曾任清湖圩工会委员长的尹郁林专门去赣州寻找地下党组织，但未能如愿。回来后，几经周折才与崇义长潭白面的党组织取得了联系，开始参加党的地

上犹县清湖暴动革命旧址

下活动。这一年，在中共长潭支部党员张承春、周炎同志的介绍下，他光荣地加入了中国共产党，同年八月任清湖党支部书记。

自从加入了党组织后，周德以自家为据点，在清湖圩等地进行地下革命活动。他同其他几位地下党员一起，通过结亲串联、交朋会友，创办农民协会，发动农会向封建势力作斗争。他用穷富对比的方式，动员和吸收了三四十名劳动群众参加了革命组织，经常组织他们在清湖、茶坑、中稍及崇义的张家洞、白面等地开展活动。

时间来到1930年3月，时任红四军前委书记的毛泽东在大余县城东门外省立十三中学主持召开西河第一次党代表大会，毛泽东在会上作了形势报告，指示赣南西河地区要抓住军阀重开战这一大好时机，发展工农武装，实现武装割据，建立农村革命根据地和苏维埃政权。会上决定成立赣州西河行动委员会和西河红军第二十六纵队。会后，西河行委决定先以犹崇地区为突破口举行武装暴动。

4月下旬的一天，西河行委常委、军事部长黄达秘密抵达清湖圩，周德陪同黄达对犹崇两县组织暴动的条件进行了全面考察。此时，犹崇两县基层组织健全，共有党支部22个、党员960余名，有工会、农会会员2500余人，党员和工农群众的革命情绪都很高昂，而且两县的国民党反动势力相对较薄弱，举行暴动的条件较为有利。根据行委指示，犹崇县委在清湖崇子上秘密召开了三天会议，研究讨论了暴动方方面面的事项，对各支部的任务做了安排。

1930年5月6日，是清湖圩日。经过紧张周密的准备后，参加暴动的人们聚集在清湖真君庙前。中午时分，随着中共上犹县委书记、暴动队长何翊奎一声令下，手持各种武器、佩戴红袖章的暴动队伍，涌向圩场中心。何翊奎向参加暴动的农民演讲后，宣布成立清中区革命委员会和清湖乡革命委员会，周德任赤卫队队长。随后3天，犹崇各地农民暴动蜂拥四起，12个暴动点相继暴动成功。

清湖暴动是毛主席率红军入赣后，号召河西片区党组织举行的最具影响力的武装暴动。它犹如星星之火，迅速点燃了崇义、南康、大余、遂川、万安、泰和等河西片区的农民武装暴动，极大地动摇了国民党反动统治，沉重打击了军阀官僚、土豪劣绅。以国民党县长刘凯为首的上犹反动势力不甘失败，纠集唐江矿警队等反动势力疯狂向上犹反扑。由于敌强我弱，经过一个多月的斗争，清湖及各暴动点先后被敌人占领，革命遭受严重挫折。暴动领导人何翊奎、张书杜等也先后在战斗中被捕或壮烈牺牲，剩余人员分散隐蔽。

在外地潜伏的周德受西河分委指示：潜回上犹，继续开展地下工作，找回分散隐蔽的党员，恢复党的正常活动。一天，周德赴白面村参加犹崇县委会议，不料途中被靖卫队暗探盯上。晚上，靖卫队突然包围了白面，县委同志已来不及撤离，只好分散就近隐蔽。周德特意留在廖公祠与敌人周旋，但没过多久便不幸被捕。

在狱中，敌人不断审讯周德，要他供出游击队和党组织的有关情况，并许诺只要照他们说的办便可放回家。周德知道这完全是敌人的诡计，坚定地说："你们想从我身上得到你们想要的，真是白日做梦；今天既然被你们抓住了，我也不打算活着回去，要杀要剐，随你们便。"后来，敌人对周德施行了各种酷刑，软硬办法都用尽了，没一点收获。敌人担心时间长了，游击队会来营救，关到第五天，决定杀害周德。

1930年11月22日（阴历十月初三）下午，周德被押往城郊校场坝刑场。

周德同志与其书写的革命家书

他向街旁一店老板讨来纸笔，站在柜台前写下了一封遗书，交给从家中前来收尸的堂兄周吉昌。他在信中写道：

父亲：

今天下午枪毙我。自作事，自担当，死何足惜！为穷人事业奋斗而死，无尚光荣。后嗣的延接，全由兄弟之意，妻子之去留，也概由其自择。高堂无需记挂，兄弟也无需悲怀，为革命为人民牺牲流血，九泉之下亦瞑目矣。

不孝儿：寿昌绝笔

民国十九年十月初三

自清湖暴动起，周德与敌人真刀真枪打了好几场仗，打死打伤白狗子好几十人，打得白匪开始害怕穷苦大众了。周德在去刑场的路上回想起这些，感觉自己不亏，心里十分坦然。到了刑场，周德看见刽子手举枪的手在发抖，还对敌人说："不要慌张，打好点"，接着高呼"中国共产党万岁！""打了周德，十八年后又是一条好汉！"周德的生命永远定格在了这天下午，定格在了二十岁的大好年纪，但他的英雄事迹却和千千万万革命先烈一样，永远激励着一代又一代的犹江儿女。

习近平总书记强调，广大党员、干部要深刻认识红色政权来之不易、新中国来之不易、中国特色社会主义来之不易。步入新时代，我们虽然远离了硝烟战火，但推动中华民族伟大复兴的任务依然艰巨。奋进新征程，我们必须时刻牢记共产党人的初心和使命，让革命先辈的精神薪火相传。那么，当代的人们应当向革命先辈学什么呢？一是要学习革命先辈开天辟地、敢为人先的首创精神。要有自我革新的勇气和胸怀，与时俱进，锐意进取，自觉把首创精神融入工作，冲破教条主义、经验主义的束缚，积极探索新形势下推动工作上台阶的新思路、新机制、新方法，立足本职岗位多作贡献。二是要学习革命先辈坚定理想、百折不挠的奋斗精神。革命先辈们在面临困境的时候，总能以坚定的信念和果敢的行动迎难而上，用奋斗精神冲破层层阻碍。我们要努力补足理想信念之"钙"，当面对前进路上的艰难险阻时，有"明知山有虎、偏向虎山行"的勇气，在困苦面前不胆怯、不退缩，走在前、作表率，努力成为一个百折不挠敢担当的人。三是要学习革命先辈立党为公、忠诚为民的奉献精神。革命先辈们在需要付出的时候，从不斤斤计较，而是以高度的奉献精神努力为人民服务，甚至不惜牺牲自己的生命。我们无论在什么岗位工作，都要坚持人民至上，保持和增强同人民群众的血肉联系，在思想上贴近群众所思、作为上考虑群众所想、措施上解决群众所忧，做到吃苦在前、享受在后，克己奉公、多作贡献。

点评：该课程内容动人心魄，以家书形式出题，扣住了主人公周德身上最闪光的部分。故事较好反映了共产党人的坚定信念、不屈意志，以及为了革命事业、民族解放英勇赴死的大无畏气概。

★ 共和国的根基是人民

◎**内容提要** 本课程从"二苏大礼堂"建造背景、广大苏区人民踊跃参军、支援前线的史料入手，讲述广大苏区人民共克时艰，成为粮食物资筹备工、舍生忘死的救生员，和党一道顽强拼搏、艰苦奋斗的经过，生动深情诠释了"共和国的根基是人民"深刻道理，通过多角度史料层层递进。课程旨在引导党员干部深刻认识人民是党执政最深厚的根基，是强党兴国的根本所在；旨在引导党员干部始终保持对人民的赤子之心，深刻理解"江山就是人民，人民就是江山"的道理，坚持"全心全意为人民服务的根本宗旨，树牢群众观点，贯彻群众路线"根本立场，使党的事业永葆不竭的力量和源泉，让学习效果持久深入。

◎**主创人员** 温娟华　江西瑞金干部学院培训工作部主任
　　　　　　张建葵　瑞金一中教师
◎**授课地点** 江西省瑞金市中华苏维埃共和国临时中央政府大礼堂旧址

各位学员：

大家好！我们现在来到的是中华苏维埃共和国临时中央政府大礼堂旧址。2022 年 10 月 16 日习近平总书记在中国共产党第二十次全国代表大会上的报告中深刻指出"江山就是人民，人民就是江山"。实践充分证明：中国共产党领导人民打江山、守江山，守的是人民的心。很多细心的同志来到瑞金，发现在中央苏区时期有一个词出现的频率很高，那就是人民！中央苏区时期中华苏维埃共和国的最高行政机关叫中央人民委员会，下设的部委名称基本上都与人民有关，比如外交人民委员部、财政人民委员部、司法人民委员部、教育人民委员部等，连我们所在的大礼堂也被誉为"当年的人民大会堂"。在二苏大会上，再次修改通过的《中华苏维埃共和国宪法大纲》中这样写道："苏维埃政权是属于工人农民，红色兵士，及一切劳苦民众的。"事实证明：回顾中国共产党百年奋斗史，就是一部为中国人民谋幸福的奋斗史。咱们把人民看得有多重，广大的人民就越能和党、和国家、和民族坚定地站在一起！苏区时期，广大的苏区人民把苏维埃当成无上光荣的旗帜，把苏维埃政权当作是自己的生命，为共和国的根基汇聚磅礴的力量！

中华苏维埃共和国临时中央政府大礼堂旧址外景

　　当时为了解决第二次全国苏维埃代表大会没有开会场所的问题,苏维埃中央政府决定兴建一幢大礼堂。没有钱,怎么办?他们发动了从上至下的募捐,广大苏区群众一起出钱,一起出力! 1933 年 8 月 1 日,大礼堂终于破土动工。可是临时中央政府的建造,又面临第二个难题,需要工匠,谁来?江西、福建两地四百多名建筑工人纷纷来到这儿,由于时间短、工期紧,建筑工人们只能加班加点,用刨子、斧头准备好木料,在短短的四个月里,苏区的建筑工人们就把容纳两千多人的大礼堂建造好了!为了保护参会人员安全,会议筹备组决定,还需要在大礼堂侧后方挖一座防空洞,广大苏区人民又加班加点,热火朝天地干着。在短短的几个月里,他们挥洒汗水,把回字形飞机洞也给建好了。广大苏区工人们顽强拼搏,在这气派的建筑物中留下人民团结奋斗的身影!

　　回顾中央苏区创业史,苏区人民和党、和国家、和民族坚定地站在一起。据史料记载,中央苏区大规模、有计划的扩红运动前后共有三次,从 1932 年春到

中华苏维埃共和国临时中央政府大礼堂旧址内景

1933 年 2 月，中央苏区扩大红军 8.76 万人。兴国模范师、瑞金模范师、于都模范师在 1933 年 5 月创建……这一批批的普通人，有儿子鼓励父亲上战场的，有一批批女同志加入赤卫队的，也有稚气未脱的少年补充进红军队伍的，更有全乡青年加入红军的……他们整师整团加入红军，给共和国的根基奠定了坚实的基础！ 1934 年 5 月，中央苏区扩红运动再掀高潮，瑞金人民仅用一个月的时间就把"三个月完成两千名"的扩红任务给完成了，朱德同志亲自为瑞金人民颁发了优胜奖旗。就在二苏大礼堂的主席台上，毛泽东同志作了热情洋溢的报告，热烈表扬了一大批先进的苏区模范，像兴国、赣东北、湘赣边区的茶陵、永新、吉安、瑞金等地的同志们，都得到了毛主席高度的赞扬！这一大批先进的苏区模范，他们都有一个共同的特征——那就是苏区普通人民！他们顽强拼搏，争创一流，展现出苏区第一等工作的风采，为共和国的根基汇聚了磅礴的力量！

1934 年 10 月的深秋，中央红军踏上漫漫长征路，留守在苏区各地的伤病员多达两万余人，如何确保伤病员的安全？

陈毅同志的回忆录中有一段记载着动员苏区百姓收留红军伤病员的情景，陈毅同志深情地讲道："你们抬回去做儿子也好，做女婿也好，抬回去了多一个劳动力。"才半天的工夫，广大的苏区百姓冒着被抓被杀的危险把伤病员领回了家，他们成为无畏无惧的保护者，成了舍生忘死的救生员。长征途中，国民党军大肆清剿，碾米器具、碓房工具、箩筐篓子被藏匿、被焚毁，只为剿灭突围的红军。在无粮可用的险境中，广大百姓冒死当起了情报员，成为粮食物资的筹备工。中华人民共和国成立后，开国少将王耀南同志在回忆中央苏区战略转移时写道："在短短的九天休整时间里，老百姓们挑空了谷仓，掏空了米瓮……"这大无畏付出的后面，是苏区百姓的智慧与勇气，无私与勇敢！他们历经万险，依旧前仆后继，他们在重围中毅然奋起，为共和国的江山打下了坚实的基础！

据民国《瑞金县志》记载，早在 1928 年，瑞金人口有 27 万余人。1929 年开始创建中央苏区后，只过了三年，瑞金人口就下降到 24 万；又过了三年，即 1935 年中央红军长征后瑞金人口只剩下 21 万余人。中央苏区六年不到的时间中，瑞金人口足足少了 6 万余人，人到哪里去了？据史料不完全统计，有五万余人是当年参加了革命，壮烈牺牲。我的外公，他有三兄弟，大哥参加红军后，牺牲地不详。二哥杨衍楷在红三军团，1934 年红军长征北上时失去了音信，他的英名永远镌刻在瑞金革命烈士纪念馆的墙上，留给我们这些亲人的，只有无尽的哀思！面对巨大的牺牲，这一步一步艰难跋涉的历史，意味着什么？

前段时间我在查阅《江西省革命烈士英名录》时，很多烈士年龄一栏中赫然写着 13 岁、15 岁、16 岁、17 岁，大一点儿的不过就是 30 多岁，再看"牺牲时间、地点及原因"一栏上很多都是"牺牲，无音讯"。赣南苏区有姓名可考的烈士就达 10.82 万人，分别占全省、全国烈士总数的 43.8%、7.5%，长征路上平均每公里就有 3 名赣州籍烈士倒下……回顾共和国成长发展的历史，咱们一起想想，在这共和国奋进的征程中，是多少先辈的血才染成了这面鲜红的旗？他们的名字和功绩，我们又怎能忘记？

在党的二十大报告中习近平总书记指出"时代呼唤着我们，人民期待着我们，唯有矢志不渝、笃行不怠，方能不负时代、不负人民"。回顾我们党的百年奋斗史，中华民族发生了何等波澜壮阔的变化，这个变化又是多少代人流血拼搏、不惧牺牲的成果？一切向前走，都不能忘记走过的路，正是因为千千万万的人民，他们用热血染红了五星红旗，才让我们看到今日之中国百花盛开！

俗话说，根深才能叶茂。回顾我们党的百年奋斗史，就是要深刻认识到，共和国的发展和进步绝不是从天上掉下来的，而是一部党与人民心连心、同呼吸、共命运的历史，是一代又一代中国人民用自己的双手接续奋斗的伟大历史。我们党团结带领人民，攻克了许多长期没有解决的难题，办成了许多事关长远的大事要事，取得了举世瞩目的重大成就！实践证明：我们党为人民而生、因人民而兴，只有把人民群众放在心中最高位置，把人民对美好生活的向往作为奋斗目标，才能始终成为中华民族和中国人民的主心骨，才能成为我们党攻坚克难，发展强大的法宝！

回顾共和国成长与发展的历史，就是要深刻认识到：创造历史的是人民，书写历史的也是人民！历史告诉我们，无穷伟力蕴藏在人民群众之中！热爱人民，才能更好地服务人民；始终依靠人民，才能赢得更大胜利！眺望前方奋进路，走过百年奋斗历程的中国共产党的政治领导力、思想引领力、群众组织力、社会号召力显著增强。党同人民群众始终保持血肉联系，这是我们在长期实践中得出的至关紧要的规律性认识，必须倍加珍惜、始终坚持，推动我国迈上全面建设社会主义现代化国家新征程！

点评：该现场教学课主题宏大，层次清晰，逻辑性强，对习近平总书记关于"江山就是人民，人民就是江山"的重要论述作了很好的诠释。

★ 为有牺牲多壮志

◎**内容提要** 本课程综合运用各种手段，展示了赣县区大埠乡大坑村赖屋朱如红、谢家禧、赖传珠等人为了践行中国共产党人的初心使命，为了让父老乡亲免受剥削压迫，过上人人平等的幸福生活而开展的农民武装暴动，通过描述革命者自己或者革命者家人英勇牺牲的历史事实，表达了对革命者的崇敬之情。

◎**主创人员** 张　鸣　赣县区城关小学
　　　　　　龚海春　赣县区委统战部
◎**授课地点** 江西省赣州市赣县区大埠乡大坑村大埠暴动陈列室前

各位学员：

大家好！欢迎大家来到开国上将赖传珠将军的故里——赣县区大埠乡大坑村赖屋。我们眼前的这座大埠暴动陈列室，记录着一段大埠革命者为武装暴动抛头颅、洒热血、无惧牺牲的革命历史。

当我怀着崇敬的心情走进大埠暴动陈列室，眼前的一件件文物、一幕幕可歌可泣的英烈故事，让我想起了习近平总书记在庆祝中国共产党成立100周年大会上概括的"坚持真理、坚守理想，践行初心、担当使命，不怕牺牲、英勇斗争，对党忠诚、不负人民"的伟大建党精神。大埠暴动不正是伟大建党精神的真实体

赣县区大埠暴动陈列室正门

现吗？

1927 年，中共"八七"会议后，为了反抗国民党反动派对共产党和革命群众的血腥镇压，共产党人在全国各地领导了一系列武装暴动，尝试武装夺取政权的新路。

1928 年 2 月，在偏远的赣县大埠圩，平地一声惊雷。在朱如红、谢家禧、赖传珠等共产党人的领导下，2000 多名贫苦农民参加的武装暴动，在大埠乡爆发了。暴动队伍经过一个多小时战斗，在大埠圩宣告成立红色革命政权——赣县南区工农革命委员会，宣布组建革命武装——大埠常备武装暴动队。在国民党的白色恐怖统治下，鲜艳的镰刀铁锤红旗在大埠上空高高飘扬。

国民党反动派不甘心失败，纠集大批军队和地主靖卫团，向新生的大埠红色政权大举进攻。装备简陋的武装暴动队，不怕牺牲，英勇斗争，浴血坚持一个多月，打退敌人两次大规模进攻后，终因敌众我寡退入深山。

反动势力趁机杀进大埠，对暴动人员及其家属展开疯狂的报复。敌人用活埋、夹喉、点天灯、串葫芦等残酷手段，灭绝人性地屠杀暴动队员和革命群众。大埠陷入一片白色恐怖之中。据史料记载，在暴动中牺牲及后来被杀害的人数达 900 多人。这是个惊心的数字！更是个悲壮的数字！

暴动队员汤礼柏，暴动失败后，在赣州被捕入狱。国民党反动派用铁钉钉住其手脚，剖肚挖心，残害致死。

地下工作者李细梅，女，时年 33 岁，暴动失败后被国民党、土豪劣绅们押到大埠拱桥上，扒衣裤，割双乳，当众羞辱，摧残致死。

还有很多的暴动队员被五花大绑，每四至五人用对半劈开的毛竹片夹住颈脖，两端用铁丝扎紧，一声枪响过后，被推入桃江，他们的鲜血染红了奔流不息的桃江水。

赖传珠的父亲赖家芳被俘后，凶残的敌人把烧红的铁锅扣在他头上，说让他戴红帽子；把烧红的铁链围在他腰上，说让他系红腰带。他誓死不降，最后，敌人用开花子弹将他残忍杀害。赖传珠的母亲，被敌人吊在村口的大榕树上，用皮带、竹片、棍棒、荆条轮番拷打，逼她交出赖传珠。这位坚强的母亲，在荒野中淋雨三天三夜终因伤势严重含恨离世。赖传珠的妻子侯氏，刚刚生下小孩，被捕入狱后折磨致死。赖传珠的族人也受到株连。据统计，赖传珠家族共 31 口人，先后有 26 人遇害，为革命做出巨大牺牲。

坚持一个多月的大埠农民武装暴动虽然遭遇镇压，但革命的熊熊烈火并未扑灭。他们掩埋好同伴的尸体，揩干身上的血迹，毅然决然地投身到更加广阔的革命洪流之中！暴动队伍在朱如红、谢家禧、赖传珠、钟正泉等率领下杀出重围，汇入中国革命的滔滔洪流。赖传珠义无反顾前往井冈山，参加朱毛红军。谢家禧后来担任红 35 军政治部主任。钟正泉担任中共西河行委宣传部长。

1928 年 8 月 31 日，国民党南京《民国日报》在第一版显著位置以《赣著匪在京枪决》为题，称："京卫戍部三十日枪决在江西赣县谋乱之朱如红一名，该匪极凶悍，临刑时，沿途大声喊骂，至死不惧……"报道见证了朱如红至死不惧喋血南京雨花台的革命壮举。

英烈远去，信念永存。大埠暴动也许仅仅是中国革命洪流中的一朵浪花，但

中小学生在陈列室接受红色主题教育

却以巨大的牺牲为探索中国革命道路进行了勇敢实践。大埠暴动的领导者和参加暴动的 2000 多名农民群众,他们明知敌强我弱,甚至明知死在眼前,却仍然前仆后继,勇敢赴难,他们为的又是什么呢?当年大埠暴动失败后,赖传珠的姑父冒着生命危险护送赖传珠去寻找党组织,他们经过一夜奔走,在天色黎明分手时,姑父指着前方晨光微露的道路,饱含深情地对赖传珠说:"你就朝这条光明大道走,一定会有出头之日的!"赖传珠备受鼓舞。我想,姑父的话不仅鼓舞了赖传珠,也道出了当时穷苦百姓们的共同心声。是的,不走革命道路,"三座大山"镇压下的中国人民,怎么可能会有出头之日?革命者们之所以信念坚定、不怕牺牲、英勇斗争,为的正是千千万万劳苦大众摆脱剥削和压迫的出头之日。赖传珠在经历革命战争风暴的洗礼后,为革命屡建功勋。1949 年 8 月,时任解放军第 15 兵团政委的赖传珠,率领大军解放了家乡,迎来革命的胜利,让家乡的百姓们终于有了出头之日。赖传珠用 21 年的浴血奋斗,诠释了什么是共产党人的"对党忠诚、不负人民"！1955年，赖传珠被授予上将军衔。

习近平总书记说："'人生天地间，长路有险夷。'世界上没有哪个党像我们这样，遭遇过如此多的艰难险阻，经历过如此多的生死考验，付出过如此多的惨烈牺牲。"一百年来，在应对各种困难挑战中，我们党锤炼了不畏强敌、不惧风险、敢于斗争、勇于胜利的风骨和品质。敢于牺牲，甘于奉献，是共产党人最可贵的"魂"，他们一朝入党，就始终践行"随时准备为党和人民牺牲一切"的铮铮誓言。为有牺牲多壮志，敢教日月换新天。正是因为有无数革命先烈的浴血奋斗和英勇牺牲，我们的民族才有了今天的独立自主，我们的国家才有了今天的繁荣发展，我们的人民才有了今天的幸福生活。

岁月流转，薪火相传。大埠暴动已过去94年，在大埠这片浸染了革命烈士鲜血的红土地上，牺牲和奉献的精神一直在传扬。20世纪80年代，为建设大埠杨雅电站，全县干部职工勒紧裤腰带，每人捐出一个月的工资。进入新世纪，同样为支持居龙潭水电站建设，大埠1000多户

基层党组织在陈列室前广场开展主题党日活动

移民，领着不多的拆迁款，搬离故土，进入陌生的他乡谋生，这何尝不是一种牺牲！如今，具有"将军故里""水电之乡"之美称的大埠，山清水秀好风光，百姓安居家业旺。碧波荡漾的桃江之上先后修筑起杨雅、居龙潭等多座电站，架起了气势恢宏的将军大桥。特别是近年在精准扶贫、乡村振兴等惠农政策引领下，一条条水泥公路蜿蜒在青山绿水之间，一幢幢崭新的农家楼院坐落于山腰路边。田野，稻涌绿浪，烟叶摇曳；山上，脐橙园青翠欲滴，果实挂满了枝条。我想，如果当

年牺牲的900多名烈士泉下有知，一定无悔于当年"对党忠诚、不负人民"的牺牲与付出，会为今天幸福美好的大埔而倍感欣慰，含笑九泉！

红色江山来之不易，守好江山责任重大。党的二十大擘画了全面建设社会主义现代化国家的新蓝图。肩负新的使命任务，我们要铭记烈士们的遗愿，永志不忘他们为之流血牺牲的伟大理想，传承红色基因，赓续红色血脉，在伟大建党精神的引领下，以"敢教日月换新天"的豪情壮志，向着中华民族伟大复兴的光明前景不断迈进！

大埔农民武装暴动纪念碑

点评：该课程教学主题非常鲜明，实效性和针对性强，是全社会弘扬红色文化，传承红色基因的好课程。改进之处为如何以小见大，从个体到整体进行扩展，把这种精神教育扩大到更加广阔的范围。

★ 坚守承诺八十八载 烈士英魂不会孤单

◎**内容提要** 一句嘱托，传递了三代人；一句承诺，坚守了八十八载。本课程讲述了崇义县白茅坪人像呵护生命一样88年守护着红军墓的经过，让读者感受到人民群众对红军的深情和爱戴。

◎**主创人员** 谢小英 崇义县委党校对外培训室主任
◎**授课地点** 江西省赣州市崇义县乐洞村或"赣南三整"暨崇义革命历史陈列馆

各位学员：

大家好！

有一种初心，叫守护；有一种守护，叫永远。

在江西省崇义县乐洞乡白茅坪村，每年清明冬至，村民有个自发的集体活动：为长眠于此的一位红军连长扫墓、祭奠。为红军守墓在这里已传承了三代人，至今88年。是什么样的信念让白茅坪人像呵护生命一样守护着红军墓？我把

白茅坪村红军墓第三代守护人何清阳为墓冢清理杂草

这个信念归纳为这样的 4 句话:这是一曲鱼水情深的颂歌,这是一句非同寻常的嘱托,这是一场誓死无畏的捍卫,这是一份红色情缘的延续。

1934 年 10 月,红一方面军撤出中央革命根据地,开始长征。10 月底至 11 月初,过境崇义。11 月 1 日,红二师前卫部队到达白茅坪时,当地老表不明真相,不知是红军还是白军,闻讯之后,急忙赶着自家的鸡鸭牛羊,扛着粮食,向深山老林逃去。

为了消除群众疑虑,红军不进老表的厅堂,在白茅坪村何氏宗祠旁自扎草棚,宁愿露宿野外,也不愿惊扰百姓,严令战士遵守群众纪律,不得在农户家借宿,更不得取农户的一钱一物,所到之处,秋毫无犯。

曾组织领导发动乐洞农民武装起义的当地村民何远驯猜出是日思夜想的红军队伍打回来了,与红军联系上后,派人喊回逃向深山的乡亲们。东躲西藏的群众陆续回到家里,整个白茅坪沸腾了,到处充满了欢声笑语,一派忙碌的景象。

红军休整期间,村民们积极协助红军安排住宿,动员何氏家人空出祠堂、厅堂、楼房,青壮年男子为红军当向导、抬担架等,妇女们背来柴火,帮红军埋锅烧水做饭,洗衣洗被,积极帮助红军筹备给养,每家每户除自留少许粮食外,将稻谷主动借给部队,把自家的食物拿出给红军食用,谱写了一曲军民鱼水情深的颂歌。

一批又一批的红军战士陆续来到白茅坪,由于当时红军队伍出现了大批伤病员,部队在何忠孚家设立了临时医务室,以行医为生的何忠孚父子主动协助红军上山采药,帮助伤员疗伤。

11 月 5 日,后卫红五军团右纵队由关田经铜坑、左溪到达乐洞白茅坪。其中一名就是此后长眠白茅坪 88 年,至今仍未归故里的黄连长。当时他腹部身负重伤、用担架抬着。

何忠孚在一次协助军医给黄连长换药时,曾与这位带有闽西口音的黄连长进行过交流,因何氏先祖何旺真原在大余县任教,1516 年便举家从福建闽西武平迁至白茅坪定居,了解到黄连长是福建闽西人,是自己的老乡,二人交谈得很愉快。

由于当时的药品奇缺、医疗技术也比较薄弱,黄连长因伤势过重,医治无效,

红军墓前的鲜花

在牺牲前对着西边方向说："我不行了，对不起。"眼睁睁望着黄连长撒手西去，无力回天，何忠孚十分悲痛地说："是我对不起你啊！"

为了掩埋烈士，何忠孚把自己的上等杉木寿材捐献出来安葬黄连长。为便于革命胜利后部队回来寻找连长之墓，墓地最终选在屋边梅子树下用石头围砌着的菜园里。按照当地客家人的习俗，和红军战士一起挖了一个大坑，把黄连长遗体擦洗干净，用棺木入殓后进行安葬，为隐蔽考虑，没有坟头，没有立碑。

11月6日，红军撤离白茅坪时，一名红军战士将雌雄剑的雌剑和剑套交到何忠孚手中，再三叮嘱何忠孚"保护好连长墓地，待革命胜利后以雌雄剑为信物，再回来祭奠连长"。

红军撤离白茅坪后，由土匪改编而来的湘粤赣边境"剿共"司令周文山所部随即到乐洞乡驻扎，对接受过红军休整、为红军筹粮治病的白茅坪村民进行反攻倒算。对何远顺等人进行追捕，并焚毁其房屋。对为红军治病并参与安葬红军连长的何忠孚父子，匪军更是将他们抓捕起来，关押拷打。

为邀功请赏，周文山还打起了连长墓地的主意，准备把这位红军"大官"挖出来交给上司领赏。可匪兵在白茅坪山冈四处苦寻，就是找不到连长的墓地。

然而，邻村有人贪图赏银告密，说出了墓地的位置，周文山立即带兵来到白茅坪要挖墓地。

村民们早有防备，村里男女老少将坟墓团团围住，面对敌人的威逼，他们毫不畏惧，誓死守护连长墓地。

可敌人岂能善罢甘休。周文山扬言，必须交出600块银圆方能保全红军墓。为了保全连长的墓地和族人的性命，村民被迫变卖了山林和土地，凑足了600银圆交给匪军，红军墓才得以保全。

狠毒狡诈、土匪成性的周文山见何氏族人能凑出这么多钱来，又以寻找藏匿红军为由挨家挨户搜查，搜走了红军借粮借款的借据，把各家剩余的粮食和所有值钱的东西搜刮一空。经此一劫，白茅坪整个村落找不出一块铜板，家家背债，户户断粮，只好挖草根、摘野果、打猎充饥度日。

即便如此艰苦，何氏族人仍日夜派人守护红军连长墓，以防匪军再来挖墓。

周文山匪军撤走后，何忠孚因受尽敌人的拷打折磨，身体每况愈下。辞世前，他把6个子孙叫到身前，并将当年红军战士交给他的雌雄剑交到儿子手中，他说红军是为穷人打天下的部队，何氏子孙一定要像保护我们的祖坟一样守护好连长墓，等待连长所在部队和亲人前来寻找。

儿孙们接下父亲重托，从此以后，按照客家人给亲人扫墓习俗，他们同白茅坪村民每年清明、冬至日都要带领年轻人为长眠于此的黄连长扫墓、祭奠，追思

红军墓前的祭奠

红军的功德，纪念红军烈士的英雄壮举和这段红色情缘。春夏季只要出现雷雨天气，村民们会自发来到红军墓，查看是否被山水冲毁，并及时进行修复。

中华人民共和国成立后，红军墓旁边的房子早已倒塌，成了进村的道路，村民们把红军墓用几块大石头垒起来作为墓碑，为方便红军战士回来寻找，保留了当年的原貌。他们还将红军连长之墓来历报告了当时的基层政府。2020 年 12 月，白茅坪何氏家族将红军雌剑和剑套捐赠给"赣南三整"暨崇义革命历史陈列馆永久收藏。

何忠孚、何远驯、何远腾、何清阳、何赐仁、何赐亮等白茅坪人牢记红军嘱托，三代人接力为红军连长守墓已经整整 88 年！2022 年已 80 岁的白茅坪第三代守护人何清阳拄着拐杖，时常走到红军墓前，久久伫立，似乎在等待红军连长所在部队或亲人持雄剑前来。他说："黄连长在我们何氏家族里不是亲人胜似亲人，万一还找不到红军连长的亲人，我们还会一直守护下去。"他们守的是什么？守的是烈士的精神、烈士的情，是报恩，也是家族精神的传承。

80 多年前，在这片红色土地上，先辈们奋战、喋血，年纪轻轻就长眠于此，甚至连名字都没有留下。在漫长的岁月里，因为有了何忠孚、何清阳这样一代一代人的守护、陪伴，烈士们的英魂并不寂寞。

习近平总书记指出："红色江山来之不易，守好江山责任重大。要讲好党的故事、革命的故事、英雄的故事，把红色基因传承下去，确保红色江山后继有人，代代相传。"今天告慰他们最好的方式就是，让他们拼尽全力打下的江山，能够在我们这一代人手里，不断地发展前进，不断增添更多的色彩，用我们一代一代的传承向这些英雄表达我们内心的崇敬。心中有梦、不忘英雄，守护初心、砥砺前行，这就是中华民族从胜利走向胜利的强大力量。

点评：该课程故事完整、情节细致，较好地讲述了在那个艰苦的年代军民鱼水关系，普通群众对共产党的拥戴、对红军的深情等，并且对革命精神的接续、红色基因的传承和红色文化的弘扬也有很好的表述。

★ 点亮青年理想之明灯

◎**内容提要** 本课程以为什么要建立少共苏区中央局，少共苏区中央局是如何将苏区青年运动开展得如火如荼的，苏区青年为什么会不怕牺牲、前仆后继地加入红军之中这三个问题为引导，激励新时代的青年在中国共产党的领导下，在先辈们理想之光的指引下，接过民族复兴的接力棒，为实现中国梦贡献青年的力量。

◎**主创人员** 黎敏 中共宁都县委党校教务处主任
◎**授课地点** 江西省赣州市宁都县青塘镇河背村少共苏区中央局成立地旧址

同学们好！

欢迎来到宁都县青年小镇——青塘！此刻我们所处的虽是一间普通民房，但它见证着宁都苏区的岁月沧桑，镌刻着苏区青年的苦难辉煌，90多年前在这里成立了一个组织——少共苏区中央局，它指引着中国大地上最生机勃勃、青春洋溢的一群人追逐理想，实现梦想。今天，越来越多的人来到这里汲取力量、致敬青春。

大家可能会问了，当年为什么要建立少共苏区中央局呢？其实早在1920年8月，中国共产党就在上海组织成立了上海社会主义青年团，两年后，又成立了全国统一的组织。在团的第三次全国代表大会上，才把名字改为中国共产主义青

少共苏区中央局成立地旧址外景

年团，简称共青团，这个名字沿用至今，当时共青团的中央设在上海。随着红军和根据地的不断发展壮大，对共青团的工作也提出了更高的要求。而当时远在上海的共青团中央因为远离苏区，自身又处于国民党的白色恐怖之中，时常遭到敌人破坏，根本不能有效地领导苏区青年的运动和适应苏区蓬勃发展的革命形势。因此，根据党中央的指示，1931 年 4 月中旬，少共苏区中央局作为共青团中央的派出机构在这个房子里正式成立了。

但是，在当年与外部世界几乎隔绝的战争环境之中，少共苏区中央局又是如何打开局面，将苏区青年运动开展得如火如荼的呢？为了快速提高大家的思想觉悟，让更多的青少年明白自己参加斗争是为谁而战，少共苏区中央局成立后，在极其艰苦的条件下，依然创办了《青年实话》杂志，来宣传党的主张，传达党和团的苏区中央局对青年工作的要求。这份杂志一出版，就受到苏区广大青年的喜爱。除了办报，少共苏区中央局还创办了列宁团校。据列宁团校的学员回忆，毛泽东同志还曾在大祠堂里为他们授课。在讲到建立农村革命根据地的重要性时，他打了个生动的比喻，当一支红军在赤日炎炎下走得十分疲劳时，总要找个树林，好在树荫下歇歇脚，然后再向前走。这根据地就好比一片树林。历代农民战争为什么总是失败？除了没有建立一个好的政党外，流寇主义则是一个十分重要的原因；他们东奔西闯没个落脚地，最后还是失败了。所以，我们要十分重视建立、巩固和壮大革命根据地。列宁团校也为大批青年干部的培养发挥了重要作用。除了办学和办报，少共苏区中央局还动员广大青少年发起"共产主义星期六"活动，并且加入到苏维埃政府的经济和管理工作当中，在少共苏区中央局的努力下，中央苏区的共青团工作出现了迅速发展壮大的局面。仅江西苏区，1932年2月至4月就新发展共青团员10675人，团员数量比3个月前增加了3倍以上。

少共苏区中央局还动员和组织广大青年参加红军，投身苏区反"围剿"战争。让人肃然起敬的是，当时的苏区处于四面白色恐怖包围之中，参加红军是什么样的后果，大家都知道，但是众多的苏区青年还是不怕牺牲、前仆后继地加入到红军之中，这是为什么？我想，在当年风雨如晦的中国，很多青少年彷徨、迷茫，不知道怎么做才能让自己的国家更好，而少共苏区中央局就像一盏明灯，点亮了青年为民族复兴而奋斗的理想，让苦闷的苏区青年看到了光明，找到了方向。所以他们不顾自己的身家性命赶赴战场，或加入红军队伍，或为共产党的军队运送粮食物资，或动员自己的亲人同上战场，这才有了跑马场上万人誓师，梅江河畔千人送行的盛况。那是在1933年3月下旬，红军取得了第四次反"围剿"胜利，恼羞成怒的蒋介石重新调集了100万兵力，准备对中央苏区发动第五次军事"围剿"。为了抵御敌人大军压境，中共中央决定尽可能地扩大红军队伍，所以在1933年5月20日少共中央局作出了"关于创立少共国际师的决定"，向江西、福建、闽赣三省地区下达了征调8000兵员的任务，任务一下达，博生县（今宁都县）很快就积极行动起来，整个红色区域掀起了父送子、妻送夫、兄弟争参军的热潮。甚至连寺庙的小和尚也加入了红军的队伍中。当时有个十四岁的小和尚身穿僧衣，胸前挂着一块硬纸牌，用红笔写着"我要报名当红军战士"，走进了报名队伍，被青年部长萧华看见就问："小和尚你是什么地方来的？你胸前挂的字是谁写的？你知道是什么意思吗？"小和尚说："我从宁都莲花山寺庙走出来的，这字是我找老师写的，就代表我要当红军战士，杀敌人。"萧华觉得孩子还太小，就逗他说："小和尚你不能当红军战士，你头上没有头发，而且你吃的东西是斋菜，我们红军战士吃的可是荤菜。"谁知小和尚一听自己不能当红军,当即哭了起来,萧华又说:"小和尚别哭,你家里还有亲人吗?"小和尚一边抹着眼泪,一边抽泣着说,"我父亲当红军牺牲了,母亲为了保护我,把我送到寺庙里当和尚,她自己去和白狗子拼命,也牺牲了……"话没说完,萧华将小和尚紧紧地抱在怀里,让他加入到了红军的队伍。小和尚后来成长为了一名很优秀的红军战士,在长征中多次立功受奖。而在中央苏区像这样举家革命、父子参军的例子还有很多很多。所以不到2个月时间,博生县就超额完成了江西省委下达的任务。1933年8月5日,这支心怀理想的青年部队"少共国际师"在博生县跑马场正式授旗誓师。初创时的少共国际师有9000多人,后来发展到1万多人,其中70%为共青团员,平均年龄18岁,最小才14岁,但是他们英勇善战,为第五次反"围剿"战争和长征作出重大贡献,成为中国青年运动的一面旗帜。

当年少共苏区中央局坚定青年理想,组织青年运动,在一代又一代青年心中点亮理想之灯、激发信念之光。现在少共苏区中央局已经随历史远去,但是中国共产主义青年团却依然朝气蓬勃。因为历经百年,青春不变,青年理想之灯不灭。一百年来,在中国共产党的旗帜下,在先辈们理想之光的指引下,一代代中国青年立志把青春奋斗融入党和人民事业,成为实现中华民族伟大复兴的先锋力量。于是我们看到了中国救亡图存的青年一代,他们是为民族危亡四处奔走的

少共苏区中央局
成立地旧址内景

五四青年，是长征中前仆后继、坚定不移的红色青年；我们又看到了建设和发展中国的青年一代，他们是毅然放弃国外优越生活奔赴新中国的海归青年，是宁可少活20年也要拿下大油田的工人青年；我们还看到了强国富民的青年一代，他们是展示中国硬核实力，平均年龄才35岁的北斗团队，是用心用情为群众办实事、解难事奔波在田间地头的扶贫干部；我们还看到一直被我们保护在身后的90后、00后，面对疫情，勇敢地站到了我们的前面，承担起了护佑全民安全的责任。我们新时代青年是幸运的，因为今天的中国已经站起来、富起来，正在走向强起来，但是在百年未有之大变局中，我们的国家同样遭遇着挑战，这就更要求我们的年轻人立志坚定，明辨是非，经得起大浪淘沙的考验，这样才能在祖国需要我们的时候底气十足地喊出"请党放心，强国有我"。网上有人曾提出这样一个问题：这一代年轻人，还有不计生死的血性吗？我认为：有！那些把生命化为祖国界碑的卫国戍边年轻战士，那些在没有硝烟的战斗中倒下的年轻生命，那些在平凡岗位上为祖国发展做出不平凡贡献的年轻英雄，他们已经替无数青年给出了我们这代人的答案：时代不同，岗位不同，年轻的心，追逐理想之光的脚步同样坚定！

今天我们来到这里，就是因为这灯光的指引，今后我们也可能成为指引别人的灯光，民族复兴的接力棒在我们一代代青年的手中传承，伟大复兴的中国梦终将实现。而我们青少年要如习近平总书记在党的二十大报告中所说的，广大青年要坚定不移听党话、跟党走，怀抱梦想又脚踏实地，敢想敢为又善作善成，立志做有理想、敢担当、能吃苦、肯奋斗的新时代好青年，让青春在全面建设社会主义现代化国家的火热实践中绽放绚丽之花。

点评：该课程主题突出，教学设计巧妙。以问题层层设疑，引导学生积极思考。用故事引人入胜，唤起沉睡的红色记忆。一串串鲜活的数据，生动诠释了苏区青年的奋斗牺牲。教学中对于少共苏区中央局如何像一盏明灯点亮苏区青年的人生方向分析，有待进一步深挖。

★ 对党忠诚 一心一意

◎**内容提要** 本课程通过介绍革命先辈刘启耀宁愿一路乞讨也不愿动用分毫党组织经费的故事，让学员深刻认识对党忠诚是共产党员的首要政治品质，共产党员对党忠诚必须一心一意、一以贯之，任何时候任何情况下都不改其心、不移其志、不毁其节。学习刘启耀清正廉洁，对党忠诚的高尚品质，传承红色基因，汲取精神力量，把好传统带进新征程，将好作风弘扬在新时代。

◎**主创人员** 陈丽萍 兴国县红色资源保护发展中心讲解员
◎**授课地点** 江西省赣州市兴国县刘启耀纪念馆

各位学员：

大家好！

特殊的时间节点，总会激起无尽的情感涟漪。当历史的指针指向今天，回顾我们党一路走过的历程，虽然惊涛骇浪、艰难险阻不断，但任何困难都没有压垮、打败我们。究其根源，靠的就是千千万万党员的绝对忠诚。百年来，我们党有很多忠诚可靠、意志坚定的模范人物，今天我们要介绍的主人公——"腰缠万贯的讨米人"刘启耀就是其中之一。近年来，总书记先后两次提到刘启耀的故事，那么，在他的身上究竟有什么值得我们学习和感动的地方？

现在我们看到的是刘启耀纪念馆。在这里有一尊雕塑，老妇人怀里抱着一个孩子，孩子的身体微微前倾，妇人手里捧着一碗米，旁边正准备伸手去接的就是刘启耀。我们可以注意到一个细节，刘启耀他背着一个包袱，在这个包袱里，就装着十三根金条和许多银圆首饰，这就是刘启耀腰缠万贯却讨米度日的形象展示。

刘启耀腰缠万贯讨米塑像

刘启耀 1899 年出生在兴国县龙口镇睦埠村，小时候家里非常穷，吃不饱、穿不暖，上学读书就更没有机会了。十五岁那年，刘启耀离家跟着长辈到码头附近，给大户人家做长工，后来辗转到泰和马家洲靠撑竹排谋生。刘启耀后来能够成为江西省苏维埃政府主席，可以说与他做船筏工人的这段经历是分不开的。过去，码头人来人往，是各种信息的集散地。刘启耀长期在这里做工，不仅增长了见识，更练就了过人的胆识与智慧。

1926 年，兴国县的革命组织相继建立。刘启耀听到消息后马上返回家乡，秘密参加了农民协会。1928 年光荣加入了中国共产党。1931 年刘启耀担任江西省职工联合会委员长，在职期间，他提出开展举办夜校、消除文盲活动，自己更是带头白天工作、晚上学习。他这种刻苦学习的精神，给瞿秋白留下了非常深刻的印象，后来瞿秋白于长汀不幸被俘，在狱中被迫写《供词》时，借机写了自己到中央苏区后的一些见闻与感想，其中就有一段文字倍加赞扬刘启耀刻苦学习、扫除文盲的顽强精神，他说：江西省苏维埃政府主席刘启耀，他是一个长工，20 多岁了还是一字不识的。然而三年的苏维埃革命中，他努力学习，甚至晚上不睡觉，1934 年当我再见到他的时候，他已经能看得懂《红色中华》报了，已经能够指导一个省政府的工作了。

刘启耀 (1899-1946)

江西兴国人。1928年加入中国共产党，曾任江西总工会委员长、中共江西省委组织部长、江西省苏维埃政府主席等职。红军长征后，率部坚持游击斗争，历任中共遂万泰中心县委书记、泰和县委书记。1946年病逝于泰和马家洲，时年47岁。

纪念馆内的刘启耀简介

我们通常说一个人很节俭，会说他十分节俭，然而刘启耀却做到了十二分的节俭。他在指导省苏政府工作的时候，特别强调要节俭办公经费，他提出这样的号召：不要浪费一文钱、滥用一张纸、多点一盏灯、乱耗一支笔。他自己起草文件的毛边纸先写正面，再写背面。先用铅笔写，再用黑笔写，最后还要用红笔写。因为经常强调并带头节俭，当时大家还专门送给了他一个"节俭主席"的称号。

和当年所有的苏区干部一样，除了节俭之外，刘启耀还坚持了一个很好的传统和习惯，那就是自带干粮去办公。当时正值反"围剿"时期，全苏区都在开展节省粮食、支援前线的活动，刘启耀以身作则，带头响应节省运动，自带伙食干革命。《红色中华》报第188期作过专题报道，报道中刘启耀说：我从5月份起，每月都自带伙食，一直到粉碎敌人五次"围剿"为止！刘启耀是这样说的，也是这样做的。一位省苏主席回家挑米，旁人风言风语，老婆也非常不理解，说你过去在地主家做长工还可以挑米回来，现在当了苏维埃政府主席连饭都赚不到来吃，你这个革命有什么革头。刘启耀理解妻子的牢骚，非常耐心地跟她讲道理，并最终让她明白共产党人的干部当官不是为了发财，而是为人民谋幸福、为大众求解放。

后来，第五次反"围剿"失败了，中央红军北上长征，刘启耀等人在后方坚持游击战争。在一次突围战斗中，刘启耀左胸中弹昏了过去，警卫员深知刘启耀对于革命的重要性，自己主动穿上他的衣服，背起他的公文包，继续突围把敌人引向他处，最后壮烈牺牲。敌人在公文包中，发现了刘启耀的共产党员证和私章，所以认定被击毙的这个人就是刘启耀，还大举报道了击毙刘启耀的新闻，以致当时党内有些同志也认为刘启耀已经牺牲了。其实这天夜里，刘启耀在寒风中冻醒后，发现战友们早已转移，他和组织失去了联系。于是强忍着身上的伤痛和失去战友的悲痛，刘启耀挣扎着爬到原来藏身的山洞，取出掩埋在乱石丛中一个沉甸甸的小布包，在这个小布包里装着十三根金条、一些银圆和首饰。那是他和曾山同志分别时，组织上要他妥为保管的党的经费。这一大包黄澄澄的金子、白花花的银圆，足够他下半辈子过上丰衣足食的生活。可是，那些金银财宝，是党的活动经费，比生命还重要啊！他深感责任重大，把小布包缠在腰间，化装成乞丐，开始在遂川、万安一带四处讨米。刘启耀本不是好吃懒做之人，即使没有腰缠万贯倒也不至于乞讨度日，他之所以走街串户、四处讨米，还有一个非常重要的目的，那就是为寻找上级党组织和联络那些失散的战友。

经过两年的苦苦寻找，终于在 1936 年底，刘启耀联络到了失散的罗孟文、刘飞庭等一干同志（120 人左右）。1937 年初，中共临时江西省委在泰和县马家洲成立，大家推举刘启耀为临时省委书记。在重建省委时，大家提出重建机关需要办公经费、重建交通站要开办经费、寻找上级党组织需要路费，这些经费从哪里来呢？就在大家为活动经费发愁时，刘启耀撩开他的破衣烂衫，取出了那包金银说："这是突围前，党组织要我妥为保管的党的活动经费，这几年来，我不敢动用半分，就是为了组织的需要，现在组织恢复，这些就是省委的办公经费。"会上的同志们都惊呆了，谁能想到流浪乞讨多年的刘启耀，竟然是个腰缠万贯的讨米人。

临时省委用这笔经费买了一栋房屋，建立了名为"赣宁旅泰同乡会"的省委秘密机关，部分剩余经费用于保释狱中的大批战友。1939 年，国民党当局在马家洲设立集中营，对外称"江西青年留训所"，实则关押了 400

刘启耀纪念馆外景

多名共产党和抗日志士。刘启耀在集中营周边开了一家杂货铺作为掩护，他的任务就是负责与狱中的同志取得联系。在刘启耀等人的共同努力下，一大批战友被秘密送往延安。在其后的对敌斗争中，刘启耀身份暴露，先后三次被捕入狱，历经严刑拷打从未泄露党的机密。直到 1945 年重庆谈判，各方要求国民党释放政治犯，刘启耀才被第三次释放出狱。然而，由于残酷的斗争环境，刘启耀身患肺痨，大口大口地吐血，却始终不肯花费分文去寻医救治。战友们看着骨瘦如柴、奄奄一息的刘启耀，都劝说他回老家养病，刘启耀却坚持在联络站等待上级通知。他说：如果我离开了，上级交通员找不到我，大家都会失去组织。从那之后的每一天，他都坐在联络站的门口眺望等待。由于长期营养不良，加上病情恶化，1946 年 1 月，刘启耀牺牲在联络站，年仅 47 岁。

2019 年 5 月，习近平总书记视察江西，谈到清正廉洁时，深情讲述了刘启耀背着金条乞讨的故事。2021 年 3 月，总书记在中央党校中青年干部培训班开班式的讲话中，再次引用刘启耀的感人故事。强调对党忠诚必须一心一意、一以贯之，任何时候任何情况下都不改其心、不移其志、不毁其节。这是习近平总书记对新时代中国共产党人的谆谆告诫，也是刘启耀一生品格的真实写照。

今天，我们来到刘启耀烈士纪念馆前，重温习近平总书记多次讲述的腰缠万贯讨米人的故事，不仅仅是为了学习他对党忠诚、清正廉洁的高尚品德，更是为了更好地贯彻落实党的二十大精神，传承红色基因、汲取精神力量，始终沿着总书记指引的方向前行，奋力谱写中国式现代化的崭新篇章！

点评：该课程在目前的高压反腐态势下，借习近平总书记两次重要讲话点题，重温"刘启耀背着金条乞讨"的故事，使教学主题的育人价值更加凸显，更具教育和警示意义。课程故事情节、人物细节刻画细腻，现场代入感较强。

★ 人民支援永不忘

◎ **内容提要** 本课程主要讲述了陈毅同志与大余县池江镇彭坑的普通妇女周篮之间发生的一系列故事，体现了浓浓的军民鱼水情。

◎ **主创人员** 蓝　芳　中共大余县委党校教师
　　　　　　叶小娟　中共大余县委党校教师
　　　　　　曹利平　青龙镇人民政府一级科员
　　　　　　刘春妮　大余县城市社区管理委员会宣传干事
◎ **授课地点** 江西省赣州市大余县池江镇陈毅同志旧居

各位同学：

大家好！欢迎来到大余县池江镇彭坑。你们知道院外的雕像是谁吗？是的，是周篮嫂的雕像。今天，我们要讲的就是她和陈毅同志的红色故事。

80多年前，在池江这片红土地上，项英、陈毅等老一辈革命家带领红军战士开展了艰苦卓绝的南方红军三年游击战争，他们始终坚守"解放中国人民"的革命信念，紧紧依靠人民、团结人民，战胜了重重困难，取得了斗争胜利。现在我们位于"陈毅同志旧居"内，也是当年地下交通员周篮的家。1936年春，粤军对赣粤边发动大"清剿"，陈毅辗转来到池江，先在彭坑的大叶坑、沙子坑一带搭棚居住，经常走动，后来腿伤复发，就在周篮家后山的一棵大松树下搭了一个简易的草棚住下。这是1934年在兴国老营盘战斗中负的伤。由于当时条件有限，

大余县池江镇兰溪村彭坑的陈毅同志旧居

虽然做了手术，但腿内仍留有碎骨，所以腿伤一直没痊愈，时常肿痛。在敌人的严密封锁下，游击队粮食断绝，只能靠野菜、野果充饥，有时候好几天都没有一口吃的。

周篮是彭坑的一名普通妇女，她机智勇敢、聪明能干。每天提个竹篮子，借口上山打猪草，冒着生命危险给游击队送粮、送饭、送情报。若是遇上游击队开会，她就守在草棚外，边打猪草边替游击队放哨。端午节那天，家住彭坑的周篮惦记着山上的游击队员们，为了让他们吃上一顿粽子，她把粽子放进竹篮里，冒着大雨上了山。雨天路滑，走到半山腰，她不慎摔了一跤，脚板被划伤，鲜血直流，可她顾不上疼痛，一瘸一拐地继续冒着雨前行。当她把一篮粽子提到陈毅和战士们面前时，大家非常

红军游击队地下交通员周篮

感动。陈毅同志亲切地问:"这位大嫂,你叫什么名字?"旁边的警卫员也说:"是呀,大嫂经常给我们送吃的,请你把大名告诉我们,将来革命胜利了,我们也好来看望你呀!"周篮笑着说:"我是个妇女,没有取大名,小名三娣子,就叫我三娣吧!"陈毅同志接着说:"看大嫂手里经常提着一只篮子,这只篮子为我们游击队送过饭,买过东西,我看就用这个取名字,叫周篮吧!"从此,周篮就成了她的大名,游击队员们都亲切地称她周篮嫂。

山上的草棚简陋又潮湿,陈毅的腿伤愈发严重,整条大腿又红又肿,伤口还冒着脓血,疼痛不已。为便于治疗陈毅的腿伤,周篮夫妇冒着全家被杀的危险,将陈毅带回家,藏在家中存放粮食的阁楼上。

当时国民党军对山里百姓采取"限额采买"的办法,买东西都是有规定数量的,超过规定数量,就以"济匪、通匪"论罪,那可是要杀头的。像药品这类重要物资是绝对禁买的,所以,游击队和老百姓家里都没有药。于是,周篮嫂每天下田劳作后,都带回一大捆辣椒草、狗贴耳等草药。洗药、煎药,再把药水抬到阁楼上给陈毅清洗伤口。经周篮半个多月的熏洗敷贴,陈毅大腿上的红肿竟神奇般地消失了,伤口也慢慢愈合。陈毅高兴极了,夸周篮是一名神医。

在陈毅养伤期间,国民党反动派不时地进坑"进剿"。为了确保陈毅的安全,周篮时刻警惕周围的一切。一天傍晚,陈毅坐在周篮家屋背后的大树下看书,警卫员坐在旁边擦拭枪支。周篮嫂就在门口的池子里洗衣服,突然,周篮嫂发现了敌人的身影,不好!"白狗子"(敌人)已经悄悄地进村了,眼看就要到家门口,回去通知已经来不及了,喊起来的话肯定会暴露目标,这该怎么办呢?此时,在"白色恐怖"笼罩下的村子显得格外寂静,村民们对"白狗子"避之不及,赶忙关门闭户,就连村口的鸡鸭也没了踪影。就在这时,周篮嫂急中生智,顺手捡起一块石头,向眼前的一头小猪崽扔去并大声呵斥道:"死猪、瘟猪还不快走!兵老爷来了,一枪打死你!"陈毅他们一听,知道是敌人来了,迅速转移到后山,钻进树林藏了起来。敌人进屋搜查了一阵,没有发现异常就走了。晚上,陈毅回来后对周篮嫂竖起了大拇指:"周篮嫂,你真有法子!抵得一个诸葛亮哟!"

为了剿灭红军游击队，国民党军队封山封坑，实行移民并村、保甲连坐，采取最残酷、最疯狂、最无人性的手段割断军民联系。护红的老百姓有的被打断腿，有的被拔掉牙，有的被火烧了房子，还有的在酷刑下被活活折磨致死，但他们毫无怨言，用鲜血乃至生命支援和保护红军游击队。

周篮嫂的儿子刘士华老人回忆说：敌人为了逼问出陈毅同志和游击队的下落，把我父亲抓到杨柳坑严刑拷打，百般折磨，但父亲没有说半个字。敌人把遍体鳞伤的父亲丢在路边，乡亲们用门板把他抬回家，不久后，父亲就去世了。敌人无计可施，又把我母亲抓走，用火烧她的头发，对她施以"打地雷公"的酷刑，把竹签从手指头与指甲盖之间的缝里打下去，十指连心啊，一锤锤钻心的剧痛令母亲几度昏死。昏过去就用水泼醒了继续打，打昏了又泼醒，泼醒了再打，但母亲始终没有透露丝毫，敌人只好把她放了。刘士华老人谈起这段回忆时，几度哽咽，泪水止不住地流下来，旁听的众人无不为之动容。

赣粤边游击区像这样的故事数不胜数，甚至还有很多牺牲的群众连名字也没有留下。这些群众舍生忘死，对红军游击队的贡献是不可磨灭的。历经种种，陈毅感慨万千，思如潮涌，在《赣南游击词》中发自肺腑地写下："靠人民，支援永不忘。他是重生亲父母，我是斗争好儿郎，革命强中强。"为了民族解放，人民幸福，红军战士不怕牺牲，浴血奋战，在饥寒交迫、缺医少药的艰苦条件下，与人民群众团结一致、共同抗敌，历经千辛万苦，粉碎了国民党反动派的围剿，最终取得了斗争胜利。此后，在中国共产党的坚强领导下，我们的祖国越来越强大，人民的生活越过越好，我们新一代少年在祖国的怀抱中茁壮成长。

作为新时代的少年，我们要心存感恩，感恩革命先辈用鲜血和生命换来了和平美好的生活，感恩党和祖国让我们幸福快乐地学习和成长。"宝剑锋从磨砺出，梅花香自苦寒来。"人类的美好理想，都不可能唾手可得，都离不开筚路蓝缕、手胼足胝的艰苦奋斗。我们的国家，我们的民族，从积贫积弱一步一步走到今天的发展繁荣，靠的就是一代又一代人的顽强拼搏，靠的就是中华民族自强不息的奋斗精神。因此，我们要传承爱党爱国的红色基因，培养不怕困难的精神品质，接过历史的接力棒，从小树立远大志向，刻苦学习，努力奋斗，长大后为建设家乡、振兴中华多做贡献，做好社会主义事业接班人！

点评：该课程充分挖掘本地红色文化资源，用朴实的语言讲述革命故事，学员通过现场教学，了解了一段红色革命历史，感受了一份军民鱼水深情。课程做到了以真人真事感染人，引导学员真信真行。

★ 兴国官田中央兵工厂的现实启示

◎**内容提要**　本课程通过讲述官田兵工厂突破"卡脖子"难题的艰辛发展历程，表明了坚持党的领导、尊重和关爱人才、自力更生艰苦奋斗是当时突破困难、解决难题的好方法。学史可以增信，这对于我们今天突破"卡脖子"难题具有一定的现实启示意义。

◎**主创人员**　邱华林　赣州市委党校经管教研室副主任
◎**授课地点**　江西省赣州市兴国县官田中央兵工厂旧址

各位学员：

大家好！

习近平总书记反复强调要突破"卡脖子"难题。如何突破"卡脖子"难题？历史是最好的教科书。1931年创办于兴国的官田兵工厂，它的艰辛发展历程，就是一部突破"卡脖子"难题的生动教科书。面对残酷的军事"围剿"和严密的经济封锁，面对技术、人才、原材料极度匮乏的严峻形势，官田兵工厂从无到有、由少到多，最终成为"人民兵工的始祖"。今天，让我们一起走进官田兵工厂。

兴国县官田中央兵工厂旧址前雕塑

兴国县官田中央兵工厂总部旧址

1931 年 9 月，第三次反"围剿"取得胜利后，红军力量不断壮大，使得红军对枪支弹药的需求更加迫切。当时，赣西南苏区只有一些小型的、作坊式的修械所和修械处。所以在新的形势下，红军亟须建立一个兵工厂。

全军在第三次反"围剿"战斗中缴获了上万支枪。为了防止俘虏兵捣鬼，红军便把枪柄和枪身分开搬运。由于枪支经过拆卸，枪杆和枪机对不上号，不是装配不上，就是零件残缺不全，不修理是不能用的。对此，中央军委决定成立中央兵工厂来解决这一具体的问题。红军总司令朱德将兵工厂厂址选定在距离兴国县城约 45 公里处的官田，故称为"官田兵工厂"。

官田兵工厂成立后，虽然工厂的规模扩大了，干部和工人增加到两百多人，但技术力量仍然很缺乏，装备设施比较落后。当时，官田兵工厂的全部家当只有 4 座打铁炉、200 多把锉刀和 100 多把老虎钳，朱德曾感慨："所有家当还没有王二麻子剪刀铺的齐全。"

面对重重困难，面对"要不来、买不来、讨不来"的技术、人才、原材料难题，兵工人不等不靠，用双手和智慧战胜一个个难以想象的困难。

一是苦练技术。 兵工人除了少数木匠、铁匠，大部分人是农民，他们多数人没有修过枪，甚至没有摸过枪，不少人连看都没有看过，不要说制造，修理都不会。没有技术，怎么办？在工厂党组织的号召下，全厂掀起了钻研修枪、制枪技术的高潮。厂长吴汉杰把力量配搭开来，让懂技术的人教不懂技术的人，并要求大家好好教，好好学，同时提出口号："虚心学、快快学，我们多流汗，阶级弟兄少流血！"十冬腊月，寒风呼啸，大家忘掉了寒冷。白天，丢下饭碗就跑去干活；夜里，没有灯就摸着黑研究技术；躺在床上，还讨论着怎样找窍门。一段时间后，大家逐步掌握了初步技术。当兵工人生产出来的第一批子弹送到前方时，前方却发来反馈，说子弹不是直着走，而是横着身走，还冒烟，打不准又打不远。这使得他们非常沮丧，他们立即召开了技术攻关大会，发现原来是自己手工打磨的子弹头凹凸不平，容易受到空气阻力的影响，风往哪边吹，它就打向那边。这个时候有个同志说，要不把铜铸的子弹头改为用铜币冲成圆壳来做子弹头如何？一试果然奏效。正是由于兵工厂党委坚持问题导向、学用结合，兵工厂面貌焕然一新，工人们不但能修理枪炮，甚至可以自己造枪。

二是情系人才。 当时红军非常尊重知识、爱惜人才。规定凡是会造枪炮的工人可享受比红军团级干部还要高的待遇，每月最高工资60银圆。1933年初，为加强苏区兵工厂的技术力量，上海地下党从上海动员了6名造枪工程师来到官田。他们初到官田，见生活条件艰苦、工作又紧张，加之认为大部分工人每月的工资只有20元左右，感到兵工厂不会按约定的每月60元发工资，以至于情绪低落、工作消极。工人们见状，建议取消他们的高工资待遇。职工委员长马文拿捏不定，于是便向毛主席汇报情况。毛主席抽着烟低着头，思考良久，最后问了两个问题。一问他们的技术怎么样？马文便说他们的技术是真的好，像枪支里面有个撞针，非常的精细，只有他们能修。二问他们吃辣吗？马文很困惑，怎么会问能不能吃辣？这的确是不知道啊。后来毛主席便说，他们从上海来到江西，人生地不熟，语言也不通，一定是不习惯的。你作为职工委员长也没有关心他们，你

兴国县官田中央兵工厂总部内景

平日里有没有和他们一起共餐？马文这才意识到自己工作做得不到位。后来，毛主席便说我给你写两封信，一封信是写给 6 位职工的，另外一封信写给当时在场的所有职工。同时，你们要拜这 6 位技工为师，事事处处尊重他们、请教他们，而且这 60 银圆的工资是绝对不能变的，必须按时兑现。马文按照毛主席的话去做，果真感化了 6 位上海师傅，他们主动将自己的工资降至 20 银圆以下，其他当作党费上交前线，支援红军。

三是突破封锁。要生产出大量武器弹药供红军战士使用，必须得有大量原材料作保证。然而，敌人对苏区的封锁是严密的，为解决原材料紧缺难题，兵工人依靠自己，就地取材，自制砂纸和火药，有力保障了原材料供应。

自制砂纸是一个修枪工人提出来的，他在官田河里发现了天然的金刚砂，用水漂洗后，筛出不同的粒度，用鳔胶粘在棉布或纸上，制成不同规格的砂布或砂纸。

子弹的药粉主要是木炭、硝和硫黄混合而成。木炭是有，没有硝和硫黄怎么办？工人们想的办法是找老屋墙上或地窖的硝盐，从含硝较多的地方挖取地下泥土来煮出硝。此外，他们还从树上采摘黄色的松香，到山上挖上了年龄的松树根，晒干后，削薄研成粉末。于是，用硝、松树根粉和自制酒精，按一定比例混合而成的土制弹药就制成了。

总之，在极其艰难的环境下，兵工人苦练技术、情系人才、突破封锁，解决了建厂过程中的"卡脖子"问题，凝聚成了以"自力更生、艰苦奋斗，开拓进取、无私奉献"为主要内涵的人民兵工精神，为中央苏区的红军修理和制造了大量的弹药和武器。短短两年时间，官田兵工厂共修配步枪 4 万余支、机枪 2000 余挺、迫击炮 100 多门、制造子弹 40 余万发、手雷 6 万余枚、地雷 5000 余枚等，有力地支援了革命战争。

进入新征程，突破"卡脖子"难题，就要加强党和国家对重大科技创新的领导，集中各方力量进行关键核心技术攻关，用好揭榜挂帅机制，坚决打赢关键核心技术攻坚战。

千秋基业，人才为本。当前，科技竞争、创新竞争背后是人才竞争，突破"卡脖子"难题，就要拿出真金白银，送上真心实意，为人才提供贴心服务，解决他们的后顾之忧，真正让人才有劲头、有奔头、有盼头。

针对西方国家的脱钩断供、封锁围堵，依然要靠自力更生，把国家和民族发展放在自己力量的基点上，努力炼就金刚不坏之身，牢牢掌握发展的主动权。

点评: 该课程从苏区时期兵工厂发挥主观能动性，解决"卡脖子"难题入手，以小见大，对深刻理解党的二十大关于"科技是第一生产力，人才是第一资源，创新是第一动力"的论述有裨益。

★ 艰难抉择

◎**内容提要** 革命和孩子，在今天看来并不矛盾，但在特殊的年代，却是艰难的抉择，而且是关乎生死的抉择。1936年，国民党对苏区再次实行疯狂围剿。为了不拖累战友们，黄长娇毅然牺牲一岁半的儿子，来换取战友们安全转移。她用无私奉献，换取了人民的幸福；用牺牲小我，成就了革命的胜利。

◎**主创人员** 方艳萍 中共瑞金市委党校高级讲师
◎**授课地点** 江西省赣州市瑞金市叶坪妇女生活委员会旧址

各位学员：

大家好！

这张照片是被称为"妇女工作的模范"的黄长娇（引领学员聚在黄长娇照片前），在她的左肩有一条14寸长、30多针的伤疤，这条伤疤说明了黄长娇一生的艰难和传奇。

黄长娇自幼家境贫寒，六七岁到地主家里当长工打短工糊口，不满13岁就跟着村里的男人外出做挑夫，赚钱活命。艰苦的生活磨难，使她饱尝了人间疾苦和辛酸，她一直盼着有翻身的一天。黄长娇曾回忆说："正是童年的苦难和那三年挑担的艰苦生活，使我从小就渴望穷人老百姓能够翻身解放，能够当家作主。所以我这个穷苦的农家姑娘便第一个站出来，投身革命队伍。"

黄长娇等在瑞金访问当年苏区的老人

1931 年 11 月，中华苏维埃共和国临时中央政府在瑞金成立了。黄长娇因工作表现出色，多次受到表彰！时任省委书记的李富春一直叫她"妇女工作模范"，1932 年，她光荣地加入了共产党。

1934 年 1 月 20 日，黄长娇在第二次苏维埃代表大会上，当选为中央执行委员会委员和中央工农检察人民委员部委员。当时的中央执行委员会委员，就等于现在的中共中央委员，从那时起，黄长娇被老百姓称之为"红色女高官"。黄长娇经常下乡来往于赣县、兴国、于都等地查处案件，有时一天要步行一百多里路，非常辛苦。

毛泽东经常听黄长娇汇报工作，特别指示中央政府办公厅的同志说："给黄长娇同志配一匹马吧，一个女同志天天下乡工作实在吃不消。"

1934 年 10 月，党中央决定突围转移。经过严格的挑选，32 名长征女战士名单中，就有黄长娇的名字，可没想到，出发前，突然接到通知让她留下来，原来，她已经怀有两个月的身孕，不方便随军行动。

此后，黄长娇担任游击队长，带领游击队突击转移。游击斗争极其残酷，更何况黄长娇怀有身孕，游击战争时她三次被捕坐牢，每一次都游走在生死的边缘。

同志们要抬着她走，她甩开他们的手说："你们快走，不要管我。""黄队长，我们不能丢掉你，要死，死在一起。"同志们怎么忍心把她抛下。黄长娇听了急得冒火："为我一个人死，有什么价值！现在要紧的是保存革命力量，我代表党命令你们快走！"

后来，滚落在小溪岩洞的黄长娇从昏迷中醒来，阵阵北风像钢刀一样刮来，挺着大肚子的黄长娇只穿着两件破旧单衣，冻得瑟瑟发抖。肚子里的胎儿饿得不断动弹。她咬紧牙关，带着一身的伤痛，忍着饥饿，一寸一寸地向前移动，树叶、泉水就是她的食物。就这样，她在山上整整躺了三天。

黄长娇于1935年5月生下了一名男孩，她更是拼了命地工作，打通了游击队与苏区物资运输的一条秘密通道。有一次，黄长娇派出去的几个革命群众利用砍柴名义上山送粮给游击队。半路上，一个妇女肩上扛着的竹杠口子没有塞紧，漏出了几把米，没走多远就被敌人发现了。

敌人勃然大怒，立即将村里所有上山砍柴的妇女都抓起来，吊起来严刑拷问，一个胆小的妇女经不住拷打，把黄长娇供了出来。

敌人恼羞成怒，握着一把大刀向黄长娇狠狠砍去，刀刃卡在她左肩膀骨头上，顿时皮开肉绽，血流如注，她很快便昏死过去。后来这处伤口缝了30多针，刀疤足足有14寸长。

他们从没见过骨头这么硬的女子，只好把她放了。然而，为了"围剿"游击队，敌人实行"移民并村"，声称"三个月内消灭共产党和游击队"，疯狂叫嚣："不把'共匪'打死，也要把他们烧死，烧不死也要把他们困死、饿死。"一时，瑞金安治乡一带绵延几百里的大山，牢牢被敌人围住，连画眉山雀也飞不过去。但坚强的黄长娇一直用背带背着孩子，带领所在的汀瑞游击队在深山密林里战斗着。黄长娇整天提心吊胆，一怕饥饿的孩子会哭出声来。二来，战士们为了让她跟上队伍，经常有意放慢了行军的速度。好几次，情况都异常险峻。

1936年9月，国民党再次发起疯狂"围剿"，游击队的处境越来越艰难。这次，游击队又被敌人追赶了一天，大家饥寒交迫、筋疲力尽。黄长娇的儿子因为连续跟着队伍行军，又惊又怕，而且根本就没有吃的。黄长娇实在没有办法，就撸一把树叶，自己就着山泉水嚼碎了喂孩子。很多战士因此胀肚子，全身浮肿。孩子怎么能受得住呢？儿子一直发着高烧，懂事地低声呻吟着。

在这生死存亡的紧要关头，走在前头的黄长娇深知带着年幼的儿子会拖累战友们转移。几年的战斗生涯，她见过太多骨肉分离的场景，而现在自己也面临同样的抉择。天下有哪个母亲不爱自己的孩子，又有哪个母亲愿意做这样的决定？黄长娇的丈夫生死未卜，她把对丈夫的无尽思念更是融入对儿子的爱中。但，她的心里默默做了一个决定！告诉副队长带好队伍继续前行！

她抱着儿子离开队伍，在山崖边上一块大石头上坐下来。山下，竹涛阵阵，阴冷的山风刮在身上，孩子不禁打了几个寒战。她怎么会不知道，和心爱的儿子一别也许就是永远？她怎么会不知道，她的一转身，就是把儿子决然抛下。但是，为了更多的战友，她别无选择！她把偷偷给儿子做的一个用衣角擦得锃亮的子弹壳挂在孩子的脖子上说："儿子，咱们来做捉迷藏的游戏吧。你吹响这个漂亮的口哨，我们就分别找个地方躲起来，看谁躲得最隐蔽，好吗？妈妈没过来，你一定不能出来，知道吗？"

孩子信以为真，开心地吹响了他新得到的口哨，然后迈开小腿用力地跑开。黄长娇迅速穿进树林，按游击队前进的方向跑去。可孩子终究还只是一个孩子呀，跑了几步，回头不见了妈妈的身影，焦急地吹响了他唯一的玩具——妈妈送给他的子弹壳。子弹壳发出尖啸的哨音，并没跑多远的黄长娇心揪了起来，她紧紧地捂住嘴巴，不让自己哭出声来。哨音渐渐变得急促，掺杂着孩子焦急的叫喊声："妈妈、妈妈，我在这里……妈妈，你在哪里……妈妈、妈妈……"孩子的叫喊充满了绝望，揪人心魄地在山谷中回响……

张闻天同志的夫人刘英曾说："妇女必须作出选择，爱革命还是爱自己的孩子。"她们是女人，有着特有的柔情，她们当然爱自己的孩子！如果可以用自己的生命来换取儿女的生存，没有一个母亲不愿意！但为了中国的革命事业，妇女们无一例外地选择了革命！义无反顾，毫不迟疑！这些妇女们，不仅仅是妻子，

黄长娇与当年共同打游击的老战友合影

是母亲，她们更是战士！在革命面前，她们无一例外地忘记了女人的身份！

黄长娇最终还是惨遭俘虏，受尽了酷刑她也未出卖党和队伍的秘密，她深深地思念自己的儿子，她心里一直告诉自己，一定不能死，儿子还在等她！当地联保主任见她是一个女人，觉得有点价值，未将她杀害，而是把她多次倒卖给穷人做老婆。第一次从监狱出来，她就想尽办法去寻找自己的儿子，经过几番周折，乡亲们在那块高高的悬崖石下对应的山脚下看到孩子的几根白骨。

黄长娇再也没法控制自己，这个受尽酷刑也没有留一滴泪的女人撕心裂肺地喊道："儿子，娘对不起你，娘对不起你呀！"

中华人民共和国成立后，地方政府一直在寻找黄长娇，因其改名为王水秀，历经一年多，才在深山里将她找到。后来她任瑞金县副县长，连任三届县政协副主席。这个被苏区群众称为"妇女领头人""红色女高官"的母亲，只是在每一个孤独的夜晚，摩挲着儿子吹过的子弹壳，暗自垂泪。有时，恍惚中还能听到微弱的哨声。在采访中她说："我常常会想起自己的儿子，但是，我别无选择！在革命面前，我和孩子的命就是党的了！不单单是我，所有的女战士都一样要面临抉择，选择了革命，我们都会做一样的决定，都会至死不渝！"

母亲和战士，黄长娇选择把战士的身份放在第一位！儿子和战友，她含泪抉择，舍弃儿子！她和许许多多的女战士一样，选择了成为红土地的女儿，也就选择把生命献给党、献给人民！巾帼不让须眉，这些女战士藏起了柔弱，选择把男人的刚强扛在肩上，把百姓的幸福当成自己的理想！把天下的孩子当成自己的孩子！正是有这些九死一生、不怕牺牲的女战士们，对党无比忠诚，对革命无比坚定，我们的革命才能胜利！正是这些抛弃了柔弱的妇女们，用苦难和坚强，铸就了一个闪光的称谓！正是这些有着义无反顾抉择的妇女们，把自己铸进了中国革命这座伟大的历史丰碑！

点评：该课程讲述的妇女工作模范黄长娇的革命故事具体生动，饱含深情，感人肺腑，让人禁不住潸然泪下。为了更好隐蔽行军，她狠心丢下儿子，看似无情，却有大爱。结尾部分对这一艰难抉择进行分析阐释，升华了主题。如果能结合新时代党员干部的思想工作实际进行发问，则更能引发共鸣。其实，舍小家顾大家，牺牲小我成就大我，这样的抉择、这样的考验，在现实生活中也是无处不在、无时不有。

★ 盘山魂

◎ **内容提要**　本课程讲述的是在 1934 年的会昌筠门岭保卫战中，32 位红军战士英勇跳崖的事迹。正是无数像"盘山三十二壮士"这样的革命先烈，才有了中国革命的最后胜利。

◎ **主创团队**　会昌县红色资源保护发展中心
◎ **授课地点**　江西省赣州市会昌县筠门岭盘山

各位学员：

大家好！

这里是 1934 年中央苏区南大门的筠门岭保卫战中盘山三十二壮士跳崖牺牲的地方。

1934 年 4 月初，会昌筠门岭遭到了国民党南路军陈济棠部的重兵围攻。4 月中旬，敌人以两师一旅的兵力开始强攻汶口至盘古隘一线，5 架敌机对我军阵地进行轮番轰炸，英勇的红 22 师 64 团依托地形坚守了三天两夜，在歼敌一个营的同时，自身伤亡也很大，决定撤到第二道防线。2 营 6 连的战士担负掩护主力撤退的重任，他们把敌人引到了盘山。

盘山因其状如盘而得名，三面都是悬崖峭壁，只有南面一条陡峭的羊肠小道通往山顶。六连的红军战士借着险要地势，打退了敌人一次又一次的进攻。战斗整整持续了一天，眼看弹药就要用尽了，而敌机又将下山的唯一山路炸毁，六连

盘山战斗发生地——会昌盘山

战士只能往山上撤退。

敌人的枪声已经到了前山山顶。要不了多久，他们就要追过来了。身受重伤的指导员蔡保林主动要求留下来断后，其他重伤的战士也纷纷响应，连长钟鸿义坚定地说："不行，要走大家一起走。"蔡保林急得眼睛都红了："你们再不走，咱们六连就要完了。"钟鸿义看着几十名重伤战士，咬着牙，向他们行了一个军礼，便领着其他战士往山顶撤退。到了山顶，战士们用布条、藤条做成绳索，一个接一个顺着悬崖往下滑去。时间一分一秒地过去，敌人的枪炮声越来越近，大家的心都提到了嗓子眼，情况万分危急！撤退的战士们挨挤在一起，死死抓着下滑绳索的一头。蔡保林看着紧张有序地往下滑去的战友们，心里一遍又一遍地催促着："快，快点，再快点！敌人马上就要过来了！"

为了拖延时间，蔡保林和31位重伤战士与敌人展开了殊死的搏斗，子弹打完了，他们便搬起石头向敌人砸去，用自己的血肉之躯抵挡着凶恶的敌人，为撤退的战友赢得宝贵的时间。终于，连长钟鸿义的身影也在悬崖前消失了。看到战友们成功突围。蔡保林终于长长地舒了一口气，脸上露出欣慰的笑容。

而敌人的火力丝毫没有减弱，重伤战士们被逼到了悬崖边，已无路可退。敌人紧追过来，把黑洞洞的枪口对准了他们。当敌军看见悬崖边上的红军战士们，狰狞地笑了，像凶残的饿狼一般嚎叫起来："别开枪！抓活的！回去重重有赏！"面对凶狠的敌人，蔡保林镇定地说："同志们，我们的任务完成了。我们宁可死，也不能让敌人得逞！""对，我们宁可死，也不能让敌人得逞！"战士们齐声高喊着。三十二位战士互相搀扶着，屹立在悬崖边，眺望着部队远去的方向，脸上露出了胜利的笑容。

班长张秀良，参军离家四年多，他多想回去看看慈祥的老母亲和相恋了整整七年的未婚妻兰英啊。他望着家乡的方向，心里呐喊道："娘，请恕儿不孝，来生再来做您的儿吧。兰英，这辈子我对不住你了。如有来生，我们再做夫妻。"

战士王万有，参军告别家人的时候，新婚不久的妻子已经有了两个多月的身孕，离家两年多，孩子应该会叫爸爸了吧。王万有的目光穿过绵延起伏的大山，在苍茫的暮色中，他仿佛看见一个蹒跚而来的孩子向他伸出双手，一边走，一边喊着："爸爸、爸爸、爸爸……"

这 32 位红军壮士虽然来自不同的地方，但他们同样是儿子、是父亲、是丈夫。为了革命事业，为了千千万万受苦受难的同胞，他们不惜牺牲自己的生命来换取革命的胜利。

松柏呼啸，壮士们齐声高呼着："红军万岁！""中国共产党万岁！"纵身跳下了悬崖，全部壮烈牺牲。

山，为之动容，水，为之哭泣！青松翠竹依旧在，壮士英魂万古存！这些红军战士们的壮举永远镌刻在了革命的丰碑上！

在 1934 年 5 月 10 日第 41 期《红星报》报道了这次战斗，文章说道："这是我们阶级战士的特色，我们大家要学习这种艰苦奋斗、不怕牺牲的精神，为我苏维埃奋斗到底！"

培训班学员在盘山阻击战烈士纪念碑前聆听现场教学课

当年的红64团团长帅荣在1955年被授予少将军衔，他在《回忆第五次反"围剿"中的会昌保卫战》文章中叙述了这一悲壮、惨烈的一幕。他回忆道："重伤员们为了不拖累战友们突围主动留下掩护，战友们宁死也不甘心被俘，最终跳崖牺牲了。最后，全连撤下来的不足三十人，其他同志都光荣牺牲了。"

今天，我们站在盘山上，耳畔仿佛回荡着红军壮士们跳崖时的呼喊声。当年32位红军壮士在生死关头拒不投降，英勇跳崖，他们要有怎样的决心和勇气？要有怎样的信仰和力量？我相信，那一定是他们对革命充满着必胜的理想和信念，一定是他们有着为革命理想赴汤蹈火、奋不顾身的担当和气魄。正是因为这坚定的理想信念和革命意志，他们才毅然决然地把生的希望留给了战友，把死亡留给了自己！正是有无数像盘山壮士一样英勇献身的革命先烈，才有了中国革命的最后胜利，才换来了我们今天的幸福生活。

革命理想高于天，理想信念之火一经点燃，就永远不会熄灭。习近平总书记在中国共产党第二十次全国代表大会报告中提出："从现在起，中国共产党的中心任务就是团结带领全国各族人民全面建成社会主义现代化强国、实现第二个百年奋斗目标，以中国式现代化全面推进中华民族伟大复兴。"这就需要我们以更坚定的理想信念埋头苦干、奋勇前进，为全面建设社会主义现代化国家、全面推进中华民族伟大复兴而团结奋斗！

　　点评：该课程深度挖掘了会昌革命史上的具有独特感染力的历史案例，通过鲜活而又深情的讲述，让学员们仿佛置身于当时的真实场景之中，可以充分调动学员融入课程的积极性，激发学员投身中国式现代建设的沸腾热血和满腔豪情。讲述中模拟人物语气与情绪的转换适当得体，营造了良好的教学氛围。

★ 为人民解放而死最光荣

◎**内容提要**　本课程通过讲述伍若兰在赣州卫府里壮烈牺牲的历史，让学员深入了解她在与敌人斗争时期展现出来的英勇无畏的奉献精神，从而学习英烈"坚定信念，英勇无畏，严守秘密，为主义而牺牲"的崇高精神。

◎**主创人员**　欧阳芳　江西省赣红通文化发展有限公司总监
　　　　　　　贺刘辉　江西省赣红通文化发展有限公司培训
　　　　　　　　　　　教师
◎**授课地点**　赣州卫府里、赣州市烈士纪念馆、寻乌县吉潭镇
　　　　　　　圳下战斗旧址

各位学员：

大家好！

今天我们共同缅怀牺牲在赣南大地上的一位英烈，她出生在湖南耒阳的一个知识分子家庭，父母喜欢《幽兰赋》中的诗句"气如兰兮长不改，心若兰兮终不移"而为她取名伍若兰，希望女儿能像兰花一样高洁芬芳。

伍若兰，1903年生，8岁的时候，伍若兰到私塾读书。12岁考入县里的女子职业学校，21岁又考入衡阳的湖南省立第三女子师范学校。

对伍若兰来说，进入湖南省立第三女子师范学校学习是她人生中的一次重要

伍若兰烈士汉白玉半身雕塑

转折点。当时的第三女子师范是湖南很有名气的学校,很多有抱负有理想的新青年都在这里上学,革命气氛较为浓厚,不仅能接触到很多爱国青年,伍若兰也接触到了像《共产党宣言》《新青年》这样的进步书籍,这对伍若兰的影响是巨大的。1925年秋,经党组织的批准,伍若兰加入中国共产党,正式踏上了革命道路。

1926年冬,伍若兰从第三女子师范学校毕业,随后在党组织的安排下,回到家乡,负责耒阳的农民运动和宣传工作,先后担任耒阳县青年团宣传部部长、县女子联合会主席。

1928年1月12日,朱德、陈毅率领的南昌起义部队,在湘南特委的配合下,准备攻打耒阳。2月16日,朱德攻克耒阳城。为了欢迎红军进城,伍若兰便写下了"驱逐县团丁,喜迎革命军"横批"赤遍耒阳"的对联,还写了一篇宣传革命的文章,很快这就引起了朱德的注意。在革命工作的过程中,伍若兰和朱德有了不少交集,伍若兰的才华和对革命的赤诚信仰打动了朱德,而朱德卓越的军事才能,也让伍若兰心生爱慕。

1928年3月中旬,经当时的耒阳县委书记邓宗海、刘泰等同志介绍,朱德与伍若兰结为夫妻,成为一对革命伉俪。朱德诙谐地说:"你是个辣不怕(指湖南人),我是不怕辣(指四川人),咱们两人辣到一块了。"两人结合后,共同投入到了如火如荼的革命斗争中。

1928年3月，蒋介石调集重兵进攻湘南。在这紧要关头，朱德决定上井冈山，去跟毛泽东汇合。井冈山会师后，红四军成立，朱德担任军长，随同前去的伍若兰被任命为红四军政治部宣传队队长。上了井冈山后，因为出色的宣传工作和双手打枪的本领，伍若兰很快出名了，被战友们称为"双枪女侠"。

1929年1月，为了打破国民党对井冈山发动的第三次"围剿"，伍若兰和红四军一起，离开井冈山，转到外线作战。

1929年2月2日，红四军军部进驻到寻乌县吉潭圳下村宿营，突然遭到国民党军刘士毅部的突袭，一瞬间，驻地周围枪声四起，情况十分危急，眼看敌人的包围圈越缩越小，伍若兰万分焦急。为了保护朱德和毛泽东等军部首长的安全，她手持双枪，猛烈地向敌人射击，勇敢地将敌人的火力全部引向自己。最终，朱德等人成功突围，而伍若兰由于怀有身孕，行动不便，在撤退时不幸腿部中弹，负伤被俘。刘士毅见俘虏了朱德的妻子，欣喜若狂，立即给蒋介石发电报邀功请赏，蒋介石回电："软硬兼施、为我所用。"

敌人把她押解到赣州，想从她口中得到红军的机密。先是以高官厚禄相引诱，却被铁骨铮铮的伍若兰驳斥得哑口无言。恼羞成怒的敌人看软的不行，连夜审讯伍若兰，踩杠子、灌辣椒水、坐老虎凳……这些惨绝人寰的刑法都用到了她的身上，伍若兰被折磨得死去活来，但她始终没有透露半个字。她一次一次昏迷过去，敌人又用冰冷的雪水把她再次浇醒。

刘士毅亲自审问她："朱德和毛泽东在哪里？""在红军的队伍中，在人民的心里！"伍若兰高声回答。刘士毅冷笑道："你已经落在我们手上，还想逞能？只要你能自首，或者公开声明和朱德脱离夫妻关系，我就可保你不死，还可给你高官厚禄。你不为自己想，也该为肚子里的孩子想想吧。"

面对敌人的威逼利诱，伍若兰不为所动，她的炯炯目光如两把利剑，斩钉截铁地说："共产党人从来不怕死，为人民解放而死最光荣。要我和朱德脱离关系，休想！若要我低头，除非日从西边出，赣江水倒流！"她的铮铮话语，气壮山河。

敌人施尽一切手段，都无法动摇这个无比坚强的共产党员，刘士毅只好如实地电告蒋介石："软硬兼施，伍难为我所用。"蒋介石回电："斩首示众！"

1929年2月12日，伍若兰带着肚子里的孩子在赣州城卫府里英勇就义，令人发指的是刽子手们剖开了伍若兰的腹部，取出腹中的婴儿。又灭绝人性地将她的头割下，吊在一个架子上面，用大字写上"共匪首领朱德妻子伍若兰"，悬挂在城门上示众三天。年轻的伍若兰就这样英勇无畏地牺牲了，牺牲的时候，她仅仅只有26岁。当朱德得知伍若兰牺牲的消息，已经是3月份的时候了。铁骨铮铮，已经40多岁的朱德，忍不住落下了眼泪。1962年3月，朱德委员长重上井冈山，下山时特别带走了一盆兰花，并写下一首诗："井冈山上产幽兰，乔木林中共草蟠。漫道林深知遇少，寻芳万里几回看。"

朋友们，我们听完了伍若兰烈士的故事，不知道大家有什么感想？伍若兰以她短暂的青春年华，谱写出了永生的诗篇，以其不朽的精神，矗立起生命的宣言。

人最宝贵的是生命，属于每个人的生命只有一次。在面临生死抉择的时候，是什么样的力量让我们的战士毅然决然地选择了就义？为了名吗？为了利吗？不，他们不为名，也不为利。到底是什么力量在支撑着他们呢？历史一次一次告诉我们，是信仰，是共产主义信仰。共产主义者，不畏难，不怕死，不爱钱，为主义而牺牲。伍若兰，这位巾帼英雄，为着心中那份"共产主义最终要实现的"信仰，献出了自己年轻的生命。我们今天的幸福生活是无数像伍若兰这样的革命先烈用生命换来的，让我们不忘初心、牢记使命，学习伍若兰等革命先烈坚定不移的革命理想信念，践行革命先烈矢志不渝为人民的初心宗旨，不负历史，不负时代，不负人民，投身到社会主义建设事业中，为祖国繁荣昌盛而奋斗！

点评：该课程把感人的故事、坚贞的爱情、坚定的信仰有机结合起来，充分展现了共产党人伍若兰矢志不渝的品格和视死如归的气概，同时控诉了国民党反动派的惨无人道，具有较强的震撼力。

★ 死到阴间不反水　保护共产党万万年

◎**内容提要**　本课程生动讲述江善忠烈士为革命事业英勇跳崖、壮烈牺牲，并留下血书"死到阴间不反水，保护共产党万万年"的英雄事迹，弘扬忠贞不渝的革命信仰，学习烈士无比坚定的革命信念和视死如归的英雄气概。

◎**主创人员**　张金金　赣州市委党校教师
　　　　　　　马晓敏　赣州市委党校教师
◎**授课地点**　江西省赣州市兴国县革命烈士纪念馆展示厅

各位学员：

大家好！

非常荣幸能跟大家分享江善忠烈士的故事。有一种精神，感动着我们热泪盈眶；有一个声音，激励着我们热血奔淌；有一股力量，鞭策着我们奋发向上；有一种信念，支撑着我们砥砺前行。它，就是我们的信仰。对共产主义的信仰，对中国特色社会主义的信念，是共产党人的政治灵魂，是共产党人经受住任何考验的精神支柱。

2019 年 5 月，习近平总书记来到我们江西考察时，动情地讲述了咱们赣南江善忠烈士的故事。他说，革命先

江善忠烈士画像

烈为了理想和信念慷慨赴死，靠的是信仰。

兴国县灵山芒槌峰

其实，江善忠并不是他的本名，他原来的名字是江善淙。1928年，19岁的江善淙参加乡农民协会，次年加入了中国共产党，特意将自己的名字改成江善忠。善忠！善忠！正是表达了他对党忠诚的决心。江善忠烈士的故事，还要从一座山峰说起。

兴国县灵山西麓，矗立着一座高耸险峻的石峰，因其形状好似洗衣服用的棒槌，被当地村民形象地称之为芒槌峰，86年前的那个冬天，就是在这座山峰上发生了一段可歌可泣的英雄事迹。

1934年10月，中央苏区第五次反"围剿"失败，中央红军主力出发长征，红军大部队走了，总得有人留下来呀！组织考虑到时任江西省苏维埃政府裁判部部长江善忠是土生土长的本地人，在当地有很高的群众威信，战友和群众都亲切地称呼他为小江部长，因此决定让他留在苏区。江善忠当然知道此时留在苏区就是九死一生，就是将生命置之度外。但是为了在中央苏区保存后备力量，等待大部队的再次归来，江善忠毫不犹豫选择留在苏区继续开展游击战争。江善忠带领由省苏裁判部机关改编组建的红军游击队，辗转在兴国的方太、鼎龙、崇贤一带坚持游击战争。可是，艰苦的环境和持续性战斗给游击队员身心带来了极大的考验，为了鼓舞士气、振奋军心，江善忠常常带领战友们一起唱故乡的兴国山歌"草丛石岩当住房，为了革命自带粮，一切困难都不怕，永远跟着共产党"。你听，以草丛石岩为房，为了革命自带粮，短短的几行字，几句词，正是当年共产党人不畏艰苦环境和不畏牺牲的真实写照。

1934年12月，江善忠接到上级指令，要求他所在的游击区安置一批红军伤病员，江善忠立即带领游击队，利用夜色的掩护，将20多名伤病员集中转移到山高路险的猴哥寨冰心洞隐蔽和治疗，自己和几名队员驻守在旁边的岩洞里放哨。

然而，危机悄然来临，由于叛徒的出卖，狡猾的敌人得到消息，反动派纠集了大批人马气势汹汹地向灵山猴哥寨发起"进剿"。江善忠发现敌人进山时，身边只有一位陪同自己放哨的游击队员。眼看敌人来势汹汹，步步逼近，江善忠意识到，必须马上突围，寻找出路，否则游击队和红军伤病员就有全军覆没的危险。可是如何突围？是现在退回到猴哥寨与游击队会合，还是利用险要地形与敌人拼杀到底？敌众我寡，我方游击队员仅有十几人，还要兼顾20多位伤病员的照料与转移，怎么与敌人抗争呢？怎么完成保护红军伤病员的任务和嘱托呢？危急关头，江善忠命令身旁的队友立刻退回猴哥寨，通知游击队大部向深山转移，而他自己则作掩护，选择孤身一人将敌人引入另一条岔道，为大部队转移赢得时间。当时唯一的岔道就是通往三面绝壁的芒槌峰，通往那条无法脱身的绝路。江善忠当然知道这个选择对他来说意味着什么，拜别了年迈的双亲，不能在他们膝下尽孝；挥别了相亲的爱人，无法坚守约定的誓言；诀别了年幼的孩儿，再也不能陪伴孩儿走过人生的风景。他知道，此刻红军伤病员需要他，他的战友们需要他，革命事业的胜利更需要他，但他没有丝毫犹豫，边打边退，独自一人将敌人引向了地形险要的芒槌峰。

芒槌峰三面绝壁，岩洞密布，江善忠边打边退，利用岩石作掩护，一步步、一枪枪将敌人引向了峰腰，手上的子弹用光了，他就用石头往敌人的身上砸，直到周边能搬动的石头都用光了。敌人见状蜂拥而上，狂笑着喊道："江善忠，你已经是死路一条。只要你反水投降，马上可以升官发财！"身处绝境的江善忠，巍然屹立在悬崖边上，大义凛然地说："要我出卖共产党，你们休想！"他平静地脱下身上的灰布褂，沾着汩汩流淌的鲜血，在灰布褂上写下血书："死到阴间不反水，保护共产党万万年。"他从容地环顾四周，心中默念道："别了，我可爱的故乡；别了，我的妻子儿女；别了，我的父老乡亲。"随即，纵身跳下百米深的悬崖，壮烈牺牲，年仅21岁。

　　悬崖肃穆，苍山垂泪，松涛作响，溪水哀鸣。第二天，敌人押着江善忠的妻子潘月英来到芒槌峰悬崖下辨认江善忠烈士的遗体，潘月英在看到丈夫尸首的那一瞬间，泪水模糊了她的双眼，她心中默念着丈夫的名字，擦擦眼泪，看到丈夫的衬衫上鲜血写下的大字："死到阴间不反水，保护共产党万万年！"她再也无法抑制悲痛的心情，失声痛哭。

　　烈士忠魂贯苍穹，白云轻抚伴从容。历史已经跨越了80多年，芒槌石仍高高挺立在灵山西麓，而江善忠烈士的遗言也将像这山峰一样，永远屹立在人民心中。

　　"要我出卖共产党，你们休想！"学习江善忠烈士，就是要学习他忠贞不渝的革命信仰。革命理想高于天。"对党忠诚""永不叛党"，是无数共产党人用生命写就的铮铮誓言，是每一名共产党员入党时所作的庄严承诺。

　　"死到阴间不反水，保护共产党万万年！"学习江善忠烈士，就是要学习他无比坚定的革命信念和视死如归的英雄气概。江善忠烈士在生死关头，始终坚守主义和信念，始终坚信革命事业必然胜利，真正做到了为主义和信仰而奋斗终生。

绘画：江善忠烈士跳崖

"草丛石岩当住房，为了革命自带粮！"学习江善忠烈士，就是要学习他清正廉洁的过硬作风。江善忠烈士及千千万革命先烈正是凭着鲜明的人民观点和清廉的自身形象，受到了劳苦大众的真心拥护，筑起了坚不可摧的"铜墙铁壁"。

历史不会忘记，人民不会忘记，赣南苏区为中国革命作出了重大贡献和巨大牺牲。当年仅240万人口的赣南苏区，有33.1万人参加红军，60万人支前参战，33.8万人为革命牺牲，其中有姓名可考的烈士就达10.82万人；长征路上平均每公里就有3名赣州籍烈士倒下。赣南苏区几乎家家有红军、户户有烈士，不少家庭"全家革命、满门忠烈"。

习近平总书记指出："共和国是红色的，不能淡化这个颜色。无数的先烈用鲜血染红了我们的旗帜，我们不建设好他们所盼望向往、为之奋斗、为之牺牲的共和国，是绝对不行的。"今天的我们，流血牺牲的机会少了，但我们要加强斗争精神和斗争本领养成，做到平常时候看得出来、关键时刻站得出来、危难关头豁得出来。对党忠诚，敢于斗争，始终是我们内心应有的遵从。新征程上，我们要永葆赶考的清醒和坚定，弘扬伟大建党精神和苏区精神、长征精神，不忘初心、牢记使命、踔厉奋发、笃行实干，为加快建设赣州革命老区高质量发展示范区，为全面建设社会主义现代化国家、全面推进中华民族伟大复兴而团结奋斗！

点评：该课程颇具典型性、震撼力。故事较好地反映了主人翁江善忠的无畏与壮烈，充分展现了共产党人对信仰的无限坚定、对党的无限忠诚和为了保全革命力量而义无反顾的自我牺牲精神。

★ 群众路线是党的生命线

◎**内容提要** 本课程讲述了寻乌县"圳下战斗"的经过，总结了失利教训。1928 年 12 月，为打破湘赣两省敌军对井冈山革命根据地的"会剿"，毛泽东、朱德、陈毅等率红四军主力离开井冈山，转战赣南。1929 年 2 月 1 日到达圳下村宿营时，遭到赣敌刘士毅部队突然袭击。此次战斗红四军损失较大，毛泽覃身负重伤，朱德妻子伍若兰不幸受伤被俘，后被杀害于赣州。实践再次告诉我们，群众路线是党的生命线，只有密切服务群众、赢得人民群众的支持，才能无坚不摧，无往不胜。

◎**主创人员** 曹 倩 中共寻乌县委党校教师
◎**授课地点** 江西省赣州市寻乌县吉潭镇圳下战斗旧址

各位学员：

大家好！

我们眼前的这栋房子是典型的客家方形围屋，90 多年前，在这里曾经发生过一次激烈的战斗，那是中国革命历史上一个惊心动魄的时刻，毛泽东、朱德、陈毅等红四军领导人集体遇险，在这里差一点就被敌人围歼。那么，究竟是怎么一回事呢？

1928 年 12 月，湘赣两省敌人对井冈山发动第三次"会剿"。1929 年 1 月 14 日，

圳下战斗旧址文昌阁

毛泽东、朱德带领红四军主力部队 3600 余人离开井冈山，出击赣南，从外围打击敌人。途经遂川、大余、安远等地，一路上与尾追而来的敌军刘士毅部且战且走。

1 月 31 日，红四军来到寻乌县菖蒲圩宿营。寻乌县委书记古柏等人前来迎接，并向毛泽东、朱德汇报了寻乌的革命斗争情况。毛泽东听了汇报后，对寻乌革命作了指示，也说了红四军当前的困难。古柏建议红四军前往项山罗福嶂落脚发展。为什么建议去罗福嶂呢？主要有三个原因：一是罗福嶂是赣闽粤三省交界地，属于三不管的地带，敌人力量比较薄弱，并且山高林密，能容得下红四军 3000 多人发展；二是寻乌党组织早期在罗福嶂开展过革命活动，群众基础很好；三是在项山有寻乌最大的地主潘明徵，通过打土豪可以解决给养。综合以上三点理由，毛泽东采纳了古柏的建议。

2 月 1 日清晨，红四军从菖蒲出发，一路急行军近 90 里来到了寻乌县吉潭镇圳下村，由于离项山罗福嶂还有一段距离，决定当晚就在圳下村宿营。

圳下战斗旧址恭安围

　　圳下村南北两边是山，中间是东西走向的狭长田塅，一条小河把它们分成两半。村中央有几个大围屋，住有百十户人家。晚上 10 点左右，部队全部到达圳下。考虑敌人在后面追赶，部队作了这样的布防：由伍中豪率领的 31 团驻扎在村子东面，作为前锋；林彪率领的 28 团驻扎在村子西面，作为后卫并兼任机关警戒任务；朱德、陈毅率领红四军军部驻扎在村中心的恭安围；毛泽东率领的红四军前委机关和手枪班战士驻在村西边的文昌阁。晚上开会讨论第二天行程，决定部队凌晨 3 点出发，31 团首先吃饭开拔，紧接着每隔半小时一支部队出发。

　　第二天凌晨四五点钟左右，按原定计划，伍中豪率领 31 团已经开拔，特务营也已出发。此时，有的部队已经出发，有的正在吃饭，有的还在做饭，毛泽东因为工作到比较晚还没起床。然而就在这时，赣敌刘士毅旅前锋部队突然发动袭击，打了红四军一个措手不及。敌人从村子西面和北面两个方向杀过来，把部队切割为几部分，紧急情况下各自突围。

当时三个重要领导人的突围可以用三个险来概括，毛泽东当时的突围是有惊无险。据毛泽东夫人贺子珍回忆，她听到动静后，小心翼翼地打开一条门缝往外看，发现敌人已经冲到离军部仅十几米的地方。敌人来得突然，从西边往村子中心猛冲，已经冲过文昌阁，敌人没有想到，村西边一座孤零零的破庙会住有我们重要的领导，他们都把注意力放到村子中心。毛泽东和贺子珍在杨梅生手枪班战士的掩护下，从文昌阁的后门突围，涉水过河，突围上山。

恭安围是村中心的大围屋，房屋高大，目标也大，是敌人的主攻方向。陈毅当时突围的情况可以用险遭不测来形容，他当时穿着一件大衣冲出恭安围，被突然冲上来的敌人一把抓住了大衣。好在陈毅穿的大衣没有扣扣子，他急中生智，立即把大衣向后一抛，正好罩住敌人的脑袋，成功逃脱，惊险突围。

那么，朱德当时的突围更是险象环生。朱德军长带着机枪排从里往外冲，一直往东突围。突围中朱德发现，敌人越打越多。原来狡猾的敌人看到哪里火力猛就认定那里有大官，追得更凶。非常时刻，朱德只身带一警卫员与机枪排分两路突围，朱德得以安全脱险。

其实，当时跟在朱德后面的不单单有敌人，还有曾志领导的妇女小组的女红军，包括朱德的夫人伍若兰。伍若兰紧随朱德，一路同敌人拼杀，眼看敌人的包围圈越缩越小，伍若兰深知红军里可以没有自己，但绝不能没有朱德，只见她手持双枪猛烈地射击，有意将敌人引向了自己，朱德终于突围，而伍若兰，因为怀有身孕，行动不便，撤退时腿部中弹落入敌手。之后被押送到赣州进行审讯，敌人先是对她进行了金钱和利益的诱惑，被伍若兰严词拒绝后，对她进行了严刑拷打，但是都未能动摇伍若兰坚定的革命信念。敌人无计可施，想出一个阴毒的计谋，只要她写一个声明，登报宣布她同朱德脱离夫妻关系，这样她就自由了。可是伍若兰坚定地说："要我同朱德脱离夫妻关系，除非赣江水倒流，太阳从西边出来！"铮铮话语，气壮山河。1929年2月12日，伍若兰被杀害于赣州卫府里，凶残的敌人将她的头颅割下，挂在赣州城门上示众。

伍若兰的牺牲令朱德痛彻肺腑，他长久地怀念着这位战友与伴侣，以致一生珍爱兰花，寄寓的是对爱妻终生的怀念与感激。下面，我给大家唱一段缅怀伍若兰的歌曲《坊间最忆香若兰》。

> 深山幽谷一娇妍
>
> 不畏风霜不惧寒 不惧寒
>
> 素雅清淡迎风立
>
> 刚正不阿 刚正不阿 撼长天
>
> 孕蕾吐艳不争春
>
> 沁心芬芳人间罕 人间罕
>
> 铁骨丹心耀青史
>
> 坊间最忆香若兰

圳下战斗，是红四军离开井冈山转战赣南闽西过程中最困难时打的一场关键战斗。正如毛泽东1929年3月20日写给中央的报告中所说："沿途都是无党无群众的地方，追兵五团紧蹑其后，反动民团助长声威，是为我军最困苦的时候。"当年，受国民党反动派宣传，人民群众受蒙蔽，红军得不到群众的帮助，所以红四军一离开井冈山根据地，就处处被动挨打，特别是来到圳下村宿营时，敌人已经到了离圳下村只有五里的吉潭，竟然没有一个当地老百姓告知，最终造成重大损失。这就告诫我们，群众路线是党的生命线，只有紧紧地和人民群众联系在一起，深深扎根于群众之中，我们党才能如鱼得水，才能始终立于不败之地。

中国共产党的百年历史，就是紧紧依靠群众、发动群众、团结群众，战胜艰难险阻、不断取得胜利的历史，中国共产党为人民而生，因人民而兴。历史一再证明，无论是在革命战争年代，还是在社会主义建设、改革开放和中国特色社会主义新时代，坚持一切依靠群众，一切为了群众是我们取得伟大成就的根本保证。习近平总书记指出，我们党的最大政治优势是密切联系群众，党执政后的最大危险是脱离群众。因此，只有密切联系群众，赢得人民群众支持，才能无坚不摧、无往不胜。

随着时光的变迁，圳下战斗那段惊心动魄的历史虽然已经过去，但它铭刻着革命者的智慧与意志，闪耀着理想与信念，昭示着党和人民群众血肉联系的真理永远都不会随时间而逝去。

点评：该课程充分挖掘赣南红色文化基因，讲述红色经典故事，集中体现了"三美"：一是"意美"，围绕教学主题，通过"有惊无险、险遭不测、险象环生"讲述了圳下战斗的最大危险，讴歌了共产党人的坚定理想与信念；二是"言美"，语言生动形象、极富感染力，通过故事讲解与红色歌曲的有机结合，形式生动活泼，让红色故事真正"活起来"，整个言语中充分感受到了中国共产党人革命的艰辛与伟大；三是"情美"，课程充分昭示了中国共产党人的革命情、奉献情，启迪着共产党人要依靠群众、团结群众，始终保持党同人民群众的血肉联系。

★ 煤油灯下译巨著

◎**内容提要**　本课程讲述了郭大力翻译《资本论》的历程，展现老一辈知识分子为追求真理而不畏艰险的爱国精神，激发人们奋发向上、力争上游的信心和决心。

◎**主创人员**　郭雨淋　赣州建控投资控股集团有限公司职员
◎**授课地点**　赣州经开区郭大力故居

大家好！这里是《资本论》翻译者郭大力的故居。

《资本论》作为一部300多万字篇幅的精深博大的巨著，需要译者具备西方古典哲学、政治学、经济学、文学、数学、自然科学和金融、机械等多方面的专业知识，堪称一部"百科全书"。马克思为撰写这部巨著，花了40多年的精力，阅读了1500多种书籍，在《资本论》中直接引用的就约有800多种。这项翻译工程会耗尽一个人的全部青春和心血。日本的高畠素之花费10年时间把《资本论》译成日文，积劳成疾而亡。中国的一些有志之士，曾做过各种尝试，但由于种种原因，都未能完成。当年郭沫若曾说："如果能为译《资本论》而死，要算是一种光荣的死。"他曾制定了翻译《资本论》的五年计划，但终因故未能实现。然而郭大力却毅然肩负全文翻译《资本论》的这个巨任。其实只要稍微懂一点外语，我们就能明白翻译这种复杂艰深的巨著需要付出多大的努力和毅力，以及为此需要经历多少艰难。但他一经下定决心，便义无反顾，勇往直前，终生不渝。不管

郭大力故居前广场

风云如何变幻，条件怎样艰苦，他都始终如一，坚持不懈。有志者事竟成。他用了 48 年的时间，终于完成了包括《剩余价值学说史》在内的《资本论》全文的翻译工作，更令人敬佩的是，他没有陶醉在赞扬声中，满足于已经获得的成就，而是认为自己工作还存在不足，多次对《资本论》及《剩余价值学说史》进行修改、校订和重译，使之不断完善。无论是当年昏暗且蚊虫不断的房间，还是"文革"期间下放到牛棚，他都能高度专注于工作，这都是基于他心中的共产主义信念和伟大志向，对于他来说，翻译不是一份糊口的工作，而是毕生使命。

回顾郭大力的艰辛历程，他有着一如既往的坚定信念，不慕名利，专心致志。主政赣南时的蒋经国专员办公室内书柜中有两卷中译本，其中一卷就是《资本论》。他与郭大力具有经济建设方面的共同语言，通过访贤交谈后产生了学术上的友谊，蒋经国曾赞扬郭大力是"赣南第一才子"，他先后几次聘请郭大力出山做经济顾问，都被婉言谢绝。郭大力父亲要他去谋求一任县长，他回答说："当县长有什么意思，我现在从事的工作比当县长更有意义。"郭大力不仅在专业上具有极强的能力，而且有一种责无旁贷的担当，支持着他为祖国不断做出杰出的贡献。

郭大力还有一个特点，在他的工作中尤为突出，就是他那严谨的治学态度。他对自己的翻译有着严格的要求和强烈的批判精神，力求使译文切合经典原文，为了准确表达原著的意义，他在英文之外自学了德文、日文和俄文，以供翻译时能参照多种译本。他对翻译所确定的原则是，首先要做到准确，并尽量保持原著的风格和特色，在此基础上，进而使文字尽可能流畅并通俗易懂。有研究者用数据统计法分析他的译作，指出他的译文词汇重复少，词汇密度低，句段短小精悍，"把"字句数量

郭大力

丰富，"被"字句少用，句式符合典型汉语特征，句意表达清晰明朗，阅读难度相对较小。这些风格特点就是源于他孜孜求索、精益求精的工作态度。

他异常勤奋，经常每天工作 12 个小时以上。繁重而又紧张的工作，使郭大力的身体越来越差，严重的高血压和脑血栓后遗症使他行动困难，但仍带病坚持工作。他以惊人的毅力，克服常人难以想象的困难，把《资本论》全面修订了两次，又把 120 万字的《剩余价值学说史》按德文新版全部重译了一遍。即使在"文革"期间，他被戴上"资产阶级反动学术权威"等帽子，下放到河南的五七干校期间，也没有间断过。这时，他的身体更加恶化，早已半瘫痪，连生活都难以自理。由于过度劳累，他几次昏倒过去，不省人事，还突发过心肌梗死。

1975 年 12 月，《剩余价值学说史》重译本第一卷出版了。不幸的是，1976 年 4 月 9 日郭大力正在案头工作时，心脏病突然发作，抢救无效而逝世，没有能够看到他修订过的第二卷和第三卷出版。就这样，他走完了为传播马克思主义经济学说"鞠躬尽瘁、死而后已"的一生。

在现在这个信息高度发达，文化教育蓬勃发展的年代，我们看到，郭大力身上最宝贵的并非他翻译的技术，而在于他那颗总是牵挂着国家和人民的心。他一生密切联系群众，关心祖国前途和民族命运。不论是弃理从文，还是选择翻译马克思主义经济学著作这条道路，都从来不是为了私利。他虽蜚声遐迩，但谦虚谨

慎，生活简朴，和周围群众打成一片，从不摆专家学者的架子。在斜角村天花传染蔓延时，他用自己的稿费购置天花疫苗，亲自为当地儿童接种，据说从此斜角村一代人脸上都没有麻子；在土豪劣绅想贪污公家的粮食时，也是他毅然站出来做斗争，把斜角和严屋的粮食发放给贫苦百姓；在1947年初他去厦大任教，厦大学生爆发"反对美军暴行"的游行时，平时从不穿西服的他西装革履，摆出大教授派头，佩戴上厦大教师的校徽，与他的同事说："厦大教授在这个小城市里还是有一定的地位的，万一警察打学生，我们还可以上前劝阻，或许管点用。"他跟在学生队伍的后面，保护了他们一路。师者仁心，可见一斑。

点评：该课程以郭大力故居为现场教学点，讲述了郭大力翻译《资本论》的故事，展现了郭大力在翻译《资本论》过程中的一些细节以及郭大力的信念和品格。教学内容与现场教学点关联紧密，层次结构较为清晰。教学过程中大局与细节把握较好，语言表述流畅。

★ 信念的力量

◎**内容提要** 本课程讲述红军三年游击战争期间中共赣粤边特委书记李乐天和爱人吴炳秀为革命事业先后英勇献身的感人故事，体现出游击队员无惧生死、甘洒热血、毁家纾难的高尚品格和游击队员坚定的理想信念。

◎**主创人员** 肖冬鸣 中共信丰县委党校教务处副主任
◎**授课地点** 江西省赣州市信丰县油山镇赣南游击词主题园造纸坊

各位学员：

1934年10月，中央主力红军长征后，中央苏区很快沦陷，项英、陈毅率领红军游击队来到以信丰油山为中心的赣粤边，领导开展了艰苦卓绝的三年游击战争。

由于国民党长期的军事"清剿"和严密的经济封锁，红军游击队的生活异常艰苦，他们风餐露宿、昼伏夜出，随时都面临着牺牲的危险。但严酷的围堵和无尽的跋涉没有磨灭游击战士们的意志，苦难中反而孕育出信念之花，他们始终保持着对党的忠诚，怀着对人民和祖国的无尽热爱，谱写出一曲曲革命赞歌！

吴炳秀和李乐天相识相爱于游击革命战争中。1935年初，吴炳秀和李乐天结婚了，并于当年生了一个女孩，这正是三年游击战时期最艰辛的时期，孩子诞生后，看到的是高山、密林，听到的是敌人搜山的枪声。吴炳秀看着牙牙学语的孩子，脸上泛起的不是母亲的幸福和喜悦，而是忧愁和恐惧，就怕一个不小心被

赣南游击词主题园

敌人发现。有时小孩一哭，她就赶紧把孩子抱到一个飞瀑底下，让瀑布的声音掩盖孩子的啼哭。

天天背着孩子怎能打游击呀？可是一个嗷嗷待哺、尚在襁褓的孩子怎能离开母亲，一个母亲又怎么舍得自己的亲生骨肉离开自己？后来，为了革命事业，吴炳秀只能忍痛将孩子寄养到大余新城一户姓李的人家，当时孩子撕心裂肺的哭声，仿佛在撕扯她的心肝一般，天下的母亲，谁不爱自己的孩子啊！当时她又是怀着怎样悲痛的心情把孩子送走的呢？而且当时孩子连件像样衣衫都没有！

1935 年底，赣粤边的形势非常紧张，游击队经常遭敌人袭击，游击队员天天在大山里与敌周旋。这时，南山游击队与特委断了联系，情况十分危急，李乐天同志为了传达特委紧急指示要去南山。临走，李乐天对吴炳秀说从南山回来后，无论如何都得去看看孩子，吴炳秀也叮嘱他，别忘了买几尺布回来给孩子裁新衣。谁知这一去，竟成了永别。

当时李乐天带着警卫员，在信丰铁石口被包围，在突围中，李乐天腿部受伤，血流不止，他毅然大声命令其他队员："你们快走，我来掩护。"在举枪击毙了几个追上来的国民党士兵后，不幸牺牲，为革命英勇捐躯，时年仅 30 岁。噩耗传到油山，游击队员们无比悲痛，大家看到吴炳秀都含着泪远远走开，不忍心告诉她这个悲痛消息，最后还是陈毅亲口告诉她的。得知消息的这一刻，吴炳秀只觉得天旋地转、山崩地裂。这些天，吴炳秀不吃不喝，只是抚摸着李乐天买给女儿的布泪流不止。

后来吴炳秀的姐姐去看她时，她把那块布，缝了一个长长的口袋用来装光洋，因为当时她是负责管理游击队经费的。

"这布不是给孩子裁衣衫的吗？"吴炳秀的姐姐抚摸着她缝的长口袋心疼地问道。

吴炳秀悲伤地说："乐天走了，看女儿一时也去不成，我把布先用着……"她抹了抹眼泪，又说："姐姐，你不要替我难过，我挺得住。我们有首山歌：'砍了竹子有竹笋，拗了笋子有竹根。'坚持把游击打下去，总有出头天！"

从此，在油山脚下就活跃着这样一位女游击战士：腰间别支手枪，衣内缠着装光洋的袋子，白天爬山越岭与敌人周旋，夜里下到山村宣传革命道理。

不幸的是，1937年4月的一个晚上，吴炳秀与其他同志在大余小汾秘密召开党员会议时被敌人包围，因吴炳秀身上缠着一二百块光洋，爬墙撤离时失败了，吴炳秀只好从前院门口跑出来，还没到田埂的一半，敌人的电筒照见了她，吴炳秀被一阵乱枪击中了！在中枪的那一刻，她仿佛看见自己的女儿挥着小手叫着"妈妈，妈妈"向自己跑来，她的眼眶湿润了，"可怜的孩子！妈妈舍不得你，妈妈是爱你的。爸爸牺牲了，妈妈也要走了，今后的日子谁来陪你长大，谁来给你遮风挡雨啊。"她的心无比痛楚。但是，胜利终将到来，她又仿佛看见油山的山头插满了胜利的红旗，人民在欢歌庆祝，生活欣欣向荣，她的心无比幸福。吴炳秀含着泪，带着微笑倒在了田间，鲜血在她周围的水里慢慢地散开，装光洋的袋子破裂了，白晃晃的光洋散在她的身边，像是哀悼的白花。

像吴炳秀这样的游击战士还有很多很多，赣粤边游击区红军游击队规模最大的时候有1400多人，到1937年9月底，信丰、赣县、南康等地的红军游击队下山在信丰潭塘坑集中整训时只剩下200多人。我们不曾知晓这些烈士的姓名，也不知道他们从哪里来，但是就在这里，在我们脚下这片土地，这些伟大的烈士们

《信念的力量》现场教学

曾浴血奋战、壮烈牺牲。青山处处埋忠骨，人间开满幸福花。而今，我们的祖国已是山河无恙、国泰民安，这些英魂可以荣归故里，他们的精神浩气长存！

我们不禁思考，这究竟是怎样的一种力量，让我们的革命先烈在艰难斗争的生涯中，依然对革命事业充满信心和斗志，让他们无惧生死、毁家纾难！我想，这是信念的力量，这是我们的游击队员、我们的革命战士对共产主义、对救国为民毫不动摇的信念的力量。正如习近平总书记所指出的那样："理想信念之火一经点燃，就永远不会熄灭。"也正是这信念的力量，在党的领导下，在人民群众的积极支持下，赣粤边游击队完成了党所赋予的历史使命，保存了自己的力量和党在南方的战略支点，谱写了中国革命史上光辉灿烂的一页；也正是这信念的力量，我们党从播下革命火种的小小红船，到领航复兴伟业的巍巍巨轮，在百年奋斗历程中，取得了举世瞩目的辉煌成就，绘就了波澜壮阔的历史画卷！

点评：该课程展现了革命烈士吴炳秀这一光辉形象，着重讲述了她面对革命环境的恶劣与艰辛，革命斗志依然坚定不移的动人事迹，充分凸显了信念的力量。其中，对吴炳秀牺牲时心理活动的描写最为感人，是课程的泪点所在。

要用冲锋的精神去做好革命的工作

◎**内容提要**　本课程讲述了"两个模范县的创造者"谢名仁的革命故事。在红军反"围剿"的艰难困境下，谢名仁带领全县干部群众创造了"第一等工作"，生动展现了谢名仁坚定信念、不负人民、模范带头、争创一流工作的精神品质。"要用冲锋的精神去做好革命的工作"，这句话是谢名仁的工作格言。今天，我们迈入新征程，在前进的道路上还会碰到很多时间紧、任务重的情况，党员干部仍然需要发扬谢名仁这种冲锋的精神，为全面建设社会主义现代化国家贡献力量！

◎**主创人员**　叶锦莲　中共赣州市委党校教师
◎**授课地点**　江西省赣州市兴国县将军园

学员们：

大家好！欢迎来到苏区模范县兴国县，我们现在所处的位置是将军园。在我们面前，三面巨大的红旗雕塑巍然矗立，毛主席亲题的"模范兴国"四个大字熠熠生辉，让我们不禁想到那段风雨如晦的革命岁月。"模范兴国"，这是当年毛主席对兴国在扩大红军、支前参战等方面创造了"第一等的工作"的高度赞扬。目睹干部的模范行动，苏区人民情不自禁地以歌相颂，"哎呀嘞，苏区干部好作风，自带干粮去办公，日着草鞋干革命，夜打灯笼访贫农……"这首广为流传的兴国山歌，唱出了苏区时期的那股清风。那么，兴国究竟是如何创造闻名苏区的"第一等工作"的呢？

今天，我们一起走近模范先驱，让他来告诉我们答案。他就是苏区时期中共兴国中心县委书记谢名仁。他被任命为中共兴国中心县委书记

兴国县将军园"模范兴国"大型雕塑

时，正是苏区中央局号召"扩大百万铁的红军"之际。谢名仁肩负重任，深入实际做好扩红宣传动员，深入到"寓兵于农"的兴国模范师，进行动员工作，促使兴国模范师全师5161人上前线，轰动整个苏区，把苏区扩红运动推向了新的高潮。

谢名仁之所以能成为"两个模范县的创造者"，就是因为他始终"用冲锋的精神去做好革命的工作"，这也是谢名仁毕生为之奋斗的经典人生格言。冲锋的精神就是在战场上不怕枪林弹雨，在工作中不怕困难挑战，就是在时间紧、任务重的时候挺身而出，快速完成任务！正是因为谢名仁永远保持着冲锋的姿态，永远奋勇当先、争创一流，才汇聚和团结了苏区人民的力量，才把"第一等工作"做得风生水起。

首先，积极作为创模范。中央苏区自创建以来就面临着国民党的军事围剿和经济封锁，"难道我们就要坐以待毙，眼睁睁地让敌人困死我们吗？！"当然不是，谢名仁挺身而出，积极发动群众同土豪劣绅做斗争；积极作为，带领群众艰苦创业，开展各项经济建设。他和国民经济部的干部一起，办起了硝盐厂、织布厂、消费合作社，兴修了水利，开垦了荒田……兴国苏区的农业、工业生产、文化教育工作，都得到蓬勃发展，最终使兴国县成为经济建设模范县。

其次，以身示范抓扩红。县委书记的位置没那么好坐，为什么呢？因为有人不愿意参加红军，有人怕流血，有人怕家里的田没人种，有人担心家里没人照顾。那事情是怎么解决的呢？谢名仁要求全县干部全部投入到"扩红"中去，争创"第一等工作"。在此之前，谢名仁已经有好几位亲人为革命献出了宝贵的生命，当

新一轮扩红热潮到来的时候，他二话不说，动员弟弟去参军。眼看着一个个亲人为革命献出生命，他母亲十分不舍。谢名仁的心情又何尝不是如此呢？他拉着母亲的手说："妈，你的心情我能理解，我心里也不好受啊，可恶的是白狗子！现在共产党来了，我们有地种了，有粮吃了，可是白狗子他不让我们过好日子啊，他们要把土地夺回去，让我们再给地主老财做牛做马啊，妈，你说能怎么办呢？如果你不去，我不去，大家都不去，那我们还有盼头吗？"他的一席话，打动了母亲，谢名仁的弟弟当了红军、上了前线。

谢名仁身先示范，先后发动 20 多位亲人带头当红军，其他干部纷纷效仿，分人分片包干负责扩红，个个以身作则，从自己的家庭开始动员。正是靠着谢名仁这些干部冲在前面、干在前面，才把兴国的扩红运动一次次推向高潮。在扩大铁的红军这场扩红运动中，仅这一次，兴国县经动员参加红军的人数就超过 2 万人。

第三，善于吹响冲锋号。同志们，大家都知道冲锋的时候往往是伴随着冲锋号的，在谢名仁的工作生活中，他也懂得如何吹响冲锋号，这个冲锋号就是他经常唱山歌去激励自己，去鼓励大家，让大家奔跑得更快、更有力量！

乡亲们经常可以看到谢名仁脚穿草鞋，腰挂干粮，上西村下东庄，同志们称他为"不知疲倦的人"。渴了，直接捧起山泉水就喝；累了，就唱一首山歌提提神，持续为冲锋注入力量！哪里需要他，他就出现在哪里，时刻关心群众生活，解决群众的穿衣问题、吃饭问题、住房问题，还找到老农民教妇女学习犁耙，小孩子要读书，又创办了好几所学校。

最后，勇于担当开新局。在二苏大会上，谢名仁当选为中央执行委员会委员，在雷鸣

《红色中华》报道"瑞金终于走上了模范县的道路"

般的掌声中，谢名仁接受了红军总政治部授予的"扩大红军最光荣的突击队"的奖旗，他的名字还登上了《红色中华》的红榜。毛主席热情称赞"兴国的同志们创造了第一等的工作，值得我们称赞他们为模范工作者"，会后还亲笔题词"模范兴国"。

看到谢名仁把兴国的工作做得这么出色，毛主席问他："瑞金的工作相对落后，你有没有信心抓好瑞金的工作？"谢名仁坚定地回答："有！"调往瑞金之后，谢名仁再次发扬了冲锋的精神，忘我地投入到工作中，短短一个多月就完成了原定三个月的扩红计划，使"瑞金终于走上了模范县的道路"，又创建了一个"瑞金模范县"，再次获得了"模范县委书记"的光荣称号。

1935 年 3 月，为掩护战友突围，谢名仁负伤被俘。在狱中，他对狱友们说："要挺直腰杆做人，宁可做刀下鬼，不可做负义人！"这是何等的坚贞不屈！又是何等的视死如归啊！ 6 月 15 日，谢名仁被敌人残酷地杀害，年仅 28 岁。当时方志敏也正好关押在这里，谢名仁等三名同志从容赴死的神情给方志敏留下了极其深刻的印象，为此，方志敏称赞道，"他们临难不屈，悲壮就死，不愧为无产阶级的先锋队"。"先锋队"这三个字，正是谢名仁冲锋在前、模范带头的真实写照。

我们今天来到这儿一起学习，到底学习什么？又收获了什么？我觉得，时刻保持冲锋的姿态是非常重要的。今天，我们迈入新征程，在前进的道路上还会碰到很多时间紧、任务重的情况，这种时候我们就需要发扬谢名仁这种冲锋的精神，用奋勇拼搏的冲天干劲、雷厉风行的工作作风，为全面建设社会主义现代化国家贡献力量！

点评：该课程政治导向正确，深入挖掘了"两个模范县的创造者"谢名仁"用冲锋的精神去做好革命的工作"的先进事迹，对"冲锋"精神的概括比较准确且有一定的创新性。课程能够联系实际，对推动当前党员干部攻坚克难具有教育意义。

红色无线电发展史中的管理之道

◎**内容提要** 本课程讲述了红军从一部半电台和几个俘虏兵起家，快速创建壮大无线电通信队伍的历史，总结分析其中蕴含的现代企业管理之道。

◎**主创人员** 刘小强 赣州汇智企业管理顾问有限公司总经理
◎**授课地点** 江西省赣州市宁都县小布红军第一部无线电侦察台旧址

各位学员：

大家好！

欢迎来到宁都县小布红军第一部无线电侦察台旧址学习。很多人都知道红军在长征途中从来没有中过敌人的埋伏，是因为红军有强大的无线电侦察和破译能力，但是，却很少有人知道,红色无线电事业是从一部半电台和几个俘虏兵起家的。在 3 年多的时间里，红军建成 3 个无线电通信联络网络，破译了 100 多套敌军密码,培养出 2000 余人的无线电队伍。这些辉煌成就的取得,红军是怎么做到的呢？接下来，请跟随我参观展览，让我们一起去探究其中所蕴含的管理之道。

1930 年 12 月 30 日，红一方面军在第一次反"围剿"龙岗战斗中，全歼国民党张辉瓒第 18 师，俘虏了十多名无线电通信技术人员，缴获了半部电台，由于当时红军战士大多不认识电台为何物，所以把发报机、蓄电池等全部打坏了，只剩下一架收报机送到红军总部。因为俘虏的无线电技术人员对红军不了解，报

红一方面军缴获的半部电台

务员吴人鉴、见习报务员刘达端心中十分忐忑不安，所以当红军询问他俩姓名时，吴人鉴随口说了个假名"王诤"，而且为刘达端也起了个假名"刘寅"。红三军政治部主任曾日三了解情况后，向王诤、刘寅宣讲红军对待白军的政策，并让他们和红军战士同吃同住。他们见到红军真的官兵一致、优待俘虏，心中才慢慢平静下来。

红一方面军参谋部参谋处长郭化若与被俘电台人员逐一谈话，宣传红军的优待政策，耐心做开导工作，然后召集大家开会，真诚希望他们留下来参加红军，要回家的也发给路条和路费。当他说完"愿意留下当红军的请举手"，王诤和刘寅率先举手表示愿意参加红军。在他们的带动下，几乎所有被俘人员都愿意留下来加入红军队伍。

1931年1月3日下午，第一次反"围剿"的战斗还在继续的时候，毛泽东、朱德就在宁都小布镇的龚氏宗祠里接见了王诤、刘寅等人，欢迎他们加入红军。毛泽东对他们说："无线电技术是个新技术，你们学了这一门很有用，也很难得，现在你们参加了红军，就要把这些技术用来为工人、农民服务，为红军建立无线电通信努力工作。"朱德也说："你们先把工作搞起来。不要看红军现在没有电台，无论大小武器装备，凡是白军有的，红军也会有，没有的，敌人会给我们'送'来。没有人，我们可以训练，也还会陆续有人从白军中来。革命事业是会从无到有、从小到大发展起来的。"

毛泽东、朱德的亲自接见，谈话间描绘了对无线电事业的美好愿景，展望了全国胜利后的辉

刘寅

煌未来。这些听来极为平常的话语，对参加红军才几天的王诤、刘寅来说，无疑是一次深刻的教育，其中体现的关怀、信任和期待，使他们对当红军充满了信心和希望。由此，我们得到第一个管理之道：管理者要高度重视人才，亲自抓人才的吸纳工作。

被俘的技术人员参加红军后，毛泽东指示给王诤、刘寅等人每月30—50块大洋的技术津贴，而在当时，包括朱毛首长在内红军官兵一般每月也难有半块钱的零用钱。这种高达70—100倍的薪酬待遇，不仅吸引更多技术人员留下来当红军，更激励着他们想方设法高效地开展工作。参加红军的第6天，王诤便克服各种困难，开始利用电台收听国民党中央社的消息，侦听敌人电台通信情况，并择要抄录给毛泽东、朱德等领导参阅。这是红军首次使用无线电接收信息，红军的第一部无线电侦察台就这样诞生了。后来，抄收中央社新闻电讯稿被作为电台的一项常规性工作固定下来，郭化若给这种电讯资料起了一个规范的名字"参考消息"，报纸《参考消息》就是这样诞生的。由此，我们得到第二个管理之道：管理者要敢于用高薪酬吸引人才为己所用，并让他们在高薪酬的激励下高绩效开展工作。

1931年1月10日，红军一方面军总部利用第一次反"围剿"缴获的一部半电台和俘虏后留下当红军的10多个技术人员，在宁都小布成立了红军第一支无线电通信队，由王诤任队长、冯文彬任政委，红军的无线电通信事业从这里开始起步。

无线电队成立后，朱德经常晚上到电台上来同王诤、刘寅等人谈心，讲述革命道理和当时形势，一谈就是一两个小时，每次都要带点战时的紧俏物资——几包麻雀牌香烟送给电台吸烟的人。副官处处长杨立三看到他们睡在稻草上有些冷，立即把自己仅有的一床红色毛毯送给他们御寒，还给每人做了一套新棉衣。第二次反"围剿"开始后，苏区的生活更加困难，士兵几个月不发零用钱，部队每天只有5个铜板的伙食费，有时连盐巴也吃不上，而技术人员不仅发技术津贴，夜间工作还有夜餐。营、团干部都取消了配马，无线电通信队一个连级单位却仍然配备了马。这些真真切切的关怀，稳住了无线电技术人员的心，更加坚定了他们当红军的决心。由此，我们得到第三个管理之道：管理者要善于用真心留住人才。当管理者真心实意地关怀员工，员工感受到这份情谊后，就会心甘情愿地留下来与企业同甘苦、一起成长。

为了培养壮大红军无线电通信队伍，1931年1月28日，朱德、毛泽东联名签发了《调学生学无线电的命令》，选调12个青年来学习。2月10日，红军第一期无线电通信班在宁都小布的陈家土楼开学，朱德亲自参加开学典礼并讲话，毛泽东亲自上了第一堂政治课。在极其困难的条件下，红军依然坚持办班培养无线电人才，到1934年，红军无线电训练班共开办11期，先后共培训报务、机务、电话、司号、旗语等各类通信人员2100余人，为红军无线电通信事业的发展提供了人才保障。由此，我们得到第四个管理之道：管理者要千方百计建立自己的人才培养体系，这样才能保证充足的人才供应，满足业务发展的需要。

自此，红色无线电事业拥有了稳定的核心技术人员，设立了专门的组织机构，建立了自己的人才培养体系，进入了快速发展壮大的时期。

1931年6月，红一方面军成立无线电总队。

1931年12月，初步建立了红军的无线电通信网络。到1933年，初步形成了3个以党中央、中革军委为中心的无线电通信联络网络。

1932年10月，我军建立的第一个执行无线电侦察任务的职能机构：红一方面军总司令部二局在福建建宁正式成立。

1934年10月长征前，二局已经具备了破译国民党军队各类密电的能力。

红色无线电事业的发展，让红军及时掌握敌军的动向，在之后的行军打仗中做到知己知彼、百战百胜。第二次反"围剿"时，因王诤侦听到国民党敌军的重要动向，红军依据这一情报六战全胜，粉碎了敌人的第二次"围剿"。第三次反"围剿"时，红军侦察台破译了国民党各路部队"限十天扑灭共匪"的电令及兵力配置与战斗部署，为反"围剿"的胜利奠定了基础。在长征期间，因为有了军委二局破译的敌人电报，红军才能在敌人围追堵截中的夹缝中生存下来。二局得到了毛主席高度评价:"二局是长征中黑夜走路的灯笼,我们是打着这个灯笼长征的。没有二局,长征是很难想象的。"

红军无线电通信事业的快速壮大,以及对我党我军的突出贡献,还能给予我们哪些管理之道的启示呢?

刘寅在《幸福的回忆》说过:刚参加红军时,王诤同志和我,每天轮流抄收国民党中央社的电讯。有一天,王诤同志送电稿回来,兴高采烈地对我说:"老刘,我去送电稿,正好遇到了毛委员,你猜毛委员说什么?"他还没等我回答就迫不及待地告诉我:"毛委员说,你们送来的材料太好了,让我们开了眼界,这是没有纸的报纸呀!"王诤同志说完时,眼睛里闪着泪花。是啊,这是多么崇高的奖赏啊!在第二次反"围剿"胜利的欢庆集会上,毛泽东特地请王诤上主席台前,让红军指战员们认一认,说:"我们工农红军也有了千里眼、顺风耳,这是克敌制胜的一大法宝呢!"全场掌声雷动,此起彼伏。之后中革军委授予他二等红星奖章,这些都激励着王诤从优秀变得卓越,同时也激发起所有无线电人员极大的工作热情。由此,我们得到第五个管理之道:管理者要注重激励员工。我们

绘画:红军的无线电台工作

要向毛主席学习，学习他善于激励人心。当员工做出成绩时，管理者要充分认可他的贡献，通过公开的表扬和奖励让他的贡献广为人知，这样会激励他变得越来越优秀。

红色无线电事业能够快速发展壮大，党的坚强领导和强大的思想政治工作发挥了至关重要的作用。无线电总队等单位设有党委，配有政治委员；分队设立党支部，配有政治指导员。每当队伍休整，各级党组织都会召开组织生活会，谈表现、摆问题，开展批评与自我批评，纯洁组织和思想。凡是新兵入伍或战士产生思想问题时，领导和党员就会找其谈话，拉家常，把队伍中存在的矛盾和问题都消灭在萌芽状态，保证了这支队伍不仅战斗力强，而且对党忠诚，永不变色。由此，我们得到第六个管理之道：管理者要抓好企业的党建工作。中国共产党的领导，是历史和人民的选择，也是新时代中国特色社会主义的最大优势，我们的企业也必须重视抓好党建工作，以此作为企业文化和员工思想工作的重要抓手，确保方向不偏、队伍不乱，以高质量党建工作引领和保障企业的高质量发展。

当我们细细地去品读红色无线电的发展史，就会发现：如何进行文化建设，如何抓好思想建设，如何抓好组织建设等管理范例，在其中比比皆是。正如习近平总书记说的，党的历史是最生动、最有说服力的教科书。希望大家能从这本教科书中领悟到更多的管理之道，做出更多的成绩，为实现中华民族的伟大复兴作出更大的贡献。

点评：该课程讲述了具有传奇色彩的红军无线电通信事业建立发展的历程和故事，并深入分析历史故事中所蕴含的企业管理之道，题材新颖，角度独特，具有很强的吸引力和启示性。教学紧扣主题，突出重点，逻辑清晰，语言表达流畅。可适当增加对无线电通信队加强政治思想工作方面历史故事介绍，从而更加全面深刻揭示出企业管理的关键密码和成功之道。

★ 月屋围的红色故事

◎ **内容提要**　一座围屋，承载一段革命记忆；一枚铜币，传承一片红色初心。本课程讲述了发生在龙南月屋围里一枚铜币的故事，体现了红军"不拿群众一针一线"的严明纪律和军民鱼水深情。

◎ **主创人员**　潘　平　龙南市客家文化研究中心党组书记、主任，龙南市红保中心负责人

　　　　　　　廖　翠　龙南市龙南镇人民政府旅游、宣传干事

◎ **授课地点**　江西省赣州市龙南市龙南镇红岩村月屋围

各位学员：

龙南被誉为"世界围屋之都"，境内分布着376座各具特色的客家围屋，众多围屋里，月屋围并不算突出，但是在龙南人的心目中，它无可替代，因为，月屋围承载了一段弥足珍贵的红色记忆，是军民鱼水

龙南月屋围红军战斗遗址

情深的历史见证。

眼前这座古朴森严、饱经沧桑的围屋便是月屋围。它始建于明代万历年间，至今已有 400 多年的历史。围屋为干打垒式，围墙为石灰鹅卵石浇浆。围屋长为 126 米，宽为 99 米，呈"回"字形建筑格局，四角设有炮楼，围墙和炮楼至今依然极为坚固。

1935 年 3 月，从中央苏区最后一批突围出来的红军部队，经过连日战斗已经严重减员，时任赣南军区第二军分区政治部主任兼独立 14 团政委方志奇，他带领着部队和沿途收集的被冲散的红军共 200 多人准备前往信丰油山集结，不料误入龙南金盆山，被国民党余汉谋部和龙南、定南、全南、信丰四县的地方民团共 2000 余人团团包围。经过两天两夜的浴血奋战，红军战士终因弹尽粮绝，敌我力量悬殊，突围失败，100 多名战士在战斗中壮烈牺牲，少数突出重围上了油山，有 62 名战士被俘关押在龙南镇红岩村的月屋围。他们白天被拉到围屋大门前严刑拷打，受尽折磨，可即便被打得血肉模糊、遍体鳞伤，却没有一人屈服而暴露红军秘密。月屋围百姓目睹后，暗自流泪，心疼不已。他们悄悄聚在一起商议，决定冒险给被俘的红军送食物和草药，其中就包括月氏一家刚娶进门不久的孙媳妇王浩昆。

金盆山战斗旧址

红军抛出铜币的小窗口

87年前的那个夜晚，王浩昆从这个小窗里悄悄地把番薯、米果、草药等塞给了红军。送完东西后，她满头大汗跑回家，立即将大门反锁，从鞋底小心翼翼地掏出一枚还残留着褐色血迹的苏维埃铜币交给奶奶张海昆，奶奶疑惑不解，她解释道：这是被关押的人员接到食物后，一个瘦弱的小红军从窗口抛出来的，铜币轻轻地滚进了泥地，她屏住呼吸，连忙捡起硬币便塞进鞋子跑回了家。看到这枚铜币，周围在场的百姓纷纷发出感慨：红军战士身处绝境，都还这样纪律严明，不肯白拿老百姓一点东西，多好的部队呀！

在那个时期，私藏苏维埃铜币是十分危险的事情，但张奶奶却坚持把这枚铜币留下来，并严厉嘱咐此事不得向任何人透露。奶奶弥留之际，把铜币交给了儿子儿媳保管。2001年，张奶奶的孙子月海明从年迈的母亲手中接过了铜币，母亲叮嘱道，要像传家宝一样保管好铜币，要一代一代往下传，要让月氏后人铭记这段鲜为人知的历史，要把共产党人不拿群众一针一线的初心融入家族血脉，生根发芽。

如今，这枚铜币已经锈迹斑斑，但它映照的共产党人初心却始终不变。小小铜币，一面凝聚着党心，见证了人民军队血脉里的"铁一般的纪律"，一面温暖着民心，映照着军民一家、守望相助的鱼水深情。

月氏族人保存的苏维埃一分铜币

回顾我们党走过的光辉历程，纪律严明是党各项事业发展的根本保证。从井冈山时期"不拿群众一个红薯"的"三大纪律六项注意"，到延安时期党的纪律严于"金箍"，再到党的十八大以来的中央八项规定，严明的纪律是我们党的光荣传统和独特优势。

百年岁月，光阴流转。今天历史的接力棒交到了我们手上，虽然时代在变、形势任务在变，但"不拿群众一针一线"却是对共产党员一贯的要求。正是坚守这些优良传统，才能不断战胜一切困难，带领我们党从嘉兴湖上一艘小小的红船，劈波斩浪，成为今天行稳致远的巍巍巨轮！

点评：该课程教学点选择具有典型性，教学设计环环相扣、步步衔接。课程以小见大，以一枚小小的铜币，承载苏区军民鱼水情深的历史记忆，教育主题突出。

★ 传承红色基因　争做时代新人

◎**内容提要**　本课程通过组织学生瞻仰烈士纪念碑、革命烈士公墓、革命烈士英名墙，讲述红色故事、集体唱红歌和交流分享研学心得等形式，感悟革命先辈不怕艰难困苦、不畏流血牺牲的精神品质，激发学生树立正确的人生观、价值观，扣好人生第一粒扣子。

◎**主创人员**　利梦 全南县实验小学办公室副主任
◎**授课地点**　江西省赣州市全南县梅子山革命烈士陵园

一、研学目标

1. 通过瞻仰革命烈士陵园、聆听教师讲述红色故事等活动，对学生开展理想信念教育和革命传统教育。

2. 让学生走出校园，走进历史，了解家乡红色文化，感悟革命先辈不怕艰难困苦，不畏流血牺牲，热爱人民，热爱祖国的红色精神。

3. 通过红色研学实践活动，培养学生的实践能力、协作能力和集体意识，引导学生树立正确的人生观、价值观，扣好人生第一粒扣子。

二、研学准备

1. 明确研学目标，确定研学学生和教师的人数。

2. 将研学实践方案告知学生和家长。

3. 准备研学卡片。

4. 提醒学生出行穿着和携带物品注意事项。

5. 制定梅子山红色研学路线：学校集合——徒步出发梅子山——到达革命烈士陵园——瞻仰革命烈士纪念碑、烈士公墓、烈士英名墙——自由活动——集合回学校

三、研学过程

（一）校内集合

1. 师：亲爱的同学们，大家好，很高兴和大家一起参加此次的红色研学活动，你知道我们为什么要开展此次的红色研学活动吗？（请部分学生回答）

2. 师：刚刚老师给你们发了一张研学卡片，里面有梅子山红色研学心得卡和梅子山研学路线图，请同学们先看看研学心得卡上的三个问题，活动结束后，请同学们认真完成上面的问题。我们此次的红色研学活动将按照梅子山研学路线进行，本次活动为徒步游，行走过程中请同学们遵守纪律，注意安全。

梅子山革命烈士纪念碑

3. 整理队伍，准备出发。

师：同学们做好出发的准备了吗？那我们现在就出发吧！

（二）行中研学

师：同学们，我们由346级台阶登高而来，现在所处的位置是全南县革命烈士陵园。陵园始建于1952年，占地8600平方米，建设有革命烈士纪念碑、烈士公墓、烈士英名墙等。

研学地点1：革命烈士纪念碑 研学方式：倾听讲解、唱红歌

1. 教师讲解

师：为了纪念革命先辈，1978年，在公墓前建立了革命烈士纪念碑，纪念碑为四方体，碑高10米，碑基49平方米，四面镌刻有"革命烈士纪念碑""革命烈士永垂不朽"等大字。

2. 少先队唱红歌

师：请全体少先队员敬礼，齐唱《我们是共产主义接班人》，以此怀念我们的革命先辈。

烈士纪念碑前少先队员唱红歌

研学地点2：革命烈士公墓 研学方式：倾听讲解、全体师生默哀

1. 课前查阅资料并讲解

学生介绍：在我们面前的是革命烈士公墓，1952年，在这里建造了这座烈士公墓，并把分散在县城、陂头、大吉山镇的34位烈士遗骸迁葬在此。

2. 全体师生默哀

师："青山处处埋忠骨，何须马革裹尸还。"正是这许许多多的革命烈士在神州大地上抛头颅洒热血，中华大地才翻天覆地，换了人间，我们才能过上现在的美好幸福生活。现请全体师生为逝世的革命英雄默哀。

烈士纪念碑前全体师生默哀

研学地点3：革命烈士英名墙　研学方式：倾听讲解、聆听红色故事

1. 教师讲解

师：在我们正前方的是烈士英名墙，在2015年扩建时修建的。墙上共收录有120位革命烈士的姓名和简略生平。这120名烈士涵盖了从土地革命、抗日战争、解放战争到社会主义革命和建设时期英勇牺牲的革命先烈。其中，全南籍烈士94名。

在这座烈士英名墙上，每一个名字的背后，都有着一段感人的革命故事。

2. 教师分享红色故事

师：我今天分享的是革命英雄叶南桥的故事。叶南桥，全南县金龙镇人，少时家境贫寒，10岁靠其姑父资助才入学，叶南桥学习刻苦，以优异成绩被选派至龙南师范学习，结业后返回家乡任教。因为不满国民党发动内战，导致生灵涂炭、民不聊生，1946年冬，叶南桥毅然决然参加了粤赣湘边游击队。1947年12月，粤赣湘边人民解放总队第五支队奉命挺进全南腹地，开辟新区，叶南桥是全南人，他熟悉地形，于是主动担任向导，使得游击队工作开展十分顺利。他积极宣传共产党的方针和政策，争取了大量人民群众的支持，游击队的同志们视他为"宝贝"

学生在烈士英名墙前讲红色故事

倍加保护。但敌人却视他为眼中钉、肉中刺。敌人穷凶极恶，捉拿他的家人，也重金悬赏他的项上人头。面对敌人的残暴，叶南桥没有妥协，而是勇敢面对。不幸的是，在 1949 年冬天的一个晚上，叶南桥在筹措粮食的途中被敌人发现，残忍杀害。25 岁，在大好青春年华中逝世，多么令人痛心。

3. 学生红色故事分享

师：同学们，你们还知道哪些革命英雄的故事？谁来说一说？（请同学们上来讲红色故事。）

4. 故事心得分享

师：聆听完老师和同学们讲的红色故事，你此刻的内心感想是什么？

（三）自由活动

师：现在请同学们自由活动，自由活动时间里小组合作完成梅子山红色研学心得卡上的问题，30 分钟后我们回到此处集合。

（四）研学有感

1. 学生分享研学心得

师：同学们，你们完成了梅子山红色研学心得卡上的问题吗？谁愿意上来分享下。(请学生上来分享心得。)

2. 教师总结

习近平总书记说过:"我们走得再远都不能忘记来时的路。"战争年代,无数英烈先辈所作出的贡献和付出的牺牲,才换来我们今天美好的生活。同学们,作为少先队员,我们应该牢记使命,在红色火炬的指引下,努力成长为担当民族复兴大任的时代新人!

(五)活动结束后由老师整理好队伍安全返校

点评:教学课程选取本地红色资源进行整理挖掘,路子对、方向明,具有地方特色,对青少年进行革命传统教育具有重要意义。

专题教学

南方红军三年游击战争的精神内涵及时代价值

◎ **内容提要** 1934 年秋至 1937 年冬，中国工农红军在南方八省 15 个游击区开展的艰苦卓绝的三年游击战争，是与红军二万五千里长征交相辉映的壮丽革命史诗，史称"南方红军三年游击战争"。它在中共党史、军史和革命史上都具有十分重要的地位。留守红军将士们以血肉之躯铸就的革命精神，是中国革命精神和民族精神的重要组成部分，是我们不忘初心、牢记使命，奋勇前进的不竭动力。本课程通过对南方三年艰苦卓绝的游击战争历史的简要回顾，论述了三年游击战争在中国革命历程中的重要地位和作用，分析概括了三年游击战争的精神内涵和时代价值。

◎ **主创人员** 皮建文　中共大余县委党校三级主任科员

赵　如　大余县南方红军三年游击战争纪念馆馆长

朱　常　中共大余县委党校副校长

黄　敏　大余县博物馆馆长

邱志鹏　中共大余县委党校助理讲师

历史是最好的教科书，也是最好的营养剂。在庆祝中国共产党成立一百周年大会上，习近平总书记首次提出并阐释了伟大建党精神，指出："一百年前，中国共产党的先驱们创建了中国共产党，形成了坚持真理、坚守理想，践行初心、担当使命，不怕牺牲、英勇斗争，对党忠诚、不负人民的伟大建党精神，这是中国共产党的精神之源。"在伟大建党精神的滋养下，中国共产党先后形成了井冈山精神、苏区精神、延安精神等近百种革命精神，一同构成了中国共产党人的精神谱系，并随着时代发展不断地丰富和发展。

2016 年 10 月 21 日，纪念红军长征胜利 80 周年大会在北京人民大会堂隆重举行。中共中央总书记、国家主席、中央军委主席习近平在大会上发表重要讲话。在讲话中，习近平总书记指出：主力红军长征后，留在根据地的红军队伍和游击队，在极端困难的条件下，紧紧依靠人民群众，坚持游击战争。西北地区红军创建陕甘革命根据地，同先期到达陕北的红二十五军一起打破了敌人的重兵"围剿"，为党中央把中国革命的大本营安置在西北创造了条件。东北抗日联军、坚持在国民党统治区工作的党组织以及党领导的各方面力量都进行了艰苦卓绝的斗争，都为长征胜利作出了不可磨灭的贡献。

2019 年 5 月，习近平总书记在江西赣州考察时曾说："中央主力红军长征后，

位于江西省大余县黄龙镇的南方红军三年游击战争纪念馆

留守的红军将士浴血奋斗，进行了三年艰苦卓绝的游击战争。陈毅同志在《梅岭三章》中写道'此去泉台招旧部，旌旗十万斩阎罗'，这是何等豪迈的奋斗精神！"

下面，本文抛砖引玉，就南方红军三年游击战争的精神内涵作一个初步探讨。讲三个问题：一、南方红军三年游击战争概述，二、南方红军三年游击战争的精神内涵，三、南方红军三年游击战争精神的时代价值。

一、南方红军三年游击战争概述

（一）时代背景

1934年10月，由于王明"左"倾路线错误，导致中央苏区第五次反"围剿"失败，中央主力红军被迫进行战略转移，开始长征。以项英、陈毅为主要领导人的中共中央分局、中华苏维埃共和国中央政府办事处和中央军区奉命留守中央苏区，领导中央苏区及其近邻的苏区坚持了三年艰苦卓绝的游击战争。

（二）概念内涵——什么是南方红军三年游击战争

南方红军三年游击战争，是指在土地革命战争中，中国工农红军主力长征后，坚持在南方八省的红军和游击队，同持续"清剿"的国民党军进行的为期三年的游击战争。人们也习惯称为南方三年游击战或三年游击战争。

"南方红军三年游击战争"是一个精准完整的历史名词，其中包含了地域（南方）、主体（红军）、时间（三年）、斗争形式（游击战争）共四个方面内容。

对此，我们要强调两点：

一是关于"南方"。显然，"南方"是一个地域概念，是相对于北方来说的。传统意义上，南方北方是以秦岭淮河为界，而这里指的"南方"是指黄河以南。

据统计，1934年前后至1937年全民族抗战，在南方打游击的曾有14个省21个游击区。但其中有6个省（桂川黔滇陕藏）6支游击队因为各种原因最后没有编入中国人民解放军历史资料丛书《南方三年游击战争》。纳入其中的是8省15个游击区。

"8省"指的是：鄂豫皖浙、闽粤赣湘；1988年海南省从广东分离出去，就

中共中央分局书记、中央军区
司令员兼政委 项 英

中共中央分局委员、中华苏维埃
中央政府办事处主任 陈 毅

变成 9 个省了，8 省是传统的习惯说法。

15 个游击区指的是：湘鄂赣边、皖浙赣边、鄂豫皖边、湘赣边、赣粤边、闽赣边、闽粤边、鄂豫边等，此外还有湘南、闽东、闽北、闽西、闽中、浙南、琼崖等在游击战争中形成的较稳固的游击区。它们大多在两省或三省的交界处。

二是关于"三年"。大致是从 1934 年秋中央红军长征后，至 1937 年 12 月新四军军部成立为止的三年时间。但各个游击区的具体时间是不相同的，有的早、有的迟，有的长、有的短，比如：琼崖游击区从 1933 年初就开始了游击战争，而且一直到 1938 年底才下山改编，早近两年转入游击区，而结束时间又晚一年，坚持斗争长达 6 年之久。鄂豫边游击区是 1936 年 1 月组成的一支 7 个人、3 支枪的游击队，在桐柏山区开展游击活动，只有两年时间。各个游击区存在时间虽不尽相同，但大体是三年时间。

（三）经历阶段

艰苦卓绝的南方红军三年游击战争大致可以划分为三个阶段，第一阶段为浴血坚守阶段，时间是 1934 年 10 月至 1935 年 3 月，从项英、陈毅临危受命，留守苏区，策应、掩护主力红军转移到中央分局九路突围，保存了革命火种；第二阶段为反"清剿"斗争阶段，时间是 1935 年 3 月至 1936 年底，各游击区陆续转变斗争方式，坚持分兵游击，持续开展反"清剿"斗争，保存、巩固和发展红军游击队伍；第三阶段为下山改编阶段，时间是 1936 年底西安事变和平解决至 1937 年底新四军军部成立，其间抗日战争全面爆发，各游击区（琼崖除外）红军游击队纷纷下山接受改编，建立新四军，开赴抗日前线，三年游击战争胜利结束。

（四）地位和作用

南方红军三年游击战争在中共党史、军史和革命史上都具有十分重要的地位，是中国共产党领导的土地革命战争的重要组成部分，是中央苏区时期革命斗争的延续，在中国革命斗争史上写下了光辉的篇章。它与红军二万五千里长征、东北抗联一起，并称为"我党历史上三件艰苦的事"。

现代著名史学家郭沫若说："南方三年游击战争与红军二万五千里长征是同样辉煌昭亮！"

毛泽东称之为：撑起南方一片天！

具体地讲，南方红军三年游击战争的重要历史地位与作用，至少体现在以下五个方面：

1. 有力地支援和配合了主力红军的战略转移。

长征，被誉为"地球上的红飘带"，堪称人类战争史上的奇迹，所铸造的长征精神，已成为中华民族奋斗精神的重要象征。而同样发生在 20 世纪 30 年代的三年游击战争，也是一首可歌可泣的英雄壮歌，它与长征是同时开始，两者可谓是相伴相行。

第一，从战略决策看，南方红军三年游击战争与长征都是中共中央战略的组成部分。

1934 年 4 月，广昌战役失败，中央苏区北大门广昌失守，此后，中共中央即着手准备实施转移计划。

当时，中共中央的战略部署必须解决两个问题：一是红军战略转移问题，即红军主力如何转移、何时突围、转移到何处去。二是留守红军战略部署问题，这是主力红军能否实现顺利转移的关键点。"走"与"留"两个问题都必须考虑。

5月下旬，中央书记处在瑞金乌石垅召开秘密军事会议。会上，把留守苏区的部署问题与红军长征的转移问题一同做了周密的考虑与安排。会议决定成立中共中央分局和临时中央政府办事处、中央军区，并将会议决定电告了共产国际，得到了共产国际的许可和详细指示。因此，南方红军三年游击战争的存在及坚持，是中共中央战略决策的一部分。

第二，从战略布局看，南方红军三年游击战争与长征是土地革命时期中国革命的两大主要战场。

长征是正面战场，呈曲折的线形发展。以中央红军为例：其间经过14个省，翻越18座大山，跨过24条大河，共进行了380余次战斗，攻占700多座县城，行程约二万五千里。

南方游击区是敌后战场，呈分散的面。主要涉及8个省15个游击区。长征前，中共中央交代中央分局的任务有两个：第一个，是掩护红军主力转移，保卫中央根据地。第二个，是开展游击战争，扰乱敌人的进攻，在适当的时候配合红军主力进行大反攻，恢复中央根据地。当时留下的部队，正规部队只有红二十四师，还有一些独立团和地方部队，计1.6万人，加上当时留下的党政机关工作人员和伤病员总共也只有3万余人。他们在中央分局的领导和指挥下，顽强抵抗国民党军约50个正规师和6个独立旅的进攻，把国民党军钳制在中央苏区及其邻近地区，直到1个月后，国民党才发现红军主力已经转移，有力地配合了中央红军的战略转移。

湘赣、湘鄂赣、鄂豫皖等苏区同样配合了红军主力的战略转移。

据不完全统计，从1934年10月到1937年7月，南方各游击根据地共钳制了国民党军正规军180个师和30个旅（各保安团不包括在内），使国民党减少了进攻红军主力的兵力，大大缓解了红军主力的压力，有力地掩护和策应了主力红军和中央领导机关的战略转移，并给进犯苏区的国民党军队以打击。

由此可见，南方红军三年游击战争与长征两大战场一南一北，遥相呼应，形成相互配合的斗争格局。在某种意义上，我们可以说，如果没有留守红军的浴血奋战、顽强坚守，就不可能有长征的伟大胜利。

2. 保存了一支重要的革命武装力量。

经过三年浴血坚持，红军游击队战胜了常人难以忍受的困难，保存了革命火种。1937年7月7日全面抗战爆发后，南方八省的红军游击队被改编为新四军。辖4个支队10个团（包括手枪团），1个教导队，1个特务营，共有10300余人，6200余支枪。虽然人数不多，但却是一支久经考验的革命劲旅。在共产党的领导下，新四军成为抗日战争中重要的武装力量。

朱德总司令赞扬南方三年游击战争，指出："在国民党的'清剿'非常残酷、处境非常困难的情况下，艰苦奋斗了三个年头，保持了党的组织和红军游击队，保存了革命的基本力量，这是难能可贵的，在中国革命的历史上是光荣的一页。"

中华人民共和国成立后，1955年授衔的1614名开国将帅中，有252人是新四军将领。其中有1名元帅、4名大将、13名上将、48名中将、186名少将。他们为中国人民的解放事业立下了汗马功劳，建立了不朽功勋。

3. 在南方保存了中国革命的战略支点，高举了中国共产党的旗帜。

红军主力战略转移后，红军游击队留在了各苏区，继续坚持斗争。他们紧紧依靠人民群众，顽强地与敌军战斗，宣传共产党的革命主张，组织群众斗争。他们不仅在残酷的敌我斗争中保存了自己，而且保存了南方革命的支点，保存了党的许多组织，继续扩大了党的影响。

毛泽东同志在延安党的活动分子会议上称赞说："南方各游击区——这是我们和国民党十年血战的结果的一部分，是抗日民族革命战争在南方各省的战略支点。"

1937年卢沟桥事变之后，南方红军游击队被改编为新四军，先后开赴抗日前线。但是中共中央并没有放弃南方游击区，而是要求他们留下一部分领导人，还留有相当枪支或部分革命武装，积极开展抗日斗争，在南方继续保存中国革命的战略支点。其中，闽西游击区在党的领导下保持 20 年红旗不倒，琼崖游击区保持 23 年红旗不倒，鄂豫皖边游击区保持 28 年红旗不倒。

4. 积累了宝贵的斗争经验，发展和丰富了游击战争的战略战术。

南方三年游击战争是在敌强我弱、力量对比悬殊的情况下进行的，这就决定了斗争方式必然是游击战争，而不能是别的什么，否则无法生存下来。为此，各游击区遵循游击战争规律，运用袭击、伏击、远程奔袭、声东击西、化装奇袭等手段打击敌人，发展了毛泽东、朱德关于游击战争的战略战术。比如：闽东的狡兔三窟、闽西的散兵群、闽北的"走、藏、打"战术，鄂豫皖边的"四打四不打""七破八会"、湘鄂赣边游击区的"大游小击""围城打援"战术、赣粤边的"赚钱就打，赔本不干"等。

这些游击战术异于井冈山时期的"十六字诀"，也不同于中央苏区时作为运动战辅助的游击战法，它是被实践证明了的行之有效的游击战术，成为革命战争中宝贵的财富。

5. 留下了宝贵的精神财富。

1937 年 12 月 13 日，中央政治局作出《关于南方各游击区工作的决议》，对南方三年游击战争给予了高度的评价，认为：南方三年游击战争的胜利是"中国人民一个极其宝贵的胜利"。"项英同志及南方各游击区的同志在主力红军离开南方后，在极艰苦的条件下，长期坚持了英勇的游击战争，基本上正确地执行了党的路线，完成了党所给予他们的任务。……他们的长期艰苦斗争精神与坚决为解放中国人民的意志，是全党的模范。政治局号召全党同志来学习这些同志的模范。"

二、南方红军三年游击战争的精神内涵

回首南方红军三年游击战争，让人们记住的不仅仅是那一幕幕抛头颅、洒热血的动人故事，更有那艰苦卓绝、浴血坚持的革命精神，这才是我们革命先烈留下来的最为珍贵的财富，才是我们党永葆先进性、纯洁性，始终走在时代前列的

源泉和动力。南方红军三年游击战争精神的独特内涵表现在三个方面:坚定信念、对党忠诚,艰苦奋斗、百折不挠,独立自主、依靠群众。

(一)坚定信念、对党忠诚

坚定信念、对党忠诚是南方红军三年游击战争取得胜利的重要动力和根本保证,是南方红军三年游击战争精神的基石。

瞿秋白,中共早期领导人之一,1927年8月,在大革命失败的历史关头,瞿秋白主持召开了中共中央紧急会议,即八七会议,确立了土地革命和武装反抗国民党反动派的总方针,为挽救党和革命做出了重要贡献。1934年10月主力红军长征,他与项英、陈毅等人一道,奉命留守中央苏区。

1935年2月初,九路突围前,中央分局为保存干部,便决定将瞿秋白等主要干部送往香港或上海坚持地下斗争。在转移途中,他不幸被俘(化名林祺祥)。后被叛徒(福建省委书记万永诚妻子徐氏和曾做过红军收发员的郑大鹏)出卖,身份暴露。

敌人得知瞿秋白的身份后,采取各种手段对他利诱劝降,劝降的人来了一拨又一拨,但都被瞿秋白严词拒绝。最后蒋介石亲自下令"就地枪决"。

1935年6月18日,瞿秋白在走向刑场的路上,沿途用俄语高唱《国际歌》《红军歌》。到达罗汉岭刑场后,选择一处绿地,盘足而坐,回头微笑地对刽子手说"此地甚好,开枪吧",高呼"中国共产党万岁!""共产主义万岁!"等口号,从容就义。年仅36岁。

中央军区政治部主任贺昌,1935年3月率部向粤赣边突围,10日于江西会昌河畔遭国民党军伏击,在危急关头,他宁死不做俘虏,高呼:"红军万岁!"勇敢地把最后一颗子弹射向自己。牺牲时年仅29岁。

赣南军区政治部主任刘伯坚,1935年3月在突围中不幸受伤被俘,为了打击他的革命意志,敌人故意押着他从当时大余最繁华的大街——青菜街游街示众,然而,刘伯坚拖着沉重的手铐、脚镣,正气凛然地走过大街,并吟唱出气壮山河的革命诗篇《带镣行》,同时还留下了三封感人肺腑的家书,兑现了自己"生是为中国，死是为中国"的铮铮誓言。牺牲时年仅 40 岁。

这些牺牲的革命先烈，用自己的鲜血和生命捍卫了共产党人的尊严和信仰，兑现了入党誓词，显示了对党的无限忠诚。

（二）艰苦奋斗、百折不挠

习近平总书记曾提出长征"三问"：长征中能活下来的有多少人？红军战士靠的是什么？图的是什么呢？我想，这"三问"，同样适用来问留守红军。

南方八省游击战争的开展，成为蒋介石的心腹之患，对其势必斩草除根，以解心腹大患。1934 年底至 1935 年春，他重新调整兵力部署，将闽赣两省划分为 12 个"绥靖区"。又成立"闽赣浙皖四省边区清剿总指挥部"，在鄂豫皖地区也增加兵力，妄图一举扑灭南方各红军游击队。

原来轰轰烈烈的革命热潮进入了严寒的时刻，留守在苏区的红军也进入了最艰难的时期。陈毅提出，游击战争到了最艰苦的时候，打死、饿死、病死随时都有可能。他们完全是凭着信念意志、靠血肉之躯、用大刀梭镖抵挡对手的强大攻势。

具体来说，红军游击队面临五大艰难挑战。

第一是饥饿。红军游击队常年以野果、野菜、草根充饥，过着"饥同飞鸟争余粒""野菜野果当主粮"的"野人般的生活"。皖浙赣边游击区的红军游击队被敌人围困在山上，吃了四五个月的红芹、野洋姜等 20 多种野菜，缺油断盐，游击队员就把空油桶、空盐罐里的锈、陶土刮出来，放在锅里和着野菜煮。正如陈毅在《赣南游击词》中所写"天将午，饥肠响如鼓，粮食封锁已三月，囊中存米清可数，野菜和水煮"。

第二是寒冷。"天是被子地为床""倦向茅草索绣衾""野营已自无帐篷，大树遮身待天明。"在那些艰苦岁月里，许多红军游击队员几乎没有住房屋里、脱过衣、离过枪睡觉。1937 年早春，皖浙赣边游击区的一支游击队被敌人围困在鄣公山上，天寒缺衣，饥肠辘辘，在又冷又湿的灌木丛中受冻挨饿，怕暴露目标又不能生火取暖，一夜就冻死 20 余名游击队员。

第三是疾病。由于长期的艰苦生活，许多游击队员病倒了，有的患腹泻，有的得疟疾，大部分人患了夜盲症和水肿病，一些伤员因无药得不到治疗而牺牲。闽北红军游击队在战斗中牺牲和因饥饿、疾病折磨而死的有 1000 余人，其中县团级以上的干部就有 20 多人。

第四是物资。红军游击队不仅要与恶劣的自然环境做斗争，还要担心军备等物资的严重匮乏。那时游击队员往往一把手枪仅能配备三五发子弹。

第五是叛徒。三年游击战争时期，国民党为了分化、瓦解游击区的党组织和红军游击队，先后颁布了一系列"招抚"条例，用金钱和高官厚禄等手段引诱革命队伍中意志薄弱者变节投降，给红军游击队造成了不小的损失。

1935 年 6 月，湘赣省委书记、军区政委陈洪时带着十几名随行人员公开向国民政府投降，被国民党任命为湘赣边区"招抚委员"。他的叛变使党组织遭到严重破坏，大批革命同志被捕和惨遭杀害。

项英在总结回顾时说："这三年坚持的游击战争，是最残酷而最尖锐的斗争，这种残酷性和尖锐性，不单反映在与敌人的斗争中，而且反映于党内斗争""只为个人前途计算而不肯为党的路线而斗争的人，在每一次斗争达到最紧张关头，就陆续地先后离开了党离开了革命，一部分变成工农阶级的敌人，一部分为了他的狗命而逃生。可是，为了党的路线而奋斗到底的英勇战士们，终于获得胜利，高唱最后的凯歌。"

据不完全统计，在三年游击战争中，各游击区进行主要战斗 510 余次。在斗争中，即便遭受了挫折，红军武装仍顽强地从头再来，再扩充队伍，再聚集打击敌人的力量。湘鄂赣红十六师在三年游击战争中，三落三起，在三次挫折中，最困难的时候全师曾经只剩下一个营的兵力，但他们不断奋起，终于取得最后的胜利。

正是各游击区军民始终高举革命红旗，百折不挠地顽强斗争，才使得敌人一次次的军事"清剿"和不断变化手段的经济封锁最终都以失败而告终，各游击区都在不断打击敌人的同时，壮大了自己，从此才有了在抗日战争时期战斗在大江南北的新四军。

（三）独立自主、依靠群众

南方三年游击战争的最大特点，就是南方8省15个游击区的红军武装基本上都与上级长期失去联系，各自苦战。

但是，尽管与党中央失去了联系，15个游击区的党政军领导者，没有放弃对党的事业的追求。他们在各自苦战的环境下，独立自主地领导部队和群众，坚持革命斗争。他们依据党既往的纲领和策略原则以及自身积累起来的马列主义的理论修养，凭着对时局和周围事变发展进程敏锐的洞察力、判断力，从实际情况出发，善于总结经验教训，从战争中学习战争，从而能够分析、处理各种复杂的问题，特别是在革命的历史转折关头，能以无产阶级的坚定立场和革命胆略，制定出符合本地区实际情况的斗争策略和政策。

大家知道，反"清剿"斗争阶段是南方红军三年游击战争最主要的阶段，各游击区的游击队在反"清剿"斗争中，十分注重在实践中学习，注意从实际出发，探索出适应游击区特点的行之有效的正确的作战指导思想和游击战术。如红军游击队制定的反"清剿"原则。一是秘密原则：生火弄饭不出烟；说话要小心；进出不要留脚印；各机关无直接工作关系绝对不准往来。二是行军守则：行军时间要选择午夜；不走大路，专走山路、甚至是无路的地方，走水沟；过山坳最好从旁山爬过；随时注意路上所发现的迹象；夜行军要慢，免失联络，不准亮电筒；行军距离要短，尖兵须距离在10米开外；行军时禁止讲话。三是战备生活原则：睡觉不脱衣，武器不离身，东西时时要捆好；早饭要在天亮前吃完；白天隐蔽哨在天亮前派出；夜间要有夜哨等。这些各游击区从战争中学习、从战争实践中总结出来的通俗而有效的战术原则，对打破敌人的"清剿"，发挥了重大作用。

在总的战略方针上，各游击区也能从实际出发，适时进行转变。不仅在九路突围后，能适时地从正规战转到游击战、从苏区作风转到游击区作风上来，而且在西安事变后，全国上下一致要求抗日的大趋势下，能适时转变战略，共同推进抗日民族统一战线的形成。

南方红军三年游击战争的第一个转变，是由苏区工作方式到游击区工作方式的转变，由正规战转变到群众性的游击战争中来。转变的标志，一般是一次重要的会议。比如项英、陈毅在赣粤边召开的长岭会议，湘鄂赣的盖板洞会议，闽赣边的丝茅坪会议，等等，这些会议通过的方针，都是依靠群众，开展长期的群众性的游击战争。一部南方三年游击战争的历史，其实就是一部群众性游击战争的历史。依靠群众才能求得生存，依靠群众才最终取得了伟大的胜利！

1935 年冬，国民党已对赣粤边游击区实行了近三个月的"封坑"策略，把群众赶出山外，移民并村，企图将游击队困死饿死在大山之中，对游击队造成了很大的困扰。游击队员与群众联系不上，自然就买不到粮食和物资，也无法获取敌人的情报，但是这并不能阻止机智的人民群众利用各种土办法给游击队员送粮食和情报。大余县新城的地下联络站交通员董芳炎，他家开设了董和昌酒饭店，自己制酒卖。当他得知住在东坑、枫树湾一带的游击队没有粮食，便托山里的亲戚在挑酒糟回家时，把大米放在箩筐底层，上面再盖上满满的酒糟，这样就骗过了敌人，把米送到了游击队手里。

同年冬天，瑞金游击队小队长钟春山，带领胡承德等 4 名游击队员到兰田坑村侦察敌情，不料遭到国民党军队的包围。在村里，敌人强迫妇女认领自己的亲人，无人认领者就要被杀害。危急关头，李翠华等人冒着生命危险，将 5 位游击队员认作丈夫领回家，救了游击队员。

1936 年春，粤军对赣粤边发动大"清剿"，陈毅辗转来到池江彭坑打游击，后来腿伤复发，就在周篮家后山的一棵大松树下搭了一个简易的草棚住下。

周篮，原名周三娣，是彭坑的一名普通妇女，她机智勇敢、聪明能干，每天提个竹篮子，借口上山打猪草，冒着生命危险给游击队送粮、送饭、送情报，陈毅亲自给她取名叫周篮，游击队员们都亲切地称她周篮嫂。

为便于治疗陈毅的腿伤，周篮夫妇冒着全家被杀的危险，将陈毅带回家，藏在家中存放粮食的阁楼上，并用辣椒草、狗贴耳等草药治疗陈毅的腿伤，让伤口慢慢愈合了。陈毅高兴极了，夸周篮"是一位高明的医生"。

在陈毅养伤期间，国民党反动派不时地进坑"进剿"。一天傍晚，陈毅坐在周篮家屋背后的大树下看书，警卫员坐在旁边擦拭枪支。周篮嫂就在门口的池子里洗衣服，她家养的猪在院门口优哉游哉地溜达。突然，院门口的猪叫了一声，周篮嫂抬头一看，见十几个白狗子已经悄悄地进村了，眼看就要到家门口，回去通知已经来不及了，喊起来的话肯定会暴露目标。只见周篮嫂急中生智，顺手捡起一块石头，向院墙下的猪打去，边打边大声呵斥道："死猪、瘟猪，还不快走！兵老爷来了，一枪打死你！"陈毅他们一听，知道是敌人来了，迅速转移到后山，钻进树林藏了起来。晚上，陈毅回来后对周篮嫂竖起了大拇指："周篮嫂，你真有法子！当得一个诸葛亮哟！"

三年游击战争时期，像这样的故事数不胜数，甚至还有很多牺牲的群众连名字也没有留下。这些群众舍生忘死，对红军游击队的贡献是不可磨灭的。历经种种，陈毅感慨万千，思如潮涌，在《赣南游击词》中发自肺腑地写下：

> 靠人民，支援永不忘。
>
> 他是重生亲父母，
>
> 我是斗争好儿郎。
>
> 革命强中强。

三、南方红军三年游击战争精神的时代价值

当前，世界百年未有之大变局加速演进，世界之变、时代之变、历史之变的特征更加鲜明。传承弘扬三年游击战争精神，对于我们走好新的赶考之路，不断从胜利走向胜利具有极为重大的时代价值。

1. 走好新的赶考之路，要继续加强理想信念教育，坚定不移听党话、跟党走，沿着中国特色社会主义道路奋勇前进，这是实现中华民族伟大复兴的必由之路。

"心中有信仰，脚下有力量。"在南方三年游击战争时期，没有对革命充满必胜信心的坚定信念，是根本无法在如此艰苦的条件下坚持下来的。有些人经不住

国民党的诱惑迷失了自我，成为革命的叛徒，就是因为对革命胜利的前途没有信心，丢掉了初心，抛弃了信念。

回溯党的百年奋斗史，我们党之所以能够经受一次次挫折而又一次次奋起，归根到底是因为我们党有远大理想和崇高追求。在100年波澜壮阔的历史进程中，一代又一代中国共产党人顽强拼搏、不懈奋斗，谱写了气吞山河的英雄壮歌。事实有力证明，信仰信念任何时候都至关重要。

习近平总书记说："理想信念动摇是最危险的动摇，理想信念滑坡是最危险的滑坡。一个政党的衰落，往往从理想信念的丧失或缺失开始。我们党是否坚强有力，既要看全党在理想信念上是否坚定不移，更要看每一位党员在理想信念上是否坚定不移。"因此，在全面建设社会主义现代化国家的新征程上，我们要深刻认识到我们中国特色社会主义制度的优越性、文化的先进性、道路的前瞻性、理论的正确性，坚定四个自信，坚定理想信念，坚定不移开辟新天地、创造新奇迹。

2. 走好新的赶考之路，要继续发扬革命传统，敢于斗争，善于斗争，依靠顽强斗争打开事业发展新天地，以中国式现代化全面推进中华民族伟大复兴。

艰苦奋斗是中华民族的传统美德，是中国共产党人的传家宝。南方红军三年游击战争所体现出的艰苦奋斗精神具有永恒的时代价值，永远不会过时。

2019年3月5日，习近平参加十三届全国人大二次会议内蒙古代表团审议时强调：过去我们党靠艰苦奋斗、勤俭节约不断成就伟业，现在我们仍然要用这样的思想来指导工作。吃不穷、穿不穷，计划不到一世穷。党和政府带头过紧日子，目的是为老百姓过好日子，这是我们党的宗旨和性质所决定的。不论我们国家发展到什么水平，不论人民生活改善到什么地步，艰苦奋斗、勤俭节约的思想永远不能丢。艰苦奋斗、勤俭节约，不仅是我们一路走来、发展壮大的重要保证，也是我们继往开来、再创辉煌的重要保证。

实现中华民族伟大复兴是近代以来中华民族最伟大的梦想，实现这个伟大梦想是中国共产党自成立以来就肩负的历史使命。今天，虽然我们比历史上任何时期都更接近中华民族伟大复兴的目标，但在发展的航程里，四周依然风云诡谲，国际形势变幻莫测、国内发展任务繁重复杂。习近平总书记指出，"中华民族伟大复兴，绝不是轻轻松松、敲锣打鼓就能实现的。""我们党依靠斗争创造历史，更要依靠斗争赢得未来。"牢牢把握新时代中国共产党的历史使命，必须深刻认识新时代实现伟大梦想与进行伟大斗争、建设伟大工程、推进伟大事业之间的内在联系。党的二十大报告指出，前进道路上，必须牢牢把握五个重大原则，其中之一就是坚持发扬斗争精神。"增强全党全国各族人民的志气、骨气、底气，不信邪、不怕鬼、不怕压，知难而进、迎难而上，统筹发展和安全，全力战胜前进道路上各种困难和挑战，依靠顽强斗争打开事业发展新天地。"

3. 走好新的赶考之路，要继续贯彻群众路线，坚持人民至上，始终把实现好、维护好、发展好最广大人民根本利益作为一切工作的出发点和落脚点，不断满足人民对美好生活的向往。

马克思说，人民群众是历史的创造者。陈毅在回顾南方三年游击战争的经验时深有体会地说："敌人根本的致命伤，就是我们与群众相结合，敌人采用种种办法来对付我们，都是白搭。"这是南方三年游击战争取得胜利的根本原因。中国共产党的全部历史充分证明：谁把人民放在心上，人民就把谁放在心上。

习近平总书记指出：中国共产党根基在人民，血脉在人民，力量在人民。只有植根人民、造福人民，党才能始终立于不败之地。

十九届六中全会通过的《中共中央关于党的百年奋斗重大成就和历史经验的决议》总结了我们党成功的"十个坚持"的历史经验，其中第二条就是"坚持人民至上"。习近平总书记反复强调，人民是历史的创造者，是决定党和国家前途命运的根本力量。江山就是人民，人民就是江山。中国共产党领导人民打江山，守江山，守的是人民的心。2019年他到江西赣州考察时语重心长地说："现在国家发展了，人民生活变好了，我们要饮水思源，不要忘了革命先烈，不要忘了党的初心和使命，不要忘了我们的革命理想、革命宗旨，不要忘了我们中央苏区、革命老区的父老乡亲们。"

同志们，雄关漫道真如铁，而今迈步从头越。在新的赶考之路上，让我们更加紧密地团结在以习近平同志为核心的党中央周围，传承南方红军三年游击战争留下的宝贵精神财富，以"功成不必在我"的精神境界和"功成必定有我"的历史担当，踔厉奋发、勇毅前行，为全面建设社会主义现代化国家，以中国式现代化全面推进中华民族伟大复兴而团结奋斗！

点评：该课程理论性强，层次分明，对人们深入学习领悟南方红军三年游击战争的精神内涵及时代价值有很好的帮助作用。

★ 中央苏区的廉政建设及其当代启示

◎**内容提要**　本课程全面介绍中央苏区的廉政建设，增强我们党员、领导干部的历史自觉、历史自信、历史主动，从而深刻把握新时代全面从严治党永远在路上、党的自我革命永远在路上的时代要求，坚定不移全面从严治党，深入推进新时代党的建设新的伟大工程。

◎**主创人员**　方良平　中共赣州市委党校科技文史教研室副主任、副教授

党的百年历史就是一部不懈奋斗的历史，也是一部不断自我净化、自我完善、自我革新、自我提高，保持党的先进性和纯洁性的历史。在新民主主义革命28年的历程中，就时间方面来说，中央苏区就占了四分之一的时间。我们作为赣南这片红土地上的干部，我们要去学学中央苏区史，正如习近平总书记所说，学史明理、学史增信、学史崇德、学史力行！

习近平总书记在2019年5月考察江西时说过，"赣南等原中央苏区是中国共产党最重要的治国理政试验田，共产党人的文韬武略都在这里试验过、预演过"。1934年9月，苏维埃中央审计委员会在审计中央各部5月至8月的经费开支后，曾发布过一份审计报告，得出这样一个结论："我们可以夸耀着：只有苏维埃是空前的真正的廉洁政府。"

今天我主要和大家来分享三个方面的内容，一是中央苏区廉政建设的历史背景；二是中央苏区廉政建设的主要举措；三是中央苏区廉政建设的当代启示。

一、中央苏区廉政建设的历史背景

（一）中央苏区时期腐化现象

我们大家都知道有一首歌叫"苏区干部好作风"，这首歌至今都广为传唱，歌词是这样的："苏区干部好作风，自带干粮去办公，日着草鞋干革命，夜打灯笼访贫农"，生动形象地反映了当时苏区干部勤政为民、廉洁奉公、无私奉献、艰苦奋斗的良好作风。正是因为苏区的干部是这样的工作作风，所以才造就了"苏维埃政府才是空前的真正的廉洁的政府"。但是也还存在着一些腐化现象。虽然是一些非主流现象，但是表现在以下几个方面：

1. 贪污现金，侵吞公物

《红色中华》刊登了这样一件事，会昌罗塘区苏的工作人员，因为伙食费分钱不多，就把打土豪罚款的零头拿出来，当伙食尾子给分了，比如罚款55元，50元归政府，5元当作伙食尾子给分了。这是典型的贪污现金、侵吞公物的现象。

《红色中华》报

2. 随意开支，浪费严重

《红色中华》里就曾经报道过这样的事例，有一个区政府每月的信封用了二千九百个，吃人丹一个人一天吃了八包。还披露过江西省政治保卫分局，做一面镜子就花了九块多大洋，两根手枪丝带，用去了一块二毛四。这些都是典型的"随意开支，浪费严重"的表现。

3. 违规经商，徇私舞弊

这典型的案例发生在于都县苏，有的干部在县苏主席的带领下私拿公款，做生意，"于都县城市区苏三个主席九个部长就有三个主席六个部长都是做投机生意的"。

4. 生活腐化，贪图享乐

比如，门岭县洞头区军事部长，手上金戒指、金手表样样都有，吃饭时点名要吃洋参炖鸡，一顿饭花去公款十几元。他在欢迎 13 名士兵完成任务归来时，即摆了七八桌酒席，借机大吃大喝。

5. 官僚主义，滥用职权

有的政府干部他们并没有掌握工作的正确方式方法，而是利用自己的身份随意发布各种命令，强迫群众从事各种义务劳动。如万泰县苏有的干部坐在办公室里，"今天发一个'命令'，明天发一个'训令'，后天发一个'通令'，但是始终不肯下到下面去调查一下，了解事情的真相"。这种官僚主义的作风，必然导致命令主义发生，必然会导致干群关系恶化。

（二）中央苏区时期腐化现象产生的原因

按道理苏维埃工农民主政府，是中国共产党领导的，是不同于一切剥削阶级的新型政权，保持为政廉洁，杜绝腐败现象，本是工农民主政权的显著特点。为什么苏维埃政权机关中还有种种腐化现象出现呢？主要原因有下面三个方面：

一是落后思想使人"想腐"

从发生学的角度来看腐败，腐败的产生离不开三个核心要素，即权力的占有、腐败的动机、腐败的机会。当占有权力的人在腐败动机驱使之下抓住可乘之机就会越轨贪污、滑向腐败。在 1929 年，毛泽东就《关于纠正党内错误思想》中指出："党内种种不正确思想的来源，自然是由于党的组织基础的最大部分是由农民和其他小资产阶级出身的成分所构成的。"毛泽东在《古田会议决议》还提到："总是希望队伍开到大城市去。他们要到大城市不是为了去工作，而是为了去享乐。他们最不乐意的是在生活艰难的红色区域里工作。""不耐烦和群众在一块作艰苦的斗争，只希望跑到大城市去大吃大喝。"所以说，落后思想使人想腐。

二是制度漏洞使人"能腐"

制度的缺位、不健全会给腐败分子提供了可乘之机。一方面是执政经验的欠缺和动乱战争环境等因素的影响，难免使制度建设跟不上复杂多变的革命形势；另一方面是政治体制存在的弊端为贪污腐化的产生提供了条件。在当时党内"左"倾错误路线的影响下，由于是高度集中的政治体制，必然导致家长制和专断专权，极易产生苏维埃工作人员的官僚腐化现象。处于土地革命战争时期，狂风暴雨般的阶级斗争，革命队伍中难免鱼龙混杂，不少动机不纯的分子趁机混进了革命队伍和苏维埃政府中。他们参加革命的目的不是为了为人民服务、为了共产主义的实现，而只是为了一己私利，把利用职权谋取好处误认为是革命带来的收益。他们是腐败现象的高发人群，给党和苏维埃政府造成了不良影响。

所以说，腐败既与个人的主观因素有关，也与制度刚性约束的缺位有关。所以说，制度漏洞使人能腐。

三是监督缺失使人"敢腐"

没有制约的权力是危险的。如果说制度约束的缺位是滋生腐败的罪魁祸首，那么监督的缺失便是外力助推腐败的次要诱因。处于初创时期的苏维埃红色革命政权之所以存在腐败，一个重要原因在于监督制约的缺失。同时受"左"倾路线的影响，也出现了以党代政的现象。所以说新生政权在权力监督制约方面的短板与监督力度的薄弱使人敢腐。

（三）中央苏区时期腐化现象的危害

上面所提到的这些腐败情形，虽然只是个别现象，但给新生的红色政权带来了严重的危害。1930年到1933年间，蒋介石对中央苏区进行了5次"围剿"，中央苏区除了处在国民党的军事包围之中外，还受到国民党经济封锁，粮食、药品、盐、布等基本生活物资非常匮乏。赣南、闽西又是属于经济落后的山区，经济基础本身就十分薄弱，又不断处在战争环境中，中央苏区苏维埃政府对人民的依赖程度是越来越深。而有的苏维埃干部贪污腐败，肆意浪费、官僚主义、命令主义的行为就一定会加重了人民负担，严重影响党群关系，腐蚀了干部队伍，一定程度上也影响了红军的战斗力。有些地方严重的官僚主义导致发生了群众不信任苏维埃政府的现象，甚至还发生了"群众大批逃跑，甚至武装反水去充当土匪，或逃往白区"这样的事情。所以说，在这种险恶的环境中，党的工作人员任何腐败行为都可能导致生存危机，都违背了中国共产党人的初心和使命，都不符合我们的信仰信念，我们的革命目标。

二、中央苏区反腐倡廉建设的主要举措

毛泽东指出："当着国民党贪官污吏布满全国，人民敢怒而不敢言的时候，苏维埃制度之下，则绝对不允许此种现象，苏维埃工作人员如果发现了贪污腐化、消极怠工以及官僚主义的分子，民众可以立即揭发这些人员的错误，而苏维埃则立即惩办他们，决不姑息。"

苏维埃临时中央政府面对前面所说的种种贪污腐败现象，必须采取强有力的治理措施，否则就有可能会亡党。当时的临时中央政府主要是从构建廉政建设的组织机构、建立和健全各项规章制度和大案要案的查处等三个方面来打击和遏制中央苏区出现的贪污腐败、铺张浪费等现象。

（一）构建廉政建设的组织机构

1. 党组织内设立监察委员会

早在 1927 年的时候，中央政治局就在党内设立了监察委员会，由于国民党反革命政变的破坏，监察委员会没有发挥其作用，但是监察委员会的设立为中央苏区监察机构的继承和发展奠定了基础。

1933 年 9 月，为了防止党员干部违法乱纪和贪污腐败行为的发生，在中央苏维埃设立了党务委员会，同时在县级苏维埃成立监察委员会。中央党务委员会和地方监察委员会主要负责维持党内纪律，执行党的政策方针，监督党员干部的工作和作风，监察党内一切违法犯罪、官僚主义以及腐化现象等。中央党务委员会和地方监察委员会所做出的决议，须分别报经中央、省和县委批准执行。

2. 政府内部设立工农检察部

工农检察部是在政府机关设立的，是代表工农和城市贫民对国家机关及其公职人员进行检查和监督的机构，它是在 1931 年 11 月第一次全国苏维埃代表大会

通过成立的，受同级执行委员会及其主席团的指挥，同时受上级工农检察机关的命令。

在中央苏维埃政府设立工农检察部，在地方苏维埃政府设立工农检察科，共同组成政府检察机关。各级工农检察机关的主要任务包括监督、建议、起诉。

3. 团组织设立"轻骑队"

受中央苏维埃政府的命令，共青团组织在 1932 年 7 月设立了"轻骑队"，共设正、副队长两名，负责检查政府、企业、合作社的贪污腐败、官僚主义和消极怠工等行为。轻骑队的检查方式是公开透明的，不需要向上级汇报就可进行突击检查，但是轻骑队只有检查权，没有决定权，对有关违法犯罪分子须上报苏维埃政府，进行依法处决。

（二）建立和健全各项规章制度

邓小平同志强调："制度好可以使坏人无法任意横行，制度不好可以使好人无法充分做好事，甚至走向反面。"

中央苏区时期，大力倡导制度建设，以制度的刚性，保障政府清正廉洁。

一是建立人民民主制度

"一苏大会"通过的《中华苏维埃共和国宪法大纲》，用国家根本大法的形式，规定了在苏维埃政权领域内，所有工人、农民、红军及一切劳苦民众和他们的家属，不分男女民族宗教，凡在 16 岁以上都有选举权和被选举权。还规定，苏维埃是工农劳苦群众自己管理自己的生活机关，这就让老百姓知道苏维埃就好比是自己的家一样。中央苏区建立了民主选举制度、市乡的代表会议制度，规定了民众享有集会、结社、出版、言论自由等权利。

二是建立和健全法规制度

中央苏区时期先后颁布了《政府工作人员惩办条例》《工农检察部的组织条例》《工农检察部控告局的组织纲要》等 120 多部法规条例。《政府工作人员惩办条例》明确规定了三种惩罚办法：撤职、撤职并剥夺选举权和被选举权、枪决。为惩治贪污腐败行为，1933 年 12 月 15 日，毛泽东以中央执行委员会主席的名义签署了中央苏区时期极为重要的一部反腐法令，也是中国共产党历史上第一部反贪法规《关于严惩贪污浪费行为——中央执行委员会第二十六号训令》，规定："凡苏维埃机关、国营企业以及公共团体的工作人员利用自己的地位贪污公款以图私利者，依下列惩罚办法处理：（甲）贪污公款在500元以上者，处以死刑。（乙）贪污公款在300元以上500元以下者，处以2年以上5年以下监禁。（丙）贪污公款在100元以上300元以下者，处以半年以上2年以下监禁。（丁）贪污公款在100元以下者，处以半年以下的强迫劳动。"26号训令里对于各种贪污浪费以及经济渎职行为作了明确具体的规定，为司法机关对贪污腐败犯罪的审判量刑提供了法律依据，使工农检察委员会惩治贪污腐败分子有法可依，从而走向了法治化反腐的道路。

三是建立统一的财政制度

中央苏区在财政上一开始没有形成统一的制度，造成各自为政的混乱局面。比如说1932年9月，财政人民委员部第六号训令中就提到："过去各级政府各自为政，私打土豪，私自开支，有些地方……下级埋伏短报，上级提款不动，各级财政收支也不照系统，少先队、独立团、游击队，以及过境红军都可以自由向当地政府提款，政府也不拒绝。"这样必然就会发生贪污浪费现象。为了减少浪费现象的出现，防止党员干部贪污腐败，苏维埃政府制定了《暂行财政条例》。条例规定实行"收支两条线"，明确了财政部门工作人员的职责和界限，建立了明确的上下级隶属关系。这是苏维埃政府颁布的第一部有关财政的条例，为苏维埃政府以后着手制定各项财政制度做了铺垫。

1932年，中央财政部明确规定，对任意挪用公款者给予严厉的批评和处决，凡是不按照暂行财政条例办事的部门或个人，中央财政部审批一律不通过，不准给一个钱。同时，中央苏区制定了预决算制度、税收制度、会计制度、审计制度和国库制度。

四是建立党政监督制度

在共产国际执委会的影响下，中央苏区建立了党政监督制度，对中央苏区各

级党政机关工作人员进行监督。党政监
督包括两部分：党内监督和政府监督。

　　党内监督主要包括两方面：一是通
过基层党组织的力量，定期组织党员干
部参加民主生活座谈会，在党的内部开
展批评与自我批评。二是加强党的纪律
建设，制定各种党规党纪以监督和制约
党员干部,加强党员干部对党章的学习，

苏区方便群众监督的控告箱

强化为中央苏区人民群众服务的思想,让党员干部深刻认识到党纪国法的威严性，
使他们不想腐、不敢腐。

　　政府监督也是包括两个方面：一是从中央苏维埃到地方苏维埃各级政府都建
立工农检察部和检举委员会。二是上级政府机关不定期派出巡视员或检查团，突
击检查下级政府的工作情况，这是苏维埃政府检察机关的主要工作方式。此外，
党内巡视制度也是中央苏区时期监察制度不可或缺的一部分。还有群众监督体系：
突击队、轻骑队、控告局、控告箱、工农通讯员、群众法庭、专门检察委员会等。

　　党政监督制度的建立，在中央苏区廉政建设工作中发挥了积极的作用。从
1932 年 9 月到 1934 年 2 月，中央工农检察部先后组织了四次集中检查，主要对
党内机关和政府机关的贪污腐败的党员干部进行检查，查处了一大批贪污腐败、
欺诈百姓、违反党纪国法的分子。党政监督制度保证了中央苏区党员干部保持艰
苦朴素、廉洁奉公的品德，防止了贪污腐败、违法乱纪等消极腐化思想。

五是建立新闻舆论监督制度

　　中央苏区时期各级政府、社会团体和军队所办的报刊有上百种，这些媒体成
为监督政府的有力武器。其中，影响最大的有《红色中华》《红星》《斗争》《青
年实话》等报刊。这些报刊，专门设置了相应的板块，好的事情就上红榜表扬，
不好的、负面的行为也上相应的"轻骑队""铁锤""突击队"等板块进行点名批
评。比如 1932 年 9 月 27 日第三十五期《红色中华》报，刊有一篇《这样的区苏

维埃政府主席不要滚出去吗？》的文章，批评龙岩东肖区苏维埃政府主席包庇造谣的反革命分子。

六是建立编制供给制度

为了避免机构臃肿、人浮于事，保证公职人员保持艰苦朴素廉洁奉公的品德，中华苏维埃共和国在廉政建设方面的一个重要举措就是统一规定了各级苏维埃机构人员编制和人员生活待遇。比如《地方苏维埃政府的暂行组织条例》规定：乡苏维埃政府只配不脱产工作人员 3 人，区苏维埃政府 15 人，县苏维埃政府 25 人，省苏维埃政府 90 人。可见，苏维埃各级政府普遍人少事多任务重，根本没有"不必要的工作人员"。

另外，《闽西苏维埃政府组织法》规定各级政府办事人员每月伙食不得超过 4 元 5 角，零用钱每月暂定大洋 2 元。

（三）大案要案的查处

苏维埃中央政府一成立，就将反腐肃贪作为一项严重斗争任务列入议事日程，采用铁腕手段，零容忍的态度，对揭露出来的贪污腐败案件，予以坚决查处和公开曝光。从 1932 年 4 月至 1934 年 3 月，苏维埃中央政府和江西省苏维埃政府先后查处了 5 起贪污腐败大案要案，同时还查处了一批其他贪污腐败案件，引起极大震动，也充分展示了党和苏维埃政府反腐肃贪的决心：

（1）谢步升案——打响临时中央政府成立后中共反腐第一枪

（2）钟圣谅、钟铁青案——中央苏区第一起被判处重刑、极刑的书记县长

（3）左祥云案——中央苏区反腐败斗争中第一个被处决的处级干部

（4）瑞金系列案——中央苏区轰动一时的"京城"巨贪案

（5）于都事件——中央苏区首次查处的领导干部"塌方式"腐败案

三、中央苏区廉政建设的当代启示

习近平总书记说："腐败是社会毒瘤，如果任凭腐败问题愈演愈烈，最终必然亡党亡国，我们党把党风廉政建设和反腐败斗争提到关系党和国家生死存亡

的高度来认识，是深刻总结了古今中外的历史教训的。""历史是最好的教科书。"
中央苏区的反腐倡廉建设是中国共产党局部执政的一次有益探索，是保持初心，
继续前进的有效实践。虽然说中国共产党早已由一个局部执政的政党成长为全面
执政并将长期执政的政党，但是世情、国情、党情也发生了深刻的变化，历史的
经验我们不能忘，历史的经验我们更应该去借鉴，特别是在正风肃纪反腐这个问
题上。全面从严治党永远在路上，党的自我革命永远在路上，一体推进不敢腐、
不能腐、不想腐的当下，中央苏区反腐倡廉建设的经验更具有现实启示意义。

（一）必须坚持党的领导

中央苏区时期，廉政建设始终是在党的领导下进行的。

比如说1928年《巡视条例》的制定，就是要使上级党部的所有策略方针，"能
够彻底地传到下级党部以至每个同志的脑中，并且正确地运用到实际工作上去"。
1931年《中央巡视条例》制定的初衷，也同样是为了使中央苏区各级党部制定
的方针、政策能够在下面得到认真贯彻执行，保证党各项革命工作得以顺利完成。

苏区党和政府通过开展巡视活动，增强了广大苏区党员遵守政治纪律和政治
规矩的自觉意识，促进了党的路线、方针、政策的贯彻落实，坚定了广大党员干
部的理想信念，强化了"一心为民"的执政理念和廉洁自律意识，做到"正人先
正己"，在广大苏区民众面前树立了共产党员的光辉形象，营造了风清气正的执
政环境，使苏区民众从最初认可党员，到拥护共产党，再到对党建立的苏维埃政
权的认同。

苏区各级党组织普遍注意加强党员的思想政治教育，使全体党员干部始终具
有坚定的共产主义信念，树立了为人类彻底解放，为共产主义奋斗终生的远大理
想。每一个共产党员入党后，都知道共产党员必须"无产阶级化"。"无产阶级化"
就是共产党人不为自己谋私利，专为穷人谋利益，必须真心实意为革命事业、为
群众利益而斗争，贡献自己的一切，直至自己的鲜血和生命。中央苏区各级苏维
埃举办了各种训练班和学校，还相继创办了马克思共产主义学校，即中央党校、
红军学校、苏维埃学校以及其他干部学校。学校开设了马列主义基本原理、党的

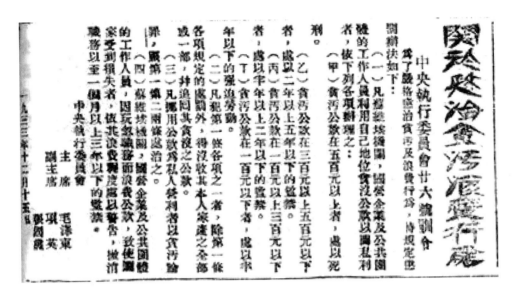

中央执行委员会 26 号训令《关于惩治贪污浪费行为》

建设、苏维埃建设等课程，同时还编印了党员教育材料，充实了关于党的纪律的内容，运用典型事例教育党员，逐步提高了广大党员干部和普通战士的政治觉悟。

正是在党的领导下，苏区开展各项建设都始终"注意群众生活的问题"，党员干部始终保持着清正廉洁、一心为民的作风，深得群众支持和拥护，老百姓由衷地说："共产党真正好，什么事情都替我们想到了。"

（二）必须加强制度建设

中央苏区的廉政建设紧紧抓住制度建设这个环节，努力构建政治、经济、法治等方面的制度框架，努力推动廉政建设制度化。建立健全各项制度，形成了一套国家治理体系，是中央苏区廉政建设的根本保证。制度具有严肃性、根本性和稳定性。制度一旦建立，党政机关都要按照制度办事，遵守各项规章制度。1932年7月，在苏维埃政府的第14号训令中明确规定："对苏维埃贪污腐化分子，各级政府一经查出，必须给以严厉的纪律上的制裁。"建立了苏维埃代表会议制度、巡视制度、检察制度，建立了统一的预决算制度、会计制度、审计制度、国库制度，还颁布了我党历史上第一部反贪法规——中央执行委员会第26号训令《关于惩治贪污浪费行为》，这些制度，对贪腐分子起到了极大的威慑作用。党的十八大以来，习近平总书记特别强调，要"把权力关进制度的笼子里，形成不敢腐的惩戒机制、不能腐的防范机制、不易腐的保障机制"。

（三）必须坚持全面监督

党要管党，全面从严治党，从其实践性上来看，全面从严治党的主体首先要保持清正廉洁，这是中央苏区时期中央管党治党的前提所在。在中央苏区时期，虽然少数地方领导干部存在贪污腐化行为，有的程度甚至非常恶劣，但是，高层领导集体保持了清正廉洁的风气和作风，所以，其对各级党组织和全体党员提出严格自我管理的要求，才能得到全体党员发自内心的拥护和支持。

严惩腐败行为，提升全面从严治党的震慑力。中央苏区时期，为了狠狠刹住各种歪风邪气，确保党员干部队伍的纯洁性，全面从严治党的一大法宝就是从重从严惩处各种贪污腐化行为，使得党员干部不敢腐、不能腐、不想腐。中央苏区时期，党和苏维埃政府深刻认识到"贪污和浪费是极大的犯罪"，非常重视对党员干部的工作及生活作风的监督，相关处罚之严厉令人生畏。1932年7月，苏维埃临时中央政府发布《关于战争动员与后方工作》的训令，要求各级苏维埃政府一经查出贪污腐化分子"必须给以严厉的纪律的制裁"。1933年12月15日，苏维埃临时中央政府中央执行委员会颁布《关于惩治贪污浪费行为》的训令，规定贪污500元以上者处以死刑。从1932年5月判处叶坪村苏主席谢步陞死刑，到1934年3月，不到两年时间，先后查处钟圣谅、钟铁青、左祥云、唐仁达以及于都事件，判处死刑的既有村苏主席，也有县委书记，在中央苏区广大党员领导干部中起到了非常大的震慑作用。

中央苏区时期，还构建了一套全面、长效的监督机制，其中包括党内监督、政府监督、舆论监督、群众监督、法制监督等，共同构成了立体监督体系。还实行了全过程监督:《中华苏维埃共和国的选举细则》规定，选民有监督权、罢免权、改选权、召回权。代表"若不执行自己职务，有违犯人民的付托，或做犯法行为的时候，城市或乡苏维埃得开除之，选民也有召回该代表之权"。全面监督的有效实施，为各级干部廉洁自律营造了一个良好的外部环境，使廉洁自律在苏区干部中蔚然成风。

（四）必须坚持依靠群众

中央苏区时期的廉政建设紧紧依靠群众的力量，取得突出成效。

"一苏大会"通过的《中华苏维埃共和国宪法大纲》规定，苏维埃是工农劳苦群众自己管理自己生活的机关。

中央苏区时期，毛泽东等老一辈无产阶级革命家充分认识到了人民群众在反腐倡廉建设中的作用。"人民群众才是真正的铜墙铁壁"。《红色中华》报在其发刊词中就明确其工作任务包括"引导工农群众对于自己的政权，尽了批评，监督，拥护的责任"。毛泽东指出：苏维埃必须吸引广大民众对于自己工作的批评与监督。每个革命民众都有揭发苏维埃工作人员的错误和缺点之权。毛泽东要求"每个共产党员对争取群众的观念，要如和尚念'阿弥陀佛'一样深刻，随时都要叨念'争取群众'"。1933 年毛泽东认为官僚主义实质上是背离党性、脱离群众、脱离实际，就指出："要把官僚主义这个极坏的家伙抛到粪缸里去。"1932 年 3 月，苏维埃临时中央政府副主席项英发表了《反对浪费、严惩贪污》的文章，号召工农群众联合起来，共同反对各级苏维埃政府工作人员贪污腐败、铺张浪费现象，驱逐各级苏维埃政府中违法犯罪分子出政府。

1933 年，《红色中华》发表社论，号召中央苏区全体政府工作人员和广大人民群众，坚决同贪污腐败、铺张浪费行为作彻底斗争。

1934 年，中央工农检察委员会下达了《怎样检举贪污浪费》，对人民群众进一步开展检举运动做出了详细的规定和指导。同时鼓励广大人民群众积极参与检举运动，及时揭发存在违法犯罪行为的党员干部。

毛泽东深刻指出："人民，只有人民，才是创造世界历史的动力。"苏区时期，各级检察机关都设立了控告局、控告箱、群众法庭等。依靠有效的群众监督，形成无处不在的监督网，使得腐败分子无处藏身。习近平总书记强调："赢得人民信任，得到人民支持，党就能够克服任何困难，就能够无往而不胜。"这就要求深入推进反腐败斗争必须紧紧依靠人民群众的参与和支持。这是中央苏区廉政建设的又一条重要的当代启示。

（五）必须坚持敢于斗争

中央苏区时期，面对侵蚀党的健康肌体的腐败现象，苏维埃临时中央政府以零容忍态度，从1932年2月至1934年10月，开展了一场轰轰烈烈的反腐败斗争，使得党员干部不敢腐、不能腐、不想腐。铁心硬手反腐败，充分体现出中国共产党人敢于斗争的鲜明政治品格。

比如说钟圣谅、钟铁青案。他们两个人，都是革命时间早，而且群众号召力也强的干部，可以说，是不但有功劳还有苦劳的人。但是，中国共产党人，既敢于斗争，又善于斗争，很快就查处了他们两人的问题，给广大苏区群众一个满意的答卷。

中央苏区的廉政建设，为中央苏区各项事业发展提供了重要保障，也为苏区干部好作风的形成提供了重要基础。1934年9月，中央审计委员会得出"我们可以夸耀着：只有苏维埃是空前的真正的廉洁政府"的结论，就是在这样的环境下取得的。

党的二十大强调：全面从严治党永远在路上，党的自我革命永远在路上。当前，我国进入了全面建设社会主义现代化国家新征程，我们要从党的百年历史中，包括从中央苏区史中汲取反腐倡廉的历史经验，时刻保持解决大党独有难题的清醒和坚定，与时俱进推进党风廉政建设，以党的伟大自我革命引领伟大社会革命。

点评：该课程坚持以习近平新时代中国特色社会主义思想为指导，政治导向正确，从历史背景、主要举措、当代启示三个方面对中央苏区廉政建设进行了比较系统的阐述，内容比较准确，有一定的深度，总结的五点启示为当下廉政建设提供了很好的借鉴。

★ 办好中国的事情关键在党

◎**内容提要** "没有共产党就没有新中国"，办好中国的事情关键在党。正是在中国共产党坚强领导下，中国红色政权从无到有、从局部执政到全国执政、从全国执政到长期执政，走过了艰辛而又光辉的历程。本课程着力以政权建设为视角深入阐述办好中国的事情关键在党，立足赣南原中央苏区，借助毛泽东同志关于《中国红色政权为什么能够存在？》的深刻分析，揭示以毛泽东同志为代表的中国共产党人何以在四周白色恐怖的包围中建立起第一个全国性红色政权并发展壮大的内在逻辑，深入阐述红色政权的建立、发展、壮大关键在党。

◎**主创人员** 程小强 赣南师范大学马克思主义学院博士、副教授

习近平总书记在党的二十大报告中明确指出："全面建设社会主义现代化国家、全面推进中华民族伟大复兴，关键在党。"

"关键在党"，重若千钧。站在赣南苏区红土地上，遥想当年艰苦卓绝的革命斗争，正是因为有了党的坚强领导，才有了红色政权的创建发展，才有了党领导和管理国家政权、学会治国安民艺术的伟大预演，揭开了"创造中国新社会的序幕"。

瑞金中央革命根据地纪念馆

今天，我们就以"红色政权为什么能够存在"这一时代之问，来深刻感悟习近平总书记强调的"关键在党"的历史结论。所以，我今天带来的课程名称就是"办好中国的事情关键在党——红色政权为什么能够存在的历史回答"。

2019年5月20日，习近平总书记在江西赣州考察时指出，"上世纪二三十年代，赣南等原中央苏区是中国共产党最重要的治国理政试验田，共产党人的文韬武略都在这里试验过、预演过"。那么，在这片红色土地上蕴藏着中国共产党人怎样的智慧和韬略呢？接下来，我们就按照总书记的指示，"从瑞金开始追根溯源，深刻认识红色政权来之不易、新中国来之不易、中国特色社会主义来之不易"，深刻领会中国红色政权为什么能够存在的内在逻辑。

一、历史质疑：红旗到底能打多久？

赣南，素有"红色故都""共和国摇篮"之美誉。瑞金，是中国第一个全国性红色政权——中华苏维埃共和国临时中央政府的诞生地。以瑞金为核心的中央革命根据地是在朱毛红军从井冈山下山、辗转赣南闽西的革命斗争实践中开辟形

中华苏维埃临时中央政府大礼堂。1934 年 1 月 21 日，中华苏维埃第二次全国代表大会在此开幕

成的。由于蒋介石反动集团发动对井冈山的"进剿""会剿"，井冈山的斗争异常艰苦，红军中一度产生了"红旗到底能打多久"的质疑。正如毛泽东指出的，"在对于时局的估量和伴随而来的我们的行动问题上，我们党内有一部分同志还缺少正确的认识"。为此，毛泽东运用马克思主义观点方法对中国革命进行了深刻分析，科学论证了红色政权在中国存在和发展的条件。可见，当人们对中国革命前途心生怀疑甚至是失望之时，毛泽东看到的却是希望，指出中国革命犹如星星之火，必成燎原之势，"它是站在海岸遥望海中已经看得见桅杆尖头了的一只航船，它是立于高山之巅远看东方已见光芒四射喷薄欲出的一轮朝日，它是躁动于母腹中的快要成熟了的一个婴儿"，用诗一般的语言表达了对中国革命必胜的信心和信念。

　　然而，这份信心和信念并非望梅止渴，更不是盲目乐观，而是有着坚实的基础。对此，毛泽东明确指出，"在四周白色政权的包围中，有一小块或若干小块红色政权的区域长期地存在，这是世界各国从来没有的事。这种奇事的发生，有其独特的原因。而其存在和发展，亦必有相当的条件"，他从必要条件和关键条件两个方面进行了深入论述。

二、必要条件：相当力量的正式红军的存在

　　"相当力量的正式红军的存在，是红色政权存在的必要条件"。然而，"谁是我们的敌人？谁是我们的朋友？"面对这个中国革命的首要问题，毛泽东比较早地认识到农民在中国革命中的伟力。早在北伐战争伊始，为了支持正在兴起的农民运动，驳斥党内外对农民运动的种种责难，毛泽东在调查研究的基础上写下的《湖南农民运动考察报告》中就指出，"打翻这个封建势力，乃是国民革命的真正目标。孙中山先生致力国民革命凡四十年，所要做而没做到的事，农民在几个月

瑞金沙洲坝甘甜的红井水滋养了一代又一代人

内做到了，这是四十年乃至几千年未曾成就过的奇勋"，而且进一步说道，"农民问题乃国民革命的中心问题，农民不起来参加并拥护国民革命，国民革命不会成功；农民运动不赶速地做起来，农民问题不会解决；农民问题不在现在的革命运动中得到相当的解决，农民不会拥护这个革命"。所以，如何发动广大农民积极参与到革命中，建立巩固的工农联盟，这是摆在当时中国共产党人面前亟待解决的重要政治问题和军事问题。

为此，朱毛红军在辗转赣南、闽西的革命斗争实践中，紧紧抓住"中国革命的首要问题是农民问题，农民问题的关键是土地问题"等主要矛盾，开展轰轰烈烈的土地革命，打土豪，分田地，实现了千百年来中国农民对于土地的迫切渴求；进行治国理政的伟大预演，建政立国，执政为民，"真心实意地为群众谋利益"。如果说打土豪分田地、促进经济发展等是在物质上解放人民的话，那么，我们党创造性地领导苏区政治、文化、教育等各项事业，则是在精神上解放人民，广大苏区民众感慨地说道："共产党真正好，什么事情都替我们想到了。"

中国共产党为人民打天下，为人民治国家，赢得了广大人民群众的热情拥护和大力支持。苏区人民在极其艰难的条件下，倾其所有，把最后一碗米、最后一尺布、最后一块银圆都奉献出来支援红军、支

毛泽东同志在寻乌调查后撰写了著名的《调查工作》，后改名为《反对本本主义》

持革命，真正做到了红军需要什么，苏区人民就奉献什么。"八子参军""马前托孤""满门忠烈"的英雄故事感天动地；"死到阴间不反水，保护共产党万万年"的铮铮誓言历久弥坚，构筑起了战胜敌人的"真正的铜墙铁壁"，孕育形成了群众路线这一党的生命线和根本工作路线，成为我们党赢得胜利、取得成功的内在奥秘。

人民的支持就是强大的力量。这本身就是中国共产党组织的有力量和它的政策的不错误的具体体现。那么，如何把长期处在农村游击战争环境下以农民为主要成分的政党和军队建设成为无产阶级政党和人民军队，就更加需要共产党组织的有力量和它的政策的不错误，这是确保中国红色政权能够长期存在和发展的关键条件。

三、关键条件：共产党组织的有力量和它的政策的不错误

我们党是由一个个鲜活的党员组成的。而人非圣贤，孰能无过，如何确保党组织永葆先进性和纯洁性、始终走在时代发展前列？如何确保党组织所制定出来的路线、方针、政策是正确的？其中的奥秘又是什么？

中央苏区时期，面对党内右倾、"左"倾等错误路线，以毛泽东同志为代表的中国共产党人大声疾呼，"无产阶级要取得胜利，就完全要靠他的政党——共产党的斗争策略的正确和坚决"。那么，如何确保共产党斗争策略的正确呢？这就必须把马克思主义与中国实际结合起来，让"中国同志了解中国情况""注意社会经济的调查和研究"，毛泽东提出了"没有调查，没有发言权""不做正确的调查同样没有发言权"的著名论断。而且毛泽东还率先垂范，深入寻乌、兴国、长冈乡、才溪乡等地开展调查研究，为制定党在民主革命中依靠谁、团结谁、打击谁的正确路线指明了方向、奠定了基础。

面对红四军党内存在的极端民主主义、个人主义、绝对平均主义、流寇主义等的各种非无产阶级错误思想，毛泽东指出，"不提高党内政治水平，不肃清党内各种偏向，便决然不能健全并扩大红军，更不能负担重大的斗争任务"，他倡

导深入开展党内教育，确立"思想建党、政治建军"的基本原则。同时，"在组织上厉行集中指导下的民主生活"，将正确开展党内批评与自我批评看作"坚强党的组织，加增党的战斗力的武器"加以重视和广泛开展。一系列举措的实施，为坚强党的组织、确保党的政策的不错误，提供了强有力的保障。

回望红色政权的不平凡历程，历史的昭示清晰可见。"没有共产党，就没有新中国"。办好中国的事情，关键在党。从瑞金到北京，从红都到首都，从局部执政到全国执政，从全国执政到长期执政，中华人民共和国成立70多年来，中国共产党始终不忘初心、牢记使命，团结带领全国各族人民创造了一个又一个彪炳史册的人间奇迹：救国、兴国、强国，中华民族迎来了从站起来、富起来到强起来的伟大飞跃。历史和实践充分证明：只有中国共产党才能领导中国，才能引领中国走向繁荣富强、全面建成社会主义现代化强国、实现中华民族伟大复兴。作为新时代的红色传人，就是要自觉听党话、跟党走，传承红色基因，胸怀"国之大者"，担当使命任务，到新时代新天地中去施展抱负、建功立业，争当伟大理想的追梦人，争做伟大事业的生力军，确保红色江山代代相传！

点评：该课程紧扣习近平总书记考察江西和赣州时重要讲话来谋篇布局，体现了历史与现实的关联，较好地揭示了党的领导在百年党史中的至关重要作用。

★ 中央苏区党的建设实践及经验

◎**内容提要**　20世纪二三十年代，中国共产党在创建、保卫中央苏区和中华苏维埃共和国的艰辛斗争中，初步形成了党的建设理论，对指导中国革命取得胜利起到至关重要的作用。本课程通过强调汲取中央苏区党的建设的智慧力量，大力弘扬伟大建党精神和苏区精神，用心用情用力抓党建，提振精神状态，促进学员以更高的标准、更实的举措推进新时代党的建设新的伟大工程。

◎**主创人员**　袁　芳　江西瑞金干部学院副院长、副教授

20世纪二三十年代，在中央苏区这片革命热土上，中国共产党在创建、保卫中央苏区和中华苏维埃共和国的艰辛斗争中，初步形成了党的建设理论，对指导中国革命取得胜利起到至关重要的作用，对做好新时代党建工作提供了宝贵的经验启示。

一、中央苏区党的建设的探索实践

在中央苏区血与火的革命岁月中，党始终坚持马克思主义思想指导地位，从思想、组织、作风、纪律和制度建设等多个方面着手，因时制宜，多措并举，强化党的建设，锻造了一支过硬的党员队伍，为中央苏区的巩固和发展提供了坚强保障，促进了中央苏区各项事业的发展。

（一）突出抓好思想建设，确立马克思主义指导地位

中央苏区建立初期，由于大量农民和小资产阶级加入共产党队伍，把各种非无产阶级思想带入到党内，一定程度削弱了党的战斗力。为此，党在中央苏区高度重视思想建设，在马克思主义思想的指导下开展党内思想政治教育，统一了思想，提升了党员干部的理论水平和文化素养，使党员干部进一步坚定共产主义信念，在各项工作中发挥先锋模范作用。

一是出版马克思主义著作。中央苏区各级党组织制定了严密的学习开会制度，开会学习除传达上级有关会议精神和指示外，主要是学习马克思列宁主义常识和党的基本知识。为了推动学习，中央苏区在印刷出版条件十分困难的情况下，仍然出版发行了《共产党宣言》《国家与革命》《列宁主义概论》等一批马克思、恩格斯、列宁等革命导师的著作。另外，还组织力量编写《中国革命问题》《党的建设讲义》《苏维埃政权》等马克思主义教育常识读本。通过这些方式不断提高党员干部的马克思主义理论水平。

马克思共产主义学校瑞金叶坪洋溪村校址

二是举办各类训练班和学校。理论教育是党的建设的重要组成部分，也是党的思想建设的根本内容。党十分重视对党员干部的理论教育，举办了各类训练班和学校，进行无产阶级思想教育。举办的训练班，如整党训练班、党支书训练班、军事训练班、土地革命训练班等，培训时间一般在 5 到 7 天，各级主要领导干部亲自到训练班来讲课。同时还举办了各种培训学校，如 1930 年创办闽西红军学校、1931 年创办红军中央军事政治学校、1933 年创办马克思共产主义学校（中央党校的前身）等。培训班和培训学校主要对学员进行思想政治教育和文化教育。通过以上举措，为中央苏区培养了大批德才兼备的党员干部，也促进了苏区群众文化素质的提高。

三是加强党的政治宣传工作。为使党的方针政策深入人心，苏区各级党组织把党的纲领、宗旨及各地涌现出的好人好事，以红色歌谣、话剧、顺口溜、标语口号等形式，组织宣传队员深入到各地宣传演唱，以激发苏区军民的革命热情和斗争勇气。同时还成立各种剧社，通过戏剧表演对民众进行生动有效的宣传。1929 年春，朱德、毛泽东来到苏区开展了轰轰烈烈的打土豪、分田地运动，穷人翻身，扬眉吐气，老百姓将这种心情唱进了山歌中："日头一出红彤彤，来了朱德毛泽东，千年铁树开鲜花，工农做了主人翁。"以激发苏区军民的革命热情和斗争勇气。同时还成立各种剧社，通过戏剧表演对民众进行生动有效的宣传，在 1932 年 9 月成立工农剧社，创作的《工农剧社社歌》唱道："我们是工农革命的战士，艺术是我们革命武器……"当时在苏区从事革命工作的戏剧家李伯钊在《苏维埃剧团春耕巡回表演纪事》一文中描述："当剧团公演时总是挤得水泄不通，老的，小的，男的，女的，晚上打着火把，小的替老的搬着凳子，成群结队地来看，最远的有路隔十五里或二十里。"工农剧社的积极活动，使面向工农大众的艺术旗帜在中央苏区高高飘扬。还将专业宣传与群众性宣传活动紧密结合，中央苏区上至领导干部、下至一般工作人员都是宣传工作者，他们走到哪儿就将革命道理宣传到那儿。群众宣传员也很给力，在于都县罗江区前村乡有位叫李冬秀的女共产党员，是一位普通的劳动妇女，她积极响应党和政府号召，带头动员自己的儿子报名参加红军，又以生动具体的革命道理，动员了 7 名青年当红军，受到区委表彰，像李冬秀这样的群众宣传员在苏区不胜枚举。以上举措大大加强了党的思想建设，使党员干部进一步坚定了共产主义信念，在各项工作中发挥了先锋模范作用。

（二）大力加强组织建设，发挥战斗堡垒作用

组织建设是党的建设重要内容，党在中央苏区通过强化基层党组织建设，加强党员队伍建设，加大党的干部培养力度等举措，夯实了党的组织建设基础，健全了上下贯通的组织体系，提升了党员干部的综合素养，为苏维埃政权的巩固和发展提供了充足可靠的人才支撑。

一是强化基层组织建设。支部是党的组织基础，中央苏区党高度重视基层党组织，狠抓基层支部建设，取得了良好成效。在苏维埃区域，只要有共产党员的地方，都单独或联合成立支部。为夯实支部基础，强化支部同群众的联系，1931年 11 月，中国共产党苏区第一次代表大会通过的《党的建设问题决议案》指出："支部工作必须彻底转变，支部要作群众工作；党的支部工作必须有彻底的转变，要使支部真正成为党与群众的连环。"此外还颁布了一系列的基层组织条例、法规，让基层党组织建设有章可循、有规可依。同时，党在培树典型方面也进行积极探索，如建立中心支部和模范支部，以先进支部带动一般和后进支部，经常组织支部竞赛，竞赛包括支部产生多少积极分子，发展多少党员，动员多少人参加红军以及优待红军家属、开展节约运动情况等内容，活动开展面广、效果显著，保证了党和苏维埃政府各项工作的顺利完成。

二是加强党员队伍建设。中央苏区针对党员缺少的情况，及时研究制定发展党员的计划与条件，强调各级党组织要把在斗争中表现忠实、积极、勇敢、观念正确、能联系群众的同志吸收到党内来，以适应革命斗争的需要。1929年12月，在红四军第九次党代表大会通过的政治决议案中，明确指出了党员入党条件："①政治观念没有错误的（包括阶级觉悟）；②忠实；③有牺牲精神，能积极工作；④没有发洋财的观念；⑤不吃鸦片、不赌博。以上五个条件完备的人，才能够介

绍他进党。"同时，对新入党的同志强化思想政治教育，帮助党员树立正确的世界观、人生观、价值观，坚定共产主义信仰，确保党员在思想上合格、政治上过硬。

三是加大党的干部培养力度。为造就一支坚强的干部队伍，除了强化在职干部的培养提高外，还注重从重大斗争一线培养锻炼和大胆选拔干部，一大批干部从斗争实践中脱颖而出，走上了党和苏维埃政府的领导岗位。1931年11月，中国共产党苏区第一次代表大会通过的《党的建设问题决议案》中明确提出："对于所提拔的新干部，党必须带有很大的教育性质，时常给予个别的特殊教育。在初提拔起来的时候，一定要按照他的工作能力与兴趣，分配以适当工作，提高他的能力，逐渐提到上级指导机关来工作。"为了培养锻炼党员干部，中央苏区各级党组织有意识地将新提任且有培养前途的干部，安排参与各级巡视工作，担任巡视员，帮助他们深入基层、增长才干，快速成为党政工作的行家里手。

（三）全面推进作风建设，树立党员良好形象

在以毛泽东为代表的中国共产党人的努力实践和精心培育下，党在中央苏区的作风建设取得了令人瞩目的成绩，形成了实事求是、为人民服务、艰苦奋斗、批评和自我批评等一系列良好工作作风，塑造了良好的共产党员形象，为党的发展壮大提供了坚实的作风保障。

一是树调查研究之风。中央苏区时期，要求各级党、政、军机关的工作人员从实际出发，注重调查研究。毛泽东堪称调查研究的楷模，1930年5月，他在寻乌深入走访调研，写下了长达8万字的《寻乌调查》，写下了《反对本本主义》的著名篇章，提出了"没有调查，没有发言权"的科学论断。毛泽东在中央苏区，还写下了《长冈乡调查》《才溪乡调查》等多篇调查文章。每次调查，毛泽东都认真准备，与被调查的对象交朋友，并善于将调查所得材料进行理论分析，从中得出中国革命斗争的胜利要靠中国同志了解中国情况。在他的影响下，中央苏区兴起了一股调查研究的热潮。

二是树为民服务之风。党和苏维埃政府以及广大红军指战员，都把真心实意为群众谋利益作为根本宗旨。1934年1月，毛泽东在第二次全国苏维埃代表大

会上郑重提出："我们应该深刻地注意群众生活的问题，从土地、劳动问题，到柴米油盐问题。……一切这些群众生活上的问题，都应该把它提到自己的议事日程上。应该讨论，应该决定，应该实行，应该检查。要使广大群众认识我们是代表他们的利益的，是和他们呼吸相通的。"为此，广大苏区干部和红军官兵眼里看着群众、心里装着群众、帮助群众解决了一个又一个的实际难题，群众发自肺腑地说："共产党真正好，什么事情都替我们想到了。"苏区群众将感激之情化作实际行动。在五次反"围剿"中，苏区广大青壮年积极参军参战，出现了不少母送子、妻送夫，夫妻双双当红军的动人场景。

苏区时期表现开展批评与自我批评的宣传画

三是树批评与自我批评之风。批评与自我批评是党的光荣传统和优良作风。1929年7月13日，红军第三纵队政治部印发的《党员训练大纲——支部工作》设立专节论述"怎样批评同志"这一问题：指出了批评的作用：1.使同志互相知道自己的错误而得以随时纠正。2.因要互相批评，便养成平时同志间互相观察互相监督的习惯。3.对不接受批评的同志尤其是动摇的同志不接受批评时，使大家认识他，不致个人动摇波及全体。4.使同志相互间消除意见。明确了批评的方法：1.必须站在党的立场根据事实批评。2.平时注意观察同志所感觉的。3.批评必须注意对方能否接受，不是任意说了就算了事。4.批评必须指出错误的原因使同志易于纠正。5.被批评者如不接受，要将理由答复，但经多数表决定为有错，便须接受，这叫做团体批评。阐述了批评者和被批评者的态度：对于批评者来说：1.批评同志时要态度诚恳言辞和蔼。2.批评不是报复，更不可吹毛求疵。3.批评不是攻击，不是鄙笑。对于被批评者来说：1.必须承认批评者的好意。2.必须尽量接受纠正，不可敷衍面子，实际依然。3.受严重批评时，尤须猛省自己错误之深切，不可因此怀恨。4.所谓接受批评，一方面是承认自己的错误，另一方面须猛力纠正。概括了批评的范围：1.工作方面；2.纪律方面；3.行动方面；4.说话方面；5.态度方面；6.性格方面；7.思想方面；8.看书方面；9.嗜好方面，只要存在以上问题，都可以提出批评。1929年12月，毛泽东明确指出："党内批评是坚强党的组织、增强党的战斗力的武器。"1931年11月，中国共产党苏区党第一次代表大会指出："实行党内自我批评，是保障党正确路线执行推动党的进步最有力的方法。""以后各级党委员会及支部大会须经常举行工作的自我批评。"《红色中华》《斗争》等刊物还专门设置了批评与自我批评专栏，使党组织在工作中的缺点错误、党员的不正之风得到及时纠正。

四是树艰苦奋斗之风。中央苏区的党员干部群众，在战争年代过着极其艰苦的生活，形成了艰苦奋斗的良好作风。1932年2月，《红色中华》发表社论指出："节俭一文钱即是对革命有一分的帮助，谁要'浪费一文钱实等于革命的罪人'。"在节省运动中，各级领导干部率先垂范。毛泽东带头节约，按规定他的油灯可点三根灯芯，但他坚持只点一根，不搞特殊。周恩来、朱德等领导人也与苏区军民一样，过着"有盐同咸、无盐同淡"的生活。1934年3月，邓颖超、陈云等23人联名写信给《红色中华》报，主动提出愿意："一、每天节省二两米，使前方红军吃饱，好打胜仗；二、今年，公家不发我们热天衣服，把这些衣服给战士穿。"党员领导干部的行动，就像无声的命令，带动节省运动如滚滚浪潮席卷苏区大地，形成了厉行节约、反对浪费的良好社会风尚。

（四）积极狠抓纪律建设，筑牢廉洁自律防线

纪律建设是党的建设的重要内容，党在中央苏区采取建立党内纪律监察机构、加强党员纪律教育、严肃惩处腐败案件等方式强化党的纪律建设，强化了对党员干部的监督，筑牢廉洁自律防线，净化了党内政治生态，锻造了一支作风优良、敢于攻坚克难的党员干部队伍，为中央苏区党的发展壮大提供了坚强的纪律保障。

一是建立党内纪律监察机构。为强化党内执纪监督，1933年9月，中共中央正式作出《成立中央党务委员会及中央苏区省县监察委员会》的决议，对中央苏区范围内的省、县监察委员会的组成、委员任职资格、各级党务委员会的设置等内容作了详细的规定。此后，中央苏区所辖的各省、县先后都通过选举的方式产生了监察委员会。党内专门监察机构的设立，为维护党的纪律、执行党的政治路线和决议，促进全党的团结发挥了重大作用，并以布尔什维克的精神，维持着无产阶级政党铁的纪律。

二是加强党员纪律教育。中央苏区针对党员纪律教育，主要采取两种做法：一是在编印党员教育材料中充实党的纪律内容，从根本上提高党员干部的思想觉悟和拒腐防变能力。二是运用典型事例教育党员。如采用印发处分通报的形式供党内传阅，再就是在报纸上刊登一些影响重大的案件，比如将"二苏大会"基建工程处处长左祥云案，于都县委书记刘洪清、主席熊仙璧案的处理结果在《红色中华》公布，使苏区党员干部深受教育。

三是严肃查处腐败案件。1933年，中华苏维埃共和国临时政府中央执行委员会发布的《关于惩治贪污浪费行为》训令，是中国共产党成立以来所颁布的第一部反腐败法令，为中央苏区开展"反腐败、反浪费"运动提供了法律支撑。1934年1月到3月，有关部门依据《关于惩治贪污浪费行为》的训令，"经过群众提议贪污浪费分子送法庭制裁的二十九人，开除工作的三人，包庇贪污与官僚主义者送法庭的一人，（总务厅长）建议行政机关撤职改调工作的七人，给严重警告的二人，警告的四人"，"共查出贪污钱款大洋二千零五十三元"，通过惩腐肃贪，进一步增强了革命队伍的纯洁性和战斗力。1934年9月的《红色中华》刊文称："只有苏维埃是空前的真正的廉洁政府。"

（五）规范完善制度建设，严格落实制度执行

党在中央苏区的自身建设之所以能取得重大成就，关键在于党的制度建设卓有成效。

一是制定各类规章制度。为保障党的路线、方针、政策的贯彻执行，规范党内政治生活，中央苏区制定了一系列工作条例法规和规章制度。据不完全统计，中央苏区在党的领导下先后颁布实施了130多部法律、条例、制度。如党的组织生活制度、党员学习制度、党务工作制度、支部工作制度、党员训练教育制度、

巡视员制度、监察制度、代表联系制度，财政制度等。通过制定党的工作规定，完善党内各项制度，使党内政治生活更加规范，让党的各项建设有了制度保障和指导，推进党的建设规范化、标准化。

二是贯彻落实规章制度。中央苏区的各项规章制度，一经出台，便得到了全党的坚决拥护，得到了有力的贯彻落实。为了更好地贯彻落实党制定的各项规章制度，中央苏区大力推行巡视指导，在各级党组织都建立起了巡视指导制度，派遣巡视员到各级巡视指导工作，督促落实党的各项规章制度。1931 年 5 月，中共中央专门制定了《中央巡视条例》，就中央巡视员的条件、基本任务、工作方法、职权、教育和纪律等方面做出了具体规定，全面确立和完善了巡视制度。巡视指导制度的确立和完善，为监督检查党的制度落实，发挥了应有的作用。

二、中央苏区党的建设的经验启示

中央苏区党的建设的探索实践，为土地革命的开展、苏维埃政权的巩固打下了坚实基础。这种探索实践，是特定历史条件下的可贵探索，具有浓厚的时代烙印，至今熠熠生辉，对新时代加强党的建设提供了宝贵的历史经验。

（一）思想建设是党建工作的首要任务

为解决党内存在的各种非无产阶级思想，毛泽东在古田会议上确立了把思想建设放在首位的建党原则。这个原则在以后的党建实践中得到了广泛深入的贯彻。中央苏区，党将思想建设摆在突出位置，须臾不忘思想建设。中央苏区党的建设的探索实践启示我们：思想建设具有基础性、先导性作用，决定和制约着党的各项建设。加强党的建设第一位就是要加强思想政治工作，强化党员干部理论武装，持续学习党的创新理论成果。要注重思想建党，将马列主义党建学说与中国实际结合并创造性地运用发展，用马克思主义理论教育全党，引导党员干部坚定理想信念，永葆党的先进性，坚守共产主义精神追求。

（二）组织建设是党建工作的内在要求

党支部是党的基础和细胞，是将全体党员组织起来的战斗堡垒，是党进行组织活动前提和基础。从古田会议将支部建在连上开始，党支部就成为了党组织的建设重点。中央苏区党的建设的探索实践启示我们：要树立党的一切工作到支部的鲜明导向，以提升组织力为重点、以突出政治功能为根本，全面抓实支部。要层层传导压力，环环扣紧责任链条，激活基层党建"神经末梢"。要尊重发挥党支部和党员在党建中的主体地位，充分调动积极性、主动性、创造性。

（三）作风建设是党建工作的永恒主题

作风建设直接关系到党在群众中的形象，关系到党是否能始终保持先进性，是党的建设工作的重要内容。在开创、建设、巩固和发展中央苏区的伟大实践中，党十分重视作风建设，切实提升了党的建设的质量和水平。中央苏区党的建设的探索实践启示我们：要发扬我党的优良传统和宝贵经验，面对工作中的新任务、新挑战，要有求真务实、埋头苦干的底气；要有迎难而上、敢于攻坚的勇气；要有敢于担当、不懈奋斗的豪气，真正把实际工作要求同党纪法规要求高度融合起来，彻底根除作风中存在的"歪风邪气"，像苏区干部一样，争创"第一等"的工作。同时，要与时俱进全面推进党的作风建设，在发扬苏区优良传统的基础上，不断为党的优良传统增添新的时代内涵、特征和意义，永葆党的生机与活力。

（四）纪律建设是党建工作的有力支撑

中国共产党自建立之初，就是一个具有高度组织性、纪律性的战斗整体，加强党的纪律建设是党的建设的一项重要内容。中央苏区时期，党多措并举强化纪律建设，建立党内监督机构，加强党员纪律教育，严肃查处腐败案件，为党的建设提供了有力的纪律保障。中央苏区党的建设的探索实践启示我们：步入新时代，要始终坚持全面从严治党，时刻紧绷纪律作风这根弦，将纪律建设摆在突出位置，在实践中严格按纪律、按规矩行事。同时，为适应新形势新任务，要积极创新体制机制，深化监督体制改革，激活监督效能，构建一整套行之有效的运行机制，通过教育、制度、执行、监督、评价等机制的良性运行，推动党的纪律建设不断取得新成效。

（五）制度建设是党建工作的重要保障

制度建设贯穿于各项建设之中，具有全局性、稳定性和长期性的作用，为其他各项建设根本提供保证。严格遵循制度是有效开展党建工作的可靠保证。中央苏区党的建设的探索实践启示我们：要突出党章在党建中的最高地位，在党章的指导下，不断完善和创新党建责任制度、考核评价制度、纪检监察制度、会议制度等各项规章制度。要狠抓制度的贯彻执行，高质量推进巡视全覆盖，注重运用制度法规的执行力和约束力来规范行为。要严格执行民主集中制，充分发挥民主集中制的制度规章作用，推动全面从严治党向纵深发展。

结语：党的二十大指出，全面建设社会主义现代化国家、全面推进中华民族伟大复兴，关键在党。我们要落实新时代党的建设总要求，健全全面从严治党体系，全面推进党的自我净化、自我完善、自我革新、自我提高，使我们党坚守初心使命，始终成为中国特色社会主义事业的坚强领导核心。在全面建成社会主义现代化国家、实现党的第二个百年奋斗目标新的赶考路上，我们要汲取中央苏区党的建设的智慧力量，大力弘扬伟大建党精神和苏区精神，用心用情用力抓党建，在保持党的先进性纯洁性上出实效、在发挥党组织的战斗堡垒和党员先锋模范"两个作用"上重行动、在真抓实干和反腐倡廉上显作风、在围绕中心服务大局上求发展，不断提振精神状态，升腾发展气场，以更高的标准、更实的举措推进新时代党的建设新的伟大工程。

点评：该课程内容翔实丰富，对中央苏区党的建设的探索实践和经验启示进行了深入浅出的讲解和分析，让学员以较为完整的视角看到了当时党的建设的各个方面，对指导新时代党的建设工作具有借鉴意义。

课堂教学

★ 情牵英雄红土　寻脉赣南油山

◎ **内容提要** "探寻红脉新引力，激活红色强磁场"项目团队在信丰县油山镇坑口村进行了为期 20 天的驻村调研。调研期间，团队进组入户，对70 位村民深度访谈累计近百小时，并实地考察了当地红色资源开发和农田水利项目建设等情况。

课程项目团队与镇村干部座谈交流

本课程通过讲述赣粤边三年游击战争中心所在地油山坑口的红色记忆与时代故事，展示一代代青年人赓续红色血脉，踔厉奋进时代征程的动人篇章，激励青年学生不忘来时路、不负将来人，用青春的能动力和创造力激荡起民族复兴的澎湃春潮，用青春的智慧和汗水打拼出一个更加美好的中国！

◎ **主创人员**　韩　悦　南京大学思政辅导员
◎ **参与创作**　叶　梓　孔繁语　梁罗茜　南京大学本科生
　　　　　　　陈悦琪　南京大学研究生

一、情牵红土：走进油山坑口

主讲人：血脉熔铸力量，信仰托举理想。各位同学大家好，我是南京大学的思政教师韩悦。2022 年 10 月 16 日，中国共产党第二十次全国代表大会在北京人民大会堂隆重开幕。彼时我和几名学生正身处江西老区的一个红色村庄，赴一场从金陵到赣南的红色之约。同学们，

项目团队在信丰油山坑口村采访

你们知道江西省赣州市信丰县油山镇坑口村吗？

陈悦琪：我知道，油山镇坑口村是赣粤边三年游击战争的核心区域和指挥中心。

主讲人：是的。当时项英、陈毅等老一辈无产阶级革命家在这里，进行了艰苦卓绝的三年游击战争，留下了光辉的历史足迹。今天，就让我们一起走进这片红色热土，共同倾听一代又一代青年人赓续红色血脉、奋进时代征程的动人篇章！（播放坑口主题宣传视频）

二、赣南寻脉：油山故事讲述

1. 红色故事，赞歌悠扬

主讲人："人生天地间，长路有险夷。"党带领人民奋进的历史征程中，总有一些时刻烛照未来，总有一些节点彪炳史册。习近平总书记在党的二十大报告中指出："中国共产党已走过百年奋斗历程。我们党立志于中华民族千秋伟业，致力于人类和平与发展崇高事业，责任无比重大，使命无上光荣。"伟大事业需要

项目团队在信丰油山镇中心小学上思政课

伟大精神，伟大精神铸就伟大理想。我们党弘扬"坚持真理、坚守理想，践行初心、担当使命，不怕牺牲、英勇斗争，对党忠诚、不负人民"的伟大建党精神，锤炼出鲜明的政治品格。伟大建党精神哺育了这个赓续红色血脉的乡村，流淌出绵延悠长的动人赞歌。

大家猜猜看，坑口村的村民当中，有多少人的先辈直接参与或间接支援过游击战争？

学生 1：……

学生 2：有 1/10？

学生 3：1/3？

学生 4：一半的村民？

主讲人：80%。全村 80% 的村民其先辈都直接参与或无私支援过三年游击战争。游击战士、赤卫队员、秘密交通员、送粮群众，他们以不同的身份扎根在苏区的每一条战线。

革命理想高于天，两袖清风纪律严。当时游击队员要与数十倍的敌人殊死搏斗，要与恶劣的生存环境作抗争，要在未知中时时刻刻保持清醒。他们在深山密林里攀藤揽葛、水坑乱石里风餐露宿，险象环生中入眠、风烟滚滚中惊起。而村民们又怎舍得如亲人一般的子弟兵！每逢初一、

项目团队在南京大学讲述油山坑口故事

十五，他们竹节打通藏米粮，棉衣浸盐送上山。面对人民群众的无私支援与深切期盼，游击队员们主动打下借条。中华人民共和国成立后，与所借物资一同交还到人民手上的，还有新的生活与希望。

陈毅元帅曾在此写下著名的《赣南游击词》："莫怨嗟，稳脚度年华。贼子引狼输禹鼎，大军抗日渡金沙。铁树要开花。"正如习近平总书记在党的二十大报告中所强调的："不信邪、不怕鬼、不怕压，知难而进、迎难而上。"最终游击队员奇迹般地生存了下来，保存了苏区珍贵的革命火种。

"为有牺牲多壮志，敢教日月换新天"，英勇的坑口先辈开辟出一片崭新的天地。中华人民共和国成立后他们与后辈们讲起当年，没有人认为自己做了特别了不起的事情，觉得都是该做的，不必"歌功颂德"、更不可"邀功请赏"。这股清正之气，代代相传。同学们，在当年油山坑口的革命先辈们身上，你们学习到了什么？

学生1：我知道！要真心实意地为人民群众谋利益，把自己的小我融入人民的大我，和广大人民群众血肉相连！

学生2：要克己奉公，与人民群众艰苦与共、患难相依，以廉政清明来严格自律！

学生3：要牢记自己的初心和使命，扑下身子干实事、谋实招、求实效，不负时代、不负人民！

学生4：要坚持守正创新，不畏艰险，敢闯敢拼，培养百折不挠的进取精神，"再创佳绩，争做表率"！

主讲人：习近平总书记指出，在革命根据地的创建和发展中，在建立红色政权、探索革命道路的实践中，无数革命先辈用鲜血和生命铸就了以坚定信念、求真务实、一心为民、清正廉洁、艰苦奋斗、争创一流、无私奉献等为主要内涵的苏区精神。

2.奋斗火炬，心手相传

主讲人："天地英雄气，千秋尚凛然。"时代高歌猛进，红色的基因在跳跃，红色的血脉在澎湃。他们的后人在坑口这片土地，躬身耕耘、勤恳建设，以全新的方式书写着绿色林地、红色史书的一个又一个传奇。(播放坑口新时代建设视频)

勤劳的坑口老表与恶劣的自然环境抗争，创造出走马垄水库翠屏抱湖的传奇胜景；躬身耕耘，潜心钻研无籽西瓜和脐橙种植技术，建设着富庶乡村。曾经在远方打工、奋斗拼搏的青年，也纷纷回归家乡的山林田野、小径屋场。勇毅的坑口学子无惧困难、潜心向学，扎根在祖国需要的每一个地方。靠着勤劳的双手和智慧的大脑，坑口村的日子越过越火热。许多村民都和我们提到，2012年之后，村里的生活发生了翻天覆地的变化。个个小组通道路，家家都建小洋房，越来越多的人家拥有了小汽车。我们驻村时恰逢秋收，千亩稻田、百亩橙园，嘉穗盈车、穰穰满家。风吹稻谷，这片希望的田野上跃动着"苏区精神"的时代之音。

三、探往启新：学生交流分享

主讲人：苏区精神既是中国革命精神谱系的重要一环。接下来，我想请这次一同去坑口的同学们，来简单分享一下她们的所思所感。

叶梓：身处游击圣地，聆听老表们讲述红色故事、时代故事，我们心潮澎湃、热泪盈眶。一首赣粤边三年游击战争的英雄史诗，在老表们满含热情的淳朴乡音中呈现在眼前，振聋发聩，动人心魄。江山就是人民，人民就是江山，游击队员与老表们的军民鱼水情令我们动容；披荆斩棘，百炼成钢，游击队员们不畏艰险的毅力令我们感佩至深。身为一名青年人，我将扎根实践，不负韶华、不负使命、不负时代。

梁罗茜：越靠近，越真实；越真实，越震撼。在这片挥洒前辈血泪的红色热土上，在超过70小时的深度访谈中，我们与老表们心灵靠近、灵魂共鸣，感受到了扎根祖国、深入基层的重要意义，明白了"读万卷书、行万里路"的深刻内涵。我们将在行动中讲好中国故事，传播好中国声音，将"文以清心，学而济世"的精神付诸实践。

孔繁语：我记忆最深刻的是新一代坑口青年的奋斗故事。他们翻山越岭上学，

项目团队与油山镇中心小学师生合影

以干菜充饥；遭遇变故，仍坚韧奋发；自律自强，为家庭分忧、为祖国添彩。他们的故事激励我，要在时代洪流中不懈拼搏、不畏艰险，争做敢想敢为、善作善成的新时代青年，为祖国发展贡献青春力量！

四、不负时代：激发行动自觉

主讲人：在坑口，我们汲取着源源不断的精神力量，内心更觉饱满，信仰更加坚定。党的二十大闭幕不到一周，习近平总书记带领中共中央政治局常委瞻仰延安革命纪念地，宣示新一届中央领导集体赓续红色血脉、传承延安精神。

项目团队采访李绪龙的遗孀代定玉奶奶和她的儿子女儿

习近平总书记曾强调："国家强盛、民族复兴需要物质文明的积累，更需要精神文明的升华。"同学们，今天，我们比历史上任何时期都更接近、更有信心和能力实现中华民族伟大复兴的目标，同时必须准备付出更为艰巨、更为艰苦的努力，更需思想的引领、精神的感召。以伟大建党精神为源头的中国共产党人精神谱系是孕育无限生机的精神养分，是砥砺我们不忘初心、牢记使命的不竭精神动力。我们要深入学习贯彻习近平总书记关于伟大建党精神的重要论述，永远把伟大建党精神继承下去、发扬光大。血脉熔铸力量，信仰托举理想。做一个怀抱梦想又脚踏实地，敢想敢为又善作善成的好青年！一起创造一个不负来时路，无愧将来人的盛世中华！

点评：该课程以讲述和师生对话的方式展示了信丰县油山坑口村三代村民在不同时代肩负的不同使命。通过情牵红土、赣南寻脉、探往启新、不负时代等环节真实反映了革命老区人民沿着革命前辈的足迹继续前行，确保红色江山世世代代传下去的精神风貌，让红色基因渗进血液、浸入心扉，有利于引导当代青少年树立正确的世界观、人生观、价值观。

★ 赓续长征精神　不负青春韶华

——红色文化读本（初中版）第 23 课《长征精神》教学设计

◎**内容摘要**　本课程围绕长征这段历史，设计了"勇往直前 漫漫长征路""聆听故事 再现长征情""精神丰碑 树长征旗帜""新长征 砥砺再出发"四个环节，引导学生从有关长征的诗歌、故事、歌曲中感悟长征精神，并结合习近平总书记对青少年的寄语，在实际生活中积极弘扬、践行长征精神。

◎**主创人员**　邱康媛　于都县思源实验学校教师

一、学习背景

80 多年前，一次闪烁着革命理想光芒的远征，在中国人心中留下了挥之不去的长征情结。中国工农红军的长征是一部伟大的革命英雄主义史诗。它向全中国和全世界宣告，中国共产党及其领导的人民军队，是一支不可战胜的力量。红军长征，铸就了伟大的长征精神。长征精神，是中国共产党人和人民军队革命风范的生动反映，是中华民族自强不息的民族品格的集中展示，是以爱国主义为核心的民族精神的最高体现。长征精神为中国革命不断从胜利走向胜利提供了强大精神动力。

二、教学目标

伟大的长征精神是我们中华民族宝贵的精神财富。开展"赓续长征精神，不负青春韶华"教学，旨在通过本课让学生了解中国工农红军的长征史，教育和引导学生自觉弘扬和践行长征精神，培养学生吃苦耐劳、乐观向上、勤奋刻苦的优良品质，为全面建成社会主义现代化强国而努力奋斗。

三、教学重难点

让学生把长征精神和今天的学习生活联系起来，自觉做到爱祖国、爱人民、爱中国共产党、爱社会主义，坚定理想信念，培育社会主义核心价值观，培养艰苦奋斗精神，以实现中华民族复兴为己任。

四、教学准备

（1）课前让学生搜集中国工农红军长征途中的故事、诗歌，体会红军的革命英雄主义精神，认识中国革命的历程。

（2）学生学唱红歌。

五、教学过程

导入新课

同学们，上课前，我们一起唱一段陆定一和贾拓夫合编于1935年的《长征歌》。

《长征歌》节选

陆定一　贾拓夫

十月里来秋风凉，中央红军远征忙。

星夜渡过于都河，古陂新田打胜仗。

师总结：在长征途中铸就了中华民族伟大的长征精神，成为中国共产党人的重要精神谱系。今天，请同学们跟随老师一起走进《红色文化》读本初中版第23课《长征精神》"赓续长征精神，不负青春韶华"。（展示课题）

（板书：第23课《长征精神》"赓续长征精神 不负青春韶华"）

本课，我们主要是从四个部分来学习，第一部分是勇往直前 漫漫长征路；第二部分是聆听故事 再现长征情；第三部分是精神丰碑 树长征旗帜；第四部分是新长征 砥砺再出发。

中国工农红军为什么要进行长征？

讲授新课

环节一：勇往直前 漫漫长征路

师：展示图片（1929—1932年农村革命根据地分布示意图）

师：从1930年10月开始，国民党反动派对中央革命根据地连续进行了五次大规模的军事"围剿"。展示当时的力量对比图探讨第五次反"围剿"失败的原因。

师：随着第五次反"围剿"失败，中央苏区面积逐渐缩小。8.6万名中央红军被迫实行战略转移，出发长征。突破四道封锁线，血战湘江，锐减到3万多人。之后强渡乌江、改向遵义。1935年在遵义召开了遵义会议，遵义会议确定了毛泽东党的领导地位，开始采取灵活的机动作战。四渡赤水、巧渡金沙江、横渡大渡河、爬雪山、过草地，攻破天险腊子口。1936年10月，中央红军顺利在甘肃会宁会师。红军三大主力会师，宣告横跨11个省、长驱二万五千里的长征胜利结束。

毛泽东在"雪地讲话"中以精辟的语言论述"长征是宣言书、是宣传队、是播种机"，阐述了长征的伟大意义。

环节二：聆听故事 再现长征情

师引导：长征途中，发生了许多感人的故事，也有许多的诗歌、歌曲广为流传。下面，请同学们分小组展示课前收集的与长征有关的故事、诗歌或歌曲。

学生小组一展示：诗歌朗诵《长征组歌》第二幕

第二曲 突破封锁线

路迢迢，秋风凉。敌重重，军情忙。

红军夜渡于都河，跨过五岭抢湘江。

三十昼夜飞行军，突破四道封锁墙。

不怕流血不怕苦，前仆后继杀虎狼。

全军想念毛主席，迷雾途中盼太阳。

师提问：1.歌词中"不怕流血不怕苦，前仆后继杀虎狼"体现了红军有着怎样的精神品质？（学生回答：不怕牺牲，不畏艰难险阻。英勇向前，为革命献身的精神。）

2.歌词中"全军想念毛主席，迷雾途中盼太阳"反映了红军当时怎样的心态？（学生回答：急切期盼胜利，坚定的理想和信念。）

学生小组二展示：故事讲述《半条被子》

半条被子

11月6日，三位女红军住进村里的妇女徐解秀家里。当天晚上她们四人一块睡在厢房里，盖的是她床上的一块烂棉絮和一条红军的被子。第二天下午，女红军要走了，为了感谢徐解秀，她们把仅有的一条被子剪了一半送给她。徐解秀不忍心，也不敢要。三位红军说：红军同其他当兵的不一样，是共产党领导的，是人民的军队，打敌人就是为了老百姓过上好生活。

在她们互相推让的时候，红军大部队已经开始翻山。徐解秀和丈夫朱兰芳送她们走过泥泞的田埂，到了山边时，天快黑了。徐解秀不放心，想再送一程，因为是小脚，走路困难，就让丈夫送她们翻山。（从此以后，年年这几天，她都要在与女红军分别的山脚下等好久。）丈夫和三个女红军走了，徐解秀苦苦等了50

多年。那间厢房的陈设也一直是原来的样子。徐解秀还记得临别前女红军对她说过的话："大嫂，天快黑了，你先回家吧。等胜利了，我们会给你送一条被子来，说不定还送来垫的呢。"徐解秀抹着眼泪说："我已有盖的了，只盼她们能来看看我就好。"

学生小组二展示故事《半条被子》

红军离开沙洲村后，敌人随后赶来，把全村人都赶到祠堂里，逼大家说出谁给红军做过事，大家都不说，敌人就搜家。女红军留给徐解秀的半床被子也被搜走了，还把她拖到祠堂里跪了半天。

1984年11月7日，罗开富在沙洲村见到了已经年过八旬的徐解秀老人。她问罗开富："你能见到红军吗？"罗开富答："能见到。"她说："那就帮我问问，她们说话要算数呀，说好了，打败敌人要来看我的呀！"她说到这里，脸上已流下了泪水。

徐解秀说："虽然那时为了红军留下的半条被子吃了点儿苦，不过也让我明白了一个道理，什么叫红军，什么叫共产党，共产党就是自己只有一条被子，也要给穷苦人半条的人。"

师提问：徐解秀说："什么叫红军，什么叫共产党，共产党就是自己只有一条被子，也要给穷苦人半条被子的人。"从中可以看出红军有着怎样的精神品质？（学生回答：同群众患难与共、艰苦奋斗的精神品质。）

学生小组三展示：故事《香炉里的银圆》

香炉里的银圆

1935年3月，红军来到太平渡。乡绅张策勋听信反动宣传，跑到贵州亲戚家躲避。红军走后，他回到家，听说红军在他家住过，便在屋里屋外仔细检查，发现一切如旧，只是楼上 200 多斤黄谷没有了。年底，张策勋在神台上的香炉里发现一张纸条和几块银圆。上面写道："老乡，吃了你家 200 多斤黄谷，主人不在家，我们照价付钱，请原谅。红军留条。"张策勋一见惊呆了，心里久久不能平静。后来，他逢人便讲红军好，说："这样的军队真是打起灯笼也难找！"

师提问：为什么张策勋说"这样的军队真是打起灯笼也难找"？红军照价付钱反映了这是一支怎样的军队？（学生回答：这是一支纪律严明的军队。）

师引导：同学们还学过和长征有关的红歌吗？（学生回答：《十送红军》学生唱红歌。）

师提问：歌曲中百姓依依不舍送别红军，可以感受到军民之间一种怎样的情感？（学生回答：军民鱼水情深。）

师总结：长征这一人类历史上的伟大壮举，留给我们最宝贵的精神财富，就是中国共产党人和红军将士用生命和热血铸就的伟大长征精神。长征精神除了我们刚才提到的这些品质外，还有非常丰富的内涵。

环节三：精神丰碑 树长征旗帜

习近平总书记在纪念红军长征胜利 80 周年大会上总结了长征精神的内涵。

生（齐读）：伟大长征精神，就是把全国人民和中华民族的根本利益看得高于一切，坚定革命的理想和信念，坚信正义事业必然胜利的精神；就是为了救国救民，不怕任何艰难险阻，不惜付出一切牺牲的精神；就是坚持独立自主、实事求是，一切从实际出发的精神；就是顾全大局、严守纪律、紧密团结的精神；就是紧紧依靠人民群众，同人民群众生死相依、患

学生小组三展示故事《香炉里的银圆》

难与共、艰苦奋斗的精神。

环节四：新长征 砥砺再出发

师：2019 年 5 月 20 日，习近平总书记来到江西考察调研，调研中前往赣州市于都县向中央红军长征出发纪念碑敬献花篮。习近平在离开中央红军长征出发地纪念园时，勉励大家："现在是新的长征，我们要重新再出发！"

习近平总书记在纪念红军长征胜利 80 周年大会上的讲话中提到："我们还有许多'雪山'、'草地'需要跨越，还有许多'娄山关'、'腊子口'需要征服，一切贪图安逸、不愿继续艰苦奋斗的想法都是要不得的，一切骄傲自满、不愿继续开拓前进的想法都是要不得的。"

师：通过习近平总书记的话语，你明白了什么道理？

生：实现伟大的理想，没有平坦的大道可走。走好新长征之路，需要我们每个人为之努力，为之奋斗。

师：青年智则国智，青年强则国强，作为新时期的青少年，为了民族的伟大复兴，为了祖国的繁荣昌盛，我们该怎么做？请同学们先学习习近平总书记对我们青少年的寄语。（学生读）

请大家结合习近平总书记的语录，谈谈自己打算在今后的生活中如何践行长征精神，做新时代好少年？

学生写出自己的做法，展示。

教师带领学生以青春的名义进行宣誓：

我要继承革命先烈遗志，发扬革命传统，弘扬长征精神。以实现中华民族伟大复兴为己任，增强做中国人的志气、骨气、底气，不负时代，不负青春，不负韶华，不负党和人民的殷切期盼。

教师寄语：

长征永远在路上。一个不记得来路的民族，是没有出路的民族。不论我们的事业发展到哪一步，不论我们取得了多大的成就，我们都要大力弘扬伟大长征精神，在实现中华民族伟大复兴的新长征路上，谱写出新的奇迹。

六、教学反思

通过本课《长征精神》的学习，结合本土的红色文化，增强学生对国家的认同感，自觉在实际生活中践行长征精神，投身于社会主义现代化建设中，为实现中华民族的伟大复兴而努力奋斗。

点评：该课程教学语言优美、精练、到位，教学形式丰富，通过歌、诗、故事等载体，让人感受到长征的艰苦与共产党的伟大，能充分激发、调动学生的参与热情，让学生在赏析诗词中、在品味歌词中，在诵读故事中总结和领悟长征精神的内涵。教学片段中多处巧妙结合习近平总书记的讲话开展教学，既体现贯彻落实大思政育人的要求，也恰合时宜进行教学片段总结，一材两用，用得巧妙。

★ 举行过"开国大典"的谢氏宗祠

◎**内容提要** 1931 年 11 月 7 日，在江西瑞金叶坪村的谢氏宗祠里举行了中华苏维埃第一次全国代表大会，这次大会也被称为中华苏维埃共和国的"开国大典"。为了保证中华苏维埃第一次全国代表大会的顺利召开，毛泽东提议在福建长汀设一个假会场，以假乱真避开敌人的飞机轰炸，最终大会在叶坪谢氏宗祠顺利召开并取得圆满成功。大会宣布中华苏维埃共和国临时中央政府成立，选举毛泽东为中央执行委员会主席和中央人民委员会主席。大会结束后，中央政府总务厅组织工匠将谢氏宗祠用木板隔成 15 个小房间，这些小房间成为中央政府各部门的办公场所。

本课程以生动活泼的形式向孩子们介绍了红色圣地——谢氏宗祠。

◎**主创人员**　易　婷　瑞金市井冈山小学大队部副辅导员

李　艳　瑞金市井冈山小学党支部副书记

朱　敏　瑞金市井冈山小学副校长

曾城洲　瑞金市井冈山小学副校长

吴小艳　瑞金市井冈山小学教导处主任

一、创设情景引课题

同学们，我们的家乡瑞金是著名的"红色故都""共和国摇篮"，这里有着丰富的红色资源——甘甜的红井水、崎岖的长征第一山——云石山，独特的红军烈士纪念塔……今天老师将带领大家踏上红色之旅，一起走进举行过"开国大典"的谢氏宗祠。

二、走进宗祠识旧址

1. 了解背景

1931 年 11 月 7 日，在瑞金叶坪这个普通的小村，就在这座不太起眼的谢氏祠堂里中华苏维埃共和国的"开国大典"——中华苏维埃第一次全国代表大会（简称一苏大会），就在这里隆重开幕。

一苏大会是在怎样的背景下召开的呢？课前大家去搜集了资料，谁来分享？

生 1：我知道会议选择在 1931 年的 11 月是因为当时红军经过三次反"围剿"取得了胜利，根据地不断巩固和发展壮大，以及当时共产国际的敦促和中共中央的指导。

生 2：我知道召开一苏大会的时间本来不是 1931 年 11 月 7 日的，它因为国民党反动派的破坏经过了 4 次延期，最后定于 11 月 7 日是为了纪念俄国十月革命的胜利纪念日。

2. 走进会址

在江西瑞金叶坪村，有一座明代建筑风格的独立祠堂，占地面积 520 余平方米。这就是谢氏宗祠。祠堂为砖木结构，黑色的屋顶和青色的墙显得格外和谐。祠堂分上、下两厅，中间是天井。

1931 年 11 月 7 日，就在这座不太起眼的祠堂里，举行了中华苏维埃第一次全国代表大会。大会主席台正面墙上贴有革命导师马克思和列宁的画像，画像中间挂着鲜艳的镰刀锤头红旗。 主席台悬挂横幅"全世界无产阶级联合起来"，左右两边贴着一副对联，左联为"学习过去苏维埃运动的经验"，右联为"建立布尔塞维克的群众工作"。主席台前有两条标语，上面写着"工农炮垒"和"民主专政"。大厅内摆放着 200 多张长条木凳供与会人员就座。祠堂内还悬挂着"坚决奋斗""奋勇杀敌"等标语。

三、真假会场显智慧

为了保证中华苏维埃第一次全国代表大会的顺利召开，毛泽东提议在福建长汀设一个假会场，以假乱真避开敌人的飞机轰炸。这个假会场设在长汀县城西面一处宽阔的荒山坡上。这里有一间茅屋，茅屋正前方用松枝扎了一个高大的彩牌楼，彩牌楼挂着一条宽大的横幅，上面写着"中华苏维埃第一次全国代表大会"，四周布置了"苏维埃万岁""中国工农红军万岁"等标语，俨然一个真会场。

两个会场一真一假，一虚一实，这条妙计果然骗过了国民党反动派，10 多架敌机对假会场进行了轰炸，又是高空投弹，又是低空扫射，直到把会场炸个稀巴烂才扬长而去。而此时在瑞金叶坪村真会场却张灯结彩，迎接一苏大会的召开。我们不得不感叹中国共产党人真有智慧。

四、阅兵典礼激斗志

11 月 7 日上午 7 时整在瑞金叶坪的红军广场举行了阅兵典礼，我们一起去感受当时的盛况。(播放视频)

从这次阅兵典礼，你感受到了什么?

生 1：我感受到检阅部队虽然兵器简陋，但他们英姿勃发，整个阅兵典礼简朴而隆重。

生 2：在那样艰苦的环境中，他们依然斗志昂扬，这种精神令我感动。

这是人民军队历史上的第一次阅兵，极大地鼓舞了红军战士和人民群众的士气，开创了人民军队大阅兵的先河。

中华苏维埃第一次全国代表大会会址——谢氏宗祠

五、瑞金建政开天地

下午2时，中华苏维埃第一次全国代表大会（简称"一苏大"）在谢氏宗祠正式举行。（播放视频）

从视频中你了解到了哪些信息呢？

生1：我知道了中华苏维埃共和国临时中央政府正式成立，定都瑞金。

生2：毛泽东当选为临时中央政府主席，毛主席的称呼就是从这里开始的。

在当时，中华苏维埃政府首次以国家政权的姿态诞生于世，瑞金也成为当时的首都，后改名为"瑞京"。

"一苏大"开幕当晚，为了庆祝中华苏维埃共和国的胜利诞生，叶坪村和瑞金城同时举行了盛大的提灯晚会。

六、苏区精神传万代

1. 感受苏区干部办公环境

一苏大会历时14天，在1931年11月20日落下帷幕，大会结束后，中央政府总务厅组织工匠将谢氏宗祠用木板隔成 15 个小房间，每个房间内配一部手摇电话机、一张桌子、几条凳子。这些小房间成为中央政府各部门的办公场所。干部们晚上就在这居住，就睡在两张长条凳支起的木板上。

面对简陋的办公环境，毛主席这样说：我们的办公室，主要应该在田间地头，在军队战场，在实际工作中，那才是我们真正的办公室。在我们苏维埃政府里，只有人民公仆，只有革命的实际工作者，容不得官僚主义。

2. 感悟苏区精神

从《毛主席为谢大娘开天窗》和《谢觉哉惩贪官》的故事中，我们感受到苏区干部们一心为民、清正廉洁的精神，而这正是苏区精神的体现。习近平爷爷曾深刻阐述苏区精神的主要内涵有：坚定信念、求真务实、一心为民、清正廉洁、艰苦奋斗、争创一流、无私奉献。

苏区精神是永远值得传承的红色基因。习近平爷爷也这样勉励我们广大少先队员：

你们今天是小树苗，将来要长成参天大树，中华民族伟大复兴的中国梦将在你们身上实现。希望同学们把红色基因传承好，好好学习知识和本领，努力成长为德智体美劳全面发展的社会主义建设者和接班人。

3. 传承红色基因

其实在我们井冈山小学，红色基因的种子早已播下：同学们在追寻伟人的足迹中感悟红色精神，在劳动中（编草鞋、种菜）体验革命先辈的艰苦奋斗，在传承红色文化（学链枪、打腰鼓）中感受老一辈革命家的坚定信仰。

站在新的历史起点上，作为红都儿女，我们更应该牢记习爷爷的嘱托，传承红色基因，争做时代新人。

假如现在有机会让你给习爷爷写一封信，告诉他：你是谁？你打算用怎样的实际行动来传承红色基因，践行爱国之志。把你想说的写在信中。

敬爱的习爷爷：

    您好，我是＿＿＿＿＿＿。在家里，我会＿＿＿＿＿＿＿＿＿＿＿；在学校，我会＿＿＿＿＿＿＿＿＿＿；在社会，我会＿＿＿＿＿＿＿＿＿＿。

    传承红色基因，我在行动。生于华夏，为实现中华民族伟大复兴的中国梦，我定会竭尽全力，不负您的嘱托！

写信人：＿＿＿＿＿＿

信写好了，我们一起来分享一下。

生1：在学校，我会合理规划时间，努力学习科学文化知识；在家，我会勤俭节约，做到"光盘行动"；在社会，我会乐于帮助有困难的人。

生2：在学校，我会团结友爱同学，乐于助人；在家，我不仅自己的事情自己做，还会帮助家人做些力所能及的事；在社会，我会积极参加社会实践活动，在实践中成长。

铮铮誓言，催人奋进。同学们，共和国从谢氏宗祠走来，从瑞金到北京，中国共产党历经艰难险阻，最终建立新中国。站在新的历史起点上，作为红都儿女，传承红色基因，争做时代新人，我们在行动！希望同学们能将今天所学铭于心，践于行。

    点评：该课程以瑞金"一苏大"会址谢氏宗祠为载体，带领学生走进现场，真实再现会议场景。通过"走进宗祠识旧址——了解一苏大的历史背景""真假会场显智慧——感叹中国共产党人真有智慧""阅兵典礼激斗志——感悟党的精神风貌""苏区精神传万代——升华党的精神认知"等环节，以及"看、听、说、辨、写、访"等多种形式，让学生沉浸式体验，真切感受共产党人的智慧、革命乐观主义精神以及与民众水乳交融的真情实感，自觉树立永远热爱党、永远跟党走的信念。

★ 开国将军梁达三

◎**内容提要** 　本课程向学员介绍了瑞金籍开国少将梁达三的生平。梁达三将军是瑞金籍十三位开国少将之一，他出身贫寒，身经百战、功勋卓著。他艰苦奋斗、意志顽强、英勇善战，不管是捍卫苏区，还是雄关漫道万里长征，抑或烽火抗战，总能创造出以少胜多、化险为夷的奇迹。他为革命 16 年没有回家尽孝，他热爱家乡、重情重义；关爱战友，让失忆老红军热泪盈眶。他信念坚定，面对逆境乐观向上，顽强与疾病斗争。他克己奉公，无论北京还是老家没有置办一间属于自己的房子，每次回乡探亲坚持借住邻居的厢房，却把所有的积蓄捐给家乡搞建设。

◎**主创人员** 　梁志萍　瑞金市怡安希望小学党支部书记
　　　　　　　梁远征　瑞金市市场监督管理局局长、党委书记

　　照片中的这个人就是梁达三将军，他在六个兄弟姐妹中最大，我爷爷行二，按我们家乡的习惯，我叫他"大爷爷"。他于 1912 年 11 月出生在瑞金市云石山乡梅坑村一个贫苦农民家庭。他 18 岁参加革命，22 岁参加红军，加入中国共产党，历任少共区委书记、政治指导员、团政委、政治部主任、华北军区干部部部长等职。1955 年 9 月，大爷爷被中央军委授予少将军衔，是瑞金籍 13 位开国少将之一。

　　他身经百战、功勋卓著。先后参加过苏区反"围剿"战斗、长征路上的战斗、

梁达三

平型关战役、百团大战、"五一"反"扫荡"战役、解放石家庄战役、平津战役等，曾经八次身负重伤、九死一生。荣获三级"八一勋章"、二级独立自由勋章、全国五一劳动奖章、一级解放勋章。

大爷爷的一生，是艰苦奋斗、英勇顽强的一生。

他意志坚强，英勇善战。长征时，大爷爷担任红军第一军团通讯队指导员。有一天，寒风呼啸，红军被敌人围追堵截，部队被打散了，大爷爷手臂负伤，又冷又饿，伤口感染发炎，在一个废弃的破房子里昏迷了三天三夜。醒来后，艰难地挪动病弱的身子，在野外找到几只红薯充饥，顽强地昼夜不停地追赶，终于找到了大部队，翻雪山、过草地，跟着毛主席冲破各种艰难险阻到达了陕北根据地。

抗日战争时期，冀中斗争是最艰苦的。大爷爷担任晋察冀军区第七军分区 22 团政委，在指挥宋家庄战斗时，我军仅 300 余人的兵力，面对装备精良的 3000 多名日伪军，他沉着冷静，指挥若定，打死打伤日伪军 1200 余人，而我军仅伤亡 73 人，创造了抗战史上又一个以少胜多的奇迹。"五一"反扫荡中，大爷爷指挥的 22 团，像一把锋利的尖刀，杀得日伪军鬼哭狼嚎。他常说："共产党员宁流血不流泪。"鼓舞战士们争取一次又一次的胜利。

"咬紧牙关，渡过难关"，正是大爷爷那一代共产党人信仰的力量，这种力量无坚不摧，攻无不克，支撑着他们在逆境中，战胜困难，取得胜利。

大爷爷的一生，是热爱家乡、热爱人民的一生。

1950 年 10 月，大爷爷第一次回乡探亲。阔别 16 年，回到日思夜想、魂牵梦绕的家，他掩饰不住内心的激动，提前在公路旁下了车。他环顾四周，一切是那般的熟悉，又似乎有一点陌生。突然，他的目光停住了，看到一个熟悉的身影，挑着粪桶在给庄稼施肥。瞬间，他热泪盈眶，张嘴想喊，却喊不出声来。他大步跑过去，扑通一声跪在挑着粪桶的他的父亲面前，连磕三个响头，喊了声"哒子"，泪流满脸，泣不成声。他的父亲赶紧放下粪桶，用颤抖的双手慢慢扶起儿子，老泪纵横，父子俩抱成一团，也哭成了一团。很久很久，他的父亲才说出声："回来就好！回来就好！"大爷爷连忙接过粪桶，一起给庄稼施肥。他边干活，边问他的父亲村民的土地都种些什么，收成怎样。回家路上，大爷爷抢着要挑粪桶，说："我好久都没挑这个了，这回让我挑，您老人家就空着手吧！"那天大爷爷穿着军装戴着军帽、脚穿皮鞋，挑着粪桶，走过圳背河畔，走过独木桥，走过田间小路。父子俩，一路的风景、一路的欢笑。

回到家，他不顾旅途的疲惫，马上召集村里的乡绅开会宣传党的方针政策，号召他们支持政府工作。他像甘祖昌将军一样十分关心家乡的发展，经常写信与当地政府商量封山育林、破除旧俗、兴修水利等民生问题，1984年，因为身体原因无法回乡探亲，他还委托他的爱人——我的大奶奶回乡看望红军烈属，捐款支援家乡建设。

大爷爷热爱人民，重情重义。20世纪70年代，象湖镇一个姓杨的男子找到我家来，说："我要找老红军梁达三，我要感谢他，是老将军向组织证实了我父亲老红军的身份，我们家一辈子记他的好。"原来，长征时，大爷爷任指导员，杨老红军是挑电报担子的。后来患精神病住院，大爷爷买东西去看他，并给了两块大洋。杨老红军几十年来多次转院，档案也丢了，患的又是精神病，很多事忘得一干二净。但他却记住了我的大爷爷。后来，领导找到我大爷爷，证实了杨老红军的身份，组织上才落实了他的待遇。此后，大爷爷派我父亲代他多次看望失忆老红军。只要听到梁达三几个字，老红军就会激动得涕泪交加。作为一个将军，事务繁杂，可他心里始终装着人民装着战友，不厌其烦地提供帮助。

大爷爷的一生，是信念坚定、克己奉公的一生。战争年代他多次负伤，先后八次手术，留下很多后遗症。"文革"时期，受"四人帮"和林彪反党集团陷害，他被下放到山西省洪洞县五七干校接受劳动改造。年过花甲的他始终相信中国共产党实事求是的光荣传统、拨乱反正的能力。他一直带病坚持劳动，以乐观的心态与疾病做斗争，直至高烧昏迷不醒。大奶奶强行把他送进北京军区总医院治疗。

这次住院，他的胃切除了四分之三，身体更加虚弱。即使如此，大爷爷还是常跟家人说："这没什么，与我那些死去的战友相比，我已经够幸运的了。"

大爷爷对自己和家属要求很严。回乡探亲，从不麻烦地方领导，也从不接受地方政府和战友的吃请安排住宿等。因为家里穷没房子，每次回来他都是借住邻居的厢房，大奶奶对他说："老梁，你们家真的太穷了，我们回来连个窝都没有。"大爷爷却笑着说："老崔，现在能借到房子住，能放心住下来，已经不错了！"朴实的话语，彰显大爷爷舍小家顾大家的情怀。

1985 年 5 月 9 日，大爷爷在中国人民解放军总医院逝世，享年 73 岁。《解放军报》这样评价："梁达三同志的一生，是革命的一生，战斗的一生，艰苦奋斗的一生。他的革命精神和高贵品质永远值得我们学习。"

2015 年 7 月，江西省军区授予我家"将军之家"的光荣匾，它一直悬挂在客厅墙上。这是大爷爷的光荣，是我们大家的荣耀，是激励我们奋勇向前的精神力量。

大爷爷只是千千万万的优秀党员之一，中华民族之所以能够创造出今天的伟业，就是因为有无数大爷爷这样的革命先辈、共产党人，他们用信仰和忠诚书写人生，用鲜血和生命追求理想。正如习近平总书记强调的："对马克思主义的信仰，对社会主义和共产主义的信念，是共产党人的政治灵魂，是共产党人经受住各种考验的精神支柱。"

新时代的我们，要继承先辈的优秀品质和革命精神，坚定理想信念，补足精神之钙，在中华民族伟大复兴的征途上书写壮丽人生！

点评：该课程以"我的将军大爷爷"作为切入点，成功走入孩子的内心。将军大爷爷的故事很吸引学生，故事质朴动人，不仅传播了红色文化，更让学生铭记历史，感恩幸福生活。另外，该课程还将亲情作为一个很好的连接点，让革命故事从历史深处走进学生现实生活。如将军时隔 16 年与父亲再相见的故事，让学生直观感受到了将军大爷爷的牺牲和付出。

★ 赓续红色血脉　争做"诚毅"少年

◎**内容提要**　本课程将从"刘胡兰式的女英雄"——朱乙妹的故事中赓续红色血脉，争做诚毅少年，汲取健康成长的养分和智慧，通过诵读、吟唱、表演等形式让学生沉浸式传承红色基因，发扬红色传统。

1936年夏季，赣粤边地区出现罕见的大雪封山。红军游击队粮食断绝，只能摘野果、采野菜、剥竹笋充饥。面对游击队困境，赣南地下党同志组织群众利用每月初一和十五进山砍柴的机会，把大米藏在挑柴的竹杠中，把食盐溶进棉袄里，设法丢在山上，转交游击队。陈毅元帅在油山秘密据点吃着从山上"捡"来的大米饭，感慨万千，写下了动人的《赣南游击词》。正是有了千千万万人民群众的支持，才有了三年游击战争的伟大胜利！

◎**主创人员**　袁雪柯　信丰县陈毅希望学校校长、党支部书记

　　　　　　　袁俊彪　信丰县陈毅希望学校党支部副书记

　　　　　　　黄雍容　信丰县陈毅希望学校政教处主任

　　　　　　　汤睿颖　信丰县陈毅希望学校教师

　　　　　　　邹　倩　信丰县陈毅希望学校教师

一、序：打开画卷

赣南是一片浸染烈士鲜血与革命荣光的红土地。在信丰油山，项英、陈毅领导的苏区红军进行了艰苦卓绝的赣粤边三年游击战争。（播放油山"赣南游击词主题园"视频）

1936 年夏，赣粤边地区出现罕见的大雪封山。游击队的粮食断绝，只能摘野果、采野菜、剥竹笋充饥。面对红军游击队的困境，赣南地下党的同志组织群众利用每月初一和十五进山砍柴的机会，把大米藏在挑柴的竹杠中，把食盐溶进棉袄里，设法丢在山上，转交游击队。陈毅元帅在油山秘密据点吃着从山上"捡"来的大米饭，感慨万千，写下了堪称游击战争简史的《赣南游击词》。当我们翻开这部游击战争史，一幕幕动人心弦、催人泪下的画面展现在我们的面前。

系列课程之演游击剧本

二、演：挺身而出

1. 欣赏微电影《乙妹》片段；

2. 看了这个片段，请同学们说说对朱乙妹和林新球这两个人物的看法和认识；

3. 朱乙妹为了保护红军，保护群众，挺身而出的英勇行动让凶恶的敌人也惊呆了。为了让更多的同学们了解这个故事，我们将选拔学生饰演朱乙妹和林新球两个角色，参与拍摄《希望悦读·朗读空间》，欢迎大家踊跃报名！

同学们现在都拿到了《朱乙妹舍身救游击队员》的剧本，老师也准备了水桶、红背带、娃娃和手枪，请同学们阅读剧本，揣摩角色，分小组预排。

（剧本如下）

"白匪来啦，白匪来啦！"朱乙妹把水桶一丢，背着孩子，边跑边喊。

林新球："刚才是谁喊的？是谁在给共匪通风报信？"

"再不说我毙了你们！"

"住手，刚才是我喊的，与他们无关。"朱乙妹站出来大声说道。

"好你个赤匪婆！快说你把共匪藏哪去了！"林新球问道。

"要杀就杀，你们休想抓住他们。"朱乙妹坚定地说道。

4.参与角色选拔的同学在小舞台旁等候上台，我们还将从其他同学中邀请10位大众评委点评、评分。

（邀请大众评委）

5.同学们演绎角色，选拔面试，大众评委点评。

三、讲：英勇献身

1.挺身而出的朱乙妹将面临什么呢？讲述故事。

朱乙妹舍身救游击队员

1935年夏的一天，根据陈毅的指示，赣粤边特委书记李乐天派司务长李绍炳及两名游击队员去村里召开反"清剿"斗争会议。黄昏时分，反动地主林新球带着一群白狗子从后山潜入村庄。

此时，朱乙妹背着三岁的女儿难妹子，去后山脚下浇菜。忽然，她听到树叶"哗哗"作响，仔细一看，原来是白狗子来了！这时候用暗语报信来不及了，情急之下，她把水桶一丢，转身往回跑，并大喊：

"白狗子来了！白狗子来了！"

听到喊声，游击队员很快从屋后门上山，不一会儿就消失在密林之中。

林新球没有抓到游击队员，十分窝火，想起刚才有人通风报信，就立即将全村老少赶到村前的草坪上，威逼大家交出报信的人。

系列课程之讲游击故事

"刚才是哪个妇娘子喊的？"林新球眼露凶光，在人群中扫来扫去。"快说，不说出来，就开枪了！"林新球用惯用的伎俩进行恐吓。

这时，一位老大爷站了出来，大声说："我们没有听到喊声呀！"

"是啊，我们没有听到喊声！"大家齐声附和。

林新球气急败坏地指使一名白狗子用枪托打老大爷的头。顿时，老大爷额头鲜血直流。但他仍然坚持说："我们真的没有听到喊声！"

林新球右手晃了晃，做了一个杀的动作。白狗子立刻端起明晃晃的刺刀向老大爷逼近，眼看刺刀就要插入大爷的胸膛。

"住手！"突然，人群中传出一声怒喝，"刚才是我喊的，与这位老大爷无关。我一人做事一人当。"

朱乙妹从人群中挤出，向敌人走去。

林新球气得大声嚎叫："原来是你这个'土匪'婆，快说，你把'土匪'藏到哪里去了？"

"你们才是杀人放火的土匪。游击队是好人，你们休想抓住他们。"朱乙妹激动地说道。

"快，快把她给我绑起来！"林新球厉声喝道。

"不用绑，我自己会走，你不要吓着我女儿。"朱乙妹轻轻地把背上的女儿放下来，紧紧地抱住她只有三岁的女儿，深情地吻住女儿的额头，她是想把这一生的母爱、一世的温情都留给她在这世上唯一的孩子啊。她转身跪倒在婆婆面前哽咽着说："娘，对不起，我不能再照顾您了，您自己多多保重，难妹子就交给您了！"说完，她转过脸，深情地望着草坪上的乡亲们，似乎在说："乡亲们，不要为我难过，为了保护红军游击队，我朱乙妹死也情愿！"

系列课程之诵游击诗词

面对英勇顽强、大义凛然的朱乙妹，凶残的白狗子把枪口对准了她，"砰！""砰！"两声枪声划破长空，为了保护游击队，保护群众，朱乙妹英勇地献出了宝贵的生命。

2. 年轻的朱乙妹倒下了，但她永远活在了我们的心中。故事中哪个片段让你最感动？请同学们练习把这个片段讲一讲，根据你们的表现我们将选拔出下周的"最美朗读者"，在校门口宣讲《朱乙妹舍身救游击队员》的故事，迎接同学们开启美好、奋进的每一天！

3. 同学们讲故事展示，老师挑选下周"最美朗读者"，课后予以指导。

四、诵：人民支援

陈毅听了朱乙妹的事情后，心里怎么也平静不下来，他强忍悲痛，说道："朱乙妹是刘胡兰式的女英雄，我们一定要为她报仇！"在陈毅的周密部署下，过了不久，油山游击队就处决了反动地主林新球。

敌人的屠刀吓不倒英雄的人民，火种不灭，红旗不倒。三年游击战争，信丰人民做出了巨大的牺牲。（出示牺牲的烈士名单）正是有了像朱乙妹这样的千千万万人民群众的支持，才有了三年游击战争的伟大胜利！正如陈毅同志在《赣南游击词》

里所说：靠人民，支援永不忘，他是重生亲父母，我是斗争好儿郎，革命强中强！

领诵、齐诵：靠人民，支援永不忘，他是重生亲父母，我是斗争好儿郎，革命强中强！

五、忆：峥嵘岁月

1934 年 10 月至 1937 年 10 月，项英与陈毅一道，在崇山峻岭、千崖万壑之中，率领游击队员们顶酷热、冒严寒，昼行森林、夜宿山洞。以信丰油山为中心，领导开展了艰苦卓绝的赣粤边三年游击战争。

敌人动用重兵，采取移民并村和赶群众出山的手段，长期搜山、围山、烧山，企图把游击队困死在

系列课程之走游击路线

崇山峻岭之中。红军将士整年整月都在野外露宿，大风大雨大雪天都在森林和石洞里度过。

敌人越是疯狂，群众越是千方百计地支援游击队。敌人封山封坑、移民并村，群众与游击队联系不上，心里非常着急。他们便利用初一、十五开禁日上山打柴的机会，带些粮食、盐、咸鱼和报纸、情报，在深山里到处丢，让游击队去拾。靠近大山的村子，敌人来搜山搜村时，群众就在山内山外、村内村外、墙头、树梢、窗口等地方做暗号，游击队看到这些暗号就及时避开了。

赣粤边三年游击战争的艰苦程度，比红军长征更为凶险，因为这里是国民党统治区域，留下的红军都是处在层层包围之中，随时都有丧命的危险。陈毅后来回忆说：我们就像野兽一样生活。形象地道出了当时恶劣的生存环境和险峻的斗争形势。正是依靠人民群众的支援和掩护，我红军将士才坚持了赣南游击战，夺取了反"清剿"斗争的胜利。正如陈毅同志 1942 年指出："南方的三

年游击战争，也同二万五千里长征一样，证明了中国共产党是一个不可战胜的伟大革命力量。"

同学们，通过今天的这堂课你有了怎样的收获呢？

六、唱：游击红歌

陈毅等领导的赣粤边三年游击斗争，将几十万国民党军吸引在中央苏区及其周围，钳制、消耗大量敌人兵力，有力地掩护和策应了主力红军和中央领导机关的战略转移。在南方八省保存了革命的战略支点，在赣粤边地区撒下了革命火种！让我们在演唱《赣南游击词》中结束本课。（播放配乐）

系列课程之唱游击红歌

点评：该课程以群众朱乙妹勇救游击队员的故事为缩影，充分展现了战争年代军爱民、民拥军，共克时艰、共渡难关的革命传统，让学生在"序：打开画卷""演：挺身而出""讲：英勇献身""诵：人民支援""忆：峥嵘岁月""唱：游击红歌"中深刻体会军民鱼水一家亲能够凝聚磅礴的力量，这种力量是我们战胜困难、夺取胜利的重要法宝，是我们今天幸福生活的重要来源，以此激发学生热爱人民、热爱军队、热爱党、热爱祖国的情感，将来自觉把满腔的热情投入到建设祖国的伟大征程中。

★ "带镣长街行" 正气励后人

◎**内容提要** 本课程讲述的是革命先驱刘伯坚同志以钢铁般的意志与敌人顽强抗争的故事。整节课以时间为主线，全面展示刘伯坚烈士生前的革命事迹。尤其是他在狱中写下的几封家书，充分诠释了一位共产党人坚定的革命信仰和深入骨髓的家国情怀，一字一句催人泪下，让人动容。在被捕入狱期间，无论敌人如何威逼利诱，刘伯坚同志始终坚定革命信念。他在狱中写下了《带镣行》等诗歌，真实地记录了狱中的非人生活，表现了视死如归的英雄气概。本课以聆听家书和诵读《带镣行》为学习重点，以此激发学生心底的爱国情怀——怀揣中国梦，传递正能量，让伟大中国梦成为激励后辈前行的力量。

◎**主创人员** 周雪晶 江西省安远县思源实验学校

一、走进红色故土

传承红色基因，培养时代新人。

同学们，大家好！欢迎大家来到我的家乡——安远，安远县是一片美丽的红土地。（播放《红色安远》视频）

现在请同学们跟随我一起走进安远县塘村乡，追寻革命先驱的足迹，听听塘村突围与刘伯坚的故事。

二、讲述突围故事

（一）塘村突围

1935 年，20 万国民党军队将 3 万红军压到赣南一隅。3 月 4 日，在安远县塘村乡，赣南省军区政治部主任刘伯坚同志率领一、三支队从黄沙村的战场撤出，突围时，与敌军正面遭遇，战斗十分激烈。由于兵力悬殊，红军伤亡很大，部队很快被敌人冲散了。敌人发现刘伯坚在山坡上指挥战斗，立即组织密集火力冲过来。这时，刘伯坚不幸被流弹击中右腿，血流如注。战士想要背着他走，他吼道："同志们不要管我，冲出去，冲出一个算一个，革命一定会胜利的！"警卫员中弹牺牲了，战士们一个个都倒下了，最后，昏迷的刘伯坚也落入敌手。

敌铲共团团长一眼便认出伤者是刘伯坚，大喜过望，立即叫卫生兵清理伤口，进行包扎，并把酒肉摆在桌上，打算好好招待刘伯坚，企图从刘伯坚口中得知项英、陈毅的藏身之处。敌团长热情敬酒，说："伯坚兄，识时务者为俊杰，如今红军已经不行了，你就招了吧。等抓了这两个人就放你走，你在国军这边照样可以当大官。"

刘伯坚听了，指着夕阳说："要我出卖同志？你就问问这下山的太阳，会不会从西边升起来！告诉你们，要从我这里得到情报，休想！"

敌团长见刘伯坚不为所动，就对他严刑拷打。

从国民党档案里查到的审讯记录是这样的：

问：你为什么加入共产党？

答：我看你们国民党毫无治国救民的办法，故加入共产党，致力于土地革命。

问：你们共产党有办法，为什么弄到现在一败涂地？

答：胜败乃兵家常事。古人说："野火烧不尽，春风吹又生。"只要革命火种不息，燎原之火必然将漫天燃起。

百般折磨，敌人未能得到任何情报。

（二）移狱大余

第三天一早，敌人便经信丰将刘伯坚转移到粤军军部——大余。一路上，刘伯坚伤口化脓，加上不停颠簸，受尽了痛苦与折磨，可他咬紧牙关哼都不哼一声。

为了炫耀所谓的胜利，敌人故意押着负伤戴镣的刘伯坚，在大余县游街示众，想让民众看到他的凄惨下场。谁知刘伯坚器宇轩昂，倒使路人敬佩不已。

回到狱中，刘伯坚坚贞不屈，视死如归，写下遗书。（播放诵读遗书视频）

信中刘伯坚谆谆叮嘱他的亲人：教养虎、豹、熊三个孩儿长大成人，继续他未完成的光荣事业。他生是为中国，死是为中国！这是一个共产党人最后的遗愿，也是一位父亲最后的教诲。家是最小国，国是千万家；有国才有家，家国两相依。无论过去、现在还是将来，好家风如化雨春风，护着家、护着国，成为人们梦想起航的地方。

3月11日，敌人将刘伯坚移狱至绥靖公署候审室。移狱时故意押着戴镣的刘伯坚从当时繁华的青菜街走过，企图借此显摆反共战功，威吓群众。可不曾想到刘伯坚镇静自若，器宇轩昂地拖着沉重镣铐，从容走过大街。他那首脍炙人口的《带镣行》记述的就是移狱情形。

（三）戴镣行街

（齐声诵读）

带镣行

带镣长街行，蹒跚复蹒跚。市人争瞩目，我心无愧怍。

带镣长街行，镣声何铿锵。市人皆惊讶，我心自安详。

带镣长街行，志气愈轩昂。拼作阶下囚，工农齐解放。

这是一首感人至深、千古流传的战斗诗篇。20世纪80年代曾编入中学课本，列为爱国主义教育教材。

同学们，镣铐锁住的是刘伯坚同志的手和脚，可锁不住一名共产党员无私无

刘伯坚《带镣行》手稿

畏的革命英雄主义气概和为民族、为劳苦大众求解放、视死如归的高贵品格。他把鲜血洒在江西这片红土地上。

（四）正气长存

（幻灯片显示刘伯坚的一生：留学、抗战……牺牲）

14年的革命岁月，叙写了一名共产党人的光荣历程。1935年3月21日刘伯坚的生命永远定格在了那一刻，可是还有千千万万个刘伯坚为了理想信念而奋斗。正如习近平总书记说的——（播放习近平总书记关于奋斗的讲话视频）

时光荏苒，我们已经看不到先辈们奋斗的身影，听不到他们的呐喊声，但我们仍能感受到他们不停跳动着的心脏，触摸到他们高尚纯洁的灵魂，领悟到他们矢志不渝的革命初心。

三、课堂升华

（一）新时代伟大成就

（幻灯片展示 1921 年中国共产党成立到 2021 年的伟大历史进程图片，音乐响起，配图解说）

回望历史，我们才能懂得，走得再远都不能忘记来时路。100 年来，中国共产党走过的历史道路，既无比波澜壮阔，又异常艰辛曲折。为了实现中华民族伟大复兴的历史使命，中国攻克了一个又一个看似不可攻克的难关，创造了一个又一个彪炳史册的人间奇迹。同学们，你们知道创造了哪些奇迹吗？

生 1：我们的航天人正与"嫦娥"为伴，在"北斗"引领下入住"天宫"，遨游星辰大海。

生 2：我们的潜航员正和"奋斗者"号一起漫步马里亚纳海沟，在地球最深处探索生命奥秘。

生 3：我们的高速公路纵横神州大地，总里程超过 16 万公里，稳居世界第一。

生 4：我们的复兴号动车组正风驰电掣，连接起一座座繁华都市、一片片美丽乡村，我们用登陆遥远火星的天问一号预约未来。

……

（二）畅想少年中国梦

1. 畅谈梦想

是啊，能上九天揽月，下五洋捉鳖，中国正在发生着前所未有的巨变。亲爱的同学们，少年智则国智，少年强则国强！我们要弘扬民族精神、凝聚中国力量，为实现第二个百年奋斗目标，贡献自己的绵薄之力。畅想你的少年中国梦吧。

生 1：我想研制治疗新冠病毒感染的药物，让人们不再受疫情困扰。

生 2：我梦寐以求的是研究出芯片，让科技不再受他国钳制。

生 3：我想成为杰出的足球运动员，带领中国冲进世界杯。

生 4：我想投身国防事业作出贡献，不仅让祖国变得更加强大，更为全球和平作出贡献。

……

2. 唱响未来

乳虎啸谷，百兽震惶！壮哉，我中国少年！

（师生合唱《少年中国梦》）

少年的梦融进中国的梦，中国梦就在不远的前方；少年的梦依偎着中国的梦，中国梦就有我们的力量。以红领巾的名义时刻准备着，让中华民族的伟大复兴在你们心中生根发芽，为最美的梦想插上翅膀，做新时代的追梦人。

点评：该课程选择刘伯坚在赣南安远、大余等地面对敌人坚贞不屈，视死如归的故事为主线，通过讲述塘村突围及"戴镣长街行"的故事致敬革命先驱，通过诵读家书感悟刘伯坚的铁血柔情与家国情怀，通过回顾峥嵘历程体会今日的盛世繁华来之不易，通过畅谈梦想激励学生争做时代追梦人。从故事讲述到诵读家书到情感升华，层次分明，水到渠成，能有效落实立德树人的目标及培养学生爱党爱国爱家之情。

★ 新时代中国特色社会主义在赣南苏区的伟大实践

◎**内容提要** 本课程以时间为线索，通过一个 37 年教龄的老教师的亲身经历，结合中国特色社会主义与资本主义的比较，讲述国家重大事件与家乡的紧密联系以及赣州的发展进步，激励青少年一代明理、崇德、增信，爱党爱国，更加奋发有为。

◎**主创人员** 刘锡鹏 赣州市十五中学老师、赣州市家庭教育讲师团讲师

一、曾经封闭落后的家乡赣南

847 年前，辛弃疾的一首《菩萨蛮·书江西造口壁》让家乡赣州享誉千年。然而，鹧鸪声声，"行不得也哥哥"——倾诉着辛弃疾壮志难酬的伤感；另一种唱法"稻子熟了哆哆"——唱出赣南百姓稻熟也挨饿的悲凉。

"挑担干柴上圩卖，腰酸背痛肩脱皮，这个世界太大啦！"东武夷、西罗霄、北山深、南岭高，群山环绕，"天高皇帝远"的家乡，自古以来，民众对社会的参与度十分低。

182 年前的鸦片战争，帝国主义的坚船利炮拉开了中国近代史悲惨的序幕，近代化的"四大运动"不能改变中国落后挨打的局面，3.94 万平方公里的赣南陷入漫长而痛苦的沉思。"改变！"是发自人民心底的呐喊！

二、党中央和赣南苏区心连心

101 年前，中国共产党的诞生像一轮红日照亮了中国，中国的革命面貌焕然一新。党的光辉旗帜，照亮沉睡心灵，引领家乡儿女奔赴中国革命的最前沿。在毛泽东、周恩来、朱德、刘少奇、邓小平等无产阶级革命家的引领下，无数革命者投身拯救中华民族的伟大革命斗争，其中就有我们赣州的古柏、萧华、陈奇涵、杨尚奎以及蓉江新区的陈赞贤、罗贵波、郭大力……

92 年前，中央革命根据地在瑞金建立，1931 年 11 月 7 日中华苏维埃共和国临时中央政府成立。中央苏区 240 万人民全身投入苏区政权建设，30 万人直接参加战斗，支援革命人数达 60 万以上。大余、信丰、宁都各地开展起轰轰烈烈的革命斗争。5 万多赣南籍士兵参加长征，长征途中，每公里牺牲 3 名赣南籍士兵。革命战争年代，有名有姓的赣南籍烈士 10.82 万，苏区人民用鲜血和生命建立起与党中央坚不可摧的革命情感。

在中央苏区，形成了"没有调查就没有发言权""真心实意地为群众谋利益""自带干粮去办公"等宝贵工作作风，在求真务实中筑牢信仰之基，解决群众的一切问题，争创第一等工作；铸造了"坚定信念，求真务实，一心为民，清正廉洁，艰苦奋斗，争创一流，无私奉献"的苏区精神。

73 年前，马克思主义中国化在中国实现第一次历史性飞跃——毛泽东主席开辟"农村包围城市，武装夺取政权"的革命道路，中华人民共和国诞生，中国人民站起来了，并在 1956 年确立社会主义制度。

赣南老区人民，像当年支援红军一样，输送钨、木材、粮食到全国，支援京九铁路、大广高速建设，只要国家需要，从不含糊，没条件创造条件也要办到。

党中央和赣南人民心连心，"一五计划"就在赣南建设了"三矿一站"。大京九铁路修建时，党中央让它在兴国绕了个 90 公里的大弯。

44 年前，邓小平引领改革开放，马克思主义中国化实现第二次历史性飞跃，中国人民富起来了。

这一时期，赣南大力实施"猪—沼—果"工程，鼓励公职人员下海招商引资（我也是"赶海"人之一，深切感受到政府发展经济的用心，体验时代大潮之澎湃），发展个私经济，开发旅游，农村逐步实现三通……

三、新时代中国特色社会主义在赣南苏区的伟大实践

10年来，习近平总书记擘画中华民族复兴宏伟蓝图，马克思主义中国化在中国实现第三次历史性飞跃，胜利实现第一个百年奋斗目标，全面小康，中国特色社会主义进入新时代。

10年里，赣南苏区轰轰烈烈地进行了新时代中国特色社会主义的伟大实践。

一是思想引领。中国梦，"五位一体"，四个全面，新发展理念……习近平新时代中国特色社会主义思想深入人心，人民干事创业内生动力强大。

二是国家支持。习近平总书记十分关心赣南老区，要求赣州"努力在加快革命老区高质量发展上作示范、在推动中部地区崛起上勇争先"。为苏区振兴，总书记多次作出批示，国务院出台了《关于支持赣南等原中央苏区振兴发展的若干意见》，并且连续两轮推出帮扶措施。

三是政府主导。2012年，赣州市第一次提出了"主攻工业"方略；2016年，第五次党代会强化了"工业强市"方向；2021年，第六次党代会确立"三大战略，八大行动"，对赣南在全省、粤港澳大湾区乃至全国作了清晰的战略定位，各级干部弘扬苏区干部好作风，"白＋黑""5+2"地加油干，擦亮"干就赣好"赣州名片。

四是人民主体。返乡创业热情高涨，创新创造活力迸发。截至2022年8月，新增企业18.5万户，增速名列全省前茅，总数达80.5万户，其中个体工

创新发展，南康成为中国实木家具基地（摄影：杨晓明）

商户 60.5 万户，农民专业合作
社 1.03 万户。

五是全面践行新发展理
念。

——协调发展夯实基础。
水力、煤炭、风能、太阳能电
站多能发电，并网运行，动力
电直达乡村，为城乡发展提供
强大动能。县县通高速公路，

共建共享，赣州港连通亚欧（摄影：杨晓明）

硬化路到村入户。赣州港中欧班列直达亚欧 22 个国家 150 多个城市，真正实现
连通世界，"买卖"全球……制约赣南发展的基础性障碍得到根本性解决。

——创新突破龙头昂扬。千亿产业、千亿园区扬帆奋进；中国稀土集团总部
设在赣州，中科院赣江研究院落地开花，稀土业、钨业成为世界翘楚；格力、吉
利赣州分厂投产上市；果业集群稳步壮大，面积 175 万亩，年产 150 万吨，产值
166 亿元；家具产业逾万家，年产值 2270 亿元，带动设计、机械制造、物流等
上下游配套企业蓬勃发展，就业人员超过 50 万。

——绿色发展和谐共生。森林覆盖率稳定在 76.2%，建成美丽宜居示范县 6 个，
全域美丽乡镇 31 个，美丽村庄 361 个，美丽庭院 5.6 万个，人居环境整体改善，3.94
万平方公里的赣州大地，山清水秀，宜居宜业。

——共建共享城乡巨变。城区绿色覆盖率 49.85%，空气、饮用水水质优良
率双双百分百。变化最大的是农村，农民进厂当工人，投资做老板，懂管理成白
领。城乡差距、工农差距大幅拉近，城里人，乡下人，一同成为创新创造的主力
军，共同过上有品位、高质量的生活。

十年伟大实践，赣州跃上了一个新台阶。GDP 从 1700.9 亿元到 4169.4 亿元，
增长 245.1%，进入全国百强城市居 65 位；人均 GDP 从 2.01 万元到 4.64 万元，
增长 230.84%。经济社会发展迎来厚积薄发最佳时期。

精神境界同步提升。我的老家南康赤土畲族乡，成立了不少家族理事会，但只做三件正能量的事情：拥军优属、敬老爱老、奖教奖学。理事会章程明确宣示：爱党爱国，热爱社会主义。农村两类人的变化，令人印象特别深刻。老年人天天看新闻，妇女广场舞跳得很专业，"诗和远方"进入百姓生活日常。

赣南新时代中国特色社会主义的实践，是党中央集中统一领导下的一部分，是国家伟大成就的生动写照，符合市情，顺应民心，道路越走越宽广。

四、青少年一代的光荣使命

党的二十大已经胜利召开，习近平总书记吹响了向"中国式现代化"进军的嘹亮号角，2022向未来，应当认真引导青少年做好以下两件事。

一是用科学思想武装头脑。学通弄懂"中国共产党能！"中国共产党是世界上得到最多人民支持的第一大党，党的领导是中国历史的必然选择。党的宗旨、理论、实践、成就充分证明，党的领导是走向更加美好未来的根本保证。中国共产党面向世界，与170多个国家600多个政党或政治组织建立友好关系，携手共建"人类命运共同体"。"中国特色社会主义好！"因为它是适合中国国情的道路，是科学运用人类一切优秀文明成果的道路，是开放包容的大道。

二是认清时代赋予我们的光荣使命。全面建成社会主义现代化强国到了关键的时刻，愈进愈难，愈进愈险。家乡发展只是有了一个好的起步，但与周边地区相比，差距仍然较大。所以，我们肩上担子重大，不能丝毫有坐享其成的想法。

国家强大是我们的底气，"奋斗成就伟业"是我们的骨气，把个人理想与家乡发展、祖国繁荣相结合是我们永远的志气。

伟大就在身边，奋斗每时每刻。踏上中国式现代化新征程，需要一代代人接续拼搏。

　　点评：该课程在准确把握习近平新时代中国特色社会主义思想的本质要求的前提下，以赣南苏区的伟大实践为支点，围绕新时代赣南的综合战略部署、实施路径、实践成就等方面进行剖析。通过大量数据资料展示赣州蝶变，课程讲述深入浅出，带领同学们共同领略党领导下的苏区发展新画卷，让学生进一步增强了热爱党、维护党、忠诚党的理想信念。

创新教学

★ 永恒的信仰

——跨越时空的对话

◎**内容提要** 本课程共分为三个部分,分别讲述陈毅安、伍若兰、刘仁堪等共产党人,为革命事业而流血牺牲的感人事迹。课程通过串连讲述三位先烈英勇牺牲背后的故事,让学习群体亲身融入革命先辈们的感人故事,汲取他们身上信仰的力量。

◎**主创人员**　高华飞　中共井冈山市委红色教育基地委员
　　　　　　　陈志如　中共井冈山市委红色教育基地课研室教师
　　　　　　　陈　琳　中共井冈山市委红色教育基地培训室副
　　　　　　　　　　　主任
　　　　　　　肖淑慧　中共井冈山市委红色教育基地培训室副主任

开篇

主持人：高华飞

一段对话,跨越时空,传承信仰,铭记感动。大家好!欢迎走进"永恒的信仰——跨越时空的对话"课堂。心中有信仰,脚下有力量。一个人有什么样的信仰,就有什么样的选择;有什么样的选择,就有什么样的前途命运。习近平总书记在党的二十大报告中明确指出:"我们要坚持对马克思主义的坚定信仰、对中国特

主持人高华飞为课程开篇

色社会主义的坚定信念，坚定道路自信、理论自信、制度自信、文化自信，以更加积极的历史担当和创造精神为发展马克思主义作出新的贡献。"并强调要"弘扬以伟大建党精神为源头的中国共产党人精神谱系"。循着百年大党的精神之源，让我们聚焦中国共产党人精神谱系中这个重要的红色坐标——井冈山，解读我们党从胜利走向胜利的精神密码。

2016 年习近平总书记在井冈山考察时指出："要结合新的时代条件，坚持坚定执着追理想、实事求是闯新路、艰苦奋斗攻难关、依靠群众求胜利，让井冈山精神放射出新的时代光芒。"今天，我们通过一段讲述、一封家书、一段对话、一场演讲、一份独白，来感受革命先辈们背后的感人故事。

彼时他们那般年轻，却或慷慨赴死，或忍辱负重，唯留字里衷肠，行间澎湃。我们把这种义无反顾称之为信仰的力量。在革命年代的烽火硝烟之中，革命先辈们以信仰作为自己的精神之基，以身许党，以身报国。因为信仰，一位黄埔军校的毕业生不得不在丈夫和战士的身份之间选择，最终选择离开妻子，义无反顾地奔赴前线。他就是拥有由毛主席亲手签发"共和国第九号烈士证"的革命先辈陈毅安。

陈毅安篇

播放视频：

这里是全国重点文物保护单位、毛泽东和朱德会见旧址——龙江书院，1928年4月下旬，毛泽东和朱德在这里进行了历史性的会见，从此，"朱毛"红军闻名天下。井冈山会师催生了一大批信仰坚定的红军政治干部和军事干部，壮大了井冈山革命根据地的武装力量，在中国革命史上具有极其深远的重大意义。

在旁边的井冈山会师纪念馆里，珍藏着一件乳白色的普通茶盘，茶盘的主人是红军队伍中一位以一胜十的骁将陈毅安，彭德怀曾评价他："生为人民生的伟大，死于革命死的光荣。"陈毅安光荣而短暂的一生，不仅给我们留下了黄洋界上的光辉时刻，还有他和李志强这对革命夫妻悲壮感人的爱情故事。

讲述人：陈琳

陈毅安是湖南湘阴县人，他从小聪慧过人，但自幼家贫，于是族人凑钱供他上学。中学毕业的时候，因为族人与其他家族争地输了官司，所以族中的长辈都希望陈毅安将来可以学法律。但当时的社会提倡"实业救国，要搞工运"，陈毅安便没有选择法律专业，而考入了甲等工业学校。

有年暑假，陈毅安回老家之前去了小学老师邹老师家拜访。邹老师的侄女李志强正巧也在，当时她16岁，在省立稻田女子师范学校念书。陈毅安和李志强可以说是一见钟情，老师和师母见到两名年轻人互相钦慕又不好意思的模样，主动为他们牵起红线。那年的中秋节，在老师和师母的见证之下，两人正式订下了亲事。

但当时正逢国家危难之际，年轻的两人誓要"先立业，后成家"。虽然两情相悦，也得到了家人的肯定，但他们一再推迟婚期，这场恋爱一谈就是8年。陈毅安怀着救国救民的思想，投身革命，他的高远志向、血气方刚吸引着李志强，而李志

"陈毅安篇"的讲述人陈琳

强的朴实和上进也深深吸引着他。

陈毅安一直在帮助李志强重新认识社会、认识革命，去反抗社会上的不平等、不自由，动员她去妇女协会工作，动员她加入共产党。在陈毅安的影响之下，李志强坚定地走上了革命道路。陈毅安称此为"恋爱的真精神"。

1926 年，陈毅安考入了黄埔军校第四期。在陈毅安考入黄埔军校后，爱人李志强盼着陈毅安尽快毕业，成为教员，好安安稳稳地与自己长相厮守。陈毅安虽然知道爱人的心思，也自觉亏欠爱人许多，但是为了革命理想，他早已立志走上战场，成为战士。于是他决定说服爱人，便写下了这封预示命运转折的信。

学员朗读：

六妹 爱鉴：

如金似的光阴，一瞬都不能放弃，但才接了你上月二十五日的信，看了之后，发生许多感想，故不得不牺牲一部分时间，来作一个答复。一方面可早些解释你的疑团，使你的脑筋不致作无谓的思想；一方面可以促使你做实在的工作，不致空谈。

　　我与你的婚姻，已不成问题了，只预备将来结婚，再没有把脑筋去死死来想的价值，我上次同你说，爱情固然是要好，但不能成为痴情，换句话说，就是不要牺牲一切专来讲爱情……最可笑的就是我去学炮科，你恐怕我去打仗而死了，没有什么价值；你又说你毕业后出来当教员，把一些青年子弟要教成爱国化，来为国家流血。你不愿你的爱人流血，而要别人去流血，这真是笑话了。你的学生将来他没有爱人吗？父母吗？兄弟吗？他不是中国人吗？他就应该去血战吗？假若他的爱人死死地不要他去流血，那中国就无可救药了……

　　你说不要糊糊涂涂地死了，这也不错。但是为了革命而死，为民众谋利益而死，是不是糊糊涂涂呢？假若是的，那中国一定没有烈士，革命也永远不能成功。

　　现在我进了学校，老实不客气对你不起了，也已经同别人又发生恋爱了，这个人不是我一个人喜欢同他恋爱，世界上的人恐怕没有人不钟情于他，这个人就是列宁主义，你若明了他的意义，恐怕你也要同他恋爱了，若是你真能同他恋爱，就是我同你恋爱的真精神，请你早些下个决心吧！上课去了，这点钟是帝国主义侵略中国史，研究帝国主义的侵略史，以便来复仇。不同你说闲话啦，祝你保养身体，千万万并希努力！

你的亲爱的毅安

1926 年 4 月 14 日

讲述人：陈琳

　　1927 年，陈毅安随秋收起义部队来到井冈山。井冈山的生活非常艰苦，陈毅安一直在为革命奔波忙碌。在战火的洗礼中，陈毅安已成长为驰骋井冈的骁将，在战场上屡立战功，尤其是在著名黄洋界保卫战中，陈毅安更是一炮定乾坤！

　　黄洋界保卫战胜利了，但随着敌人更加疯狂的军事围剿，革命形势日益严峻。而此时，他也陷入了一种矛盾的感情之中，不敢放任自己在思念中沉溺太久，不愿儿女私情影响自己革命的决心，但又忍不住心中的情感，在空闲的时候，他就会给未婚妻写信，每一封信，情侣间的蜜语极少，更多的是对革命未来的畅想，和对李志强的鞭策与鼓舞。

1929年1月，在第三次反会剿战斗中，陈毅安身负重伤，彭德怀亲自派人将他送回家中治疗，并嘱咐他要尽早与李志强把婚事办了。养伤期间，陈毅安在家乡和李志强完婚，相恋多年的爱人终于在一起了。1930年7月，红四军攻打湖南越州胜利后，准备攻打长沙。陈毅安得知后准备立刻返回部队，李志强想让他养好伤再出发，但陈毅安下定决心返回。当他得知妻子怀孕后，他深情地望着妻子说："将来生下来的无论是男是女，都要和我一起干革命。"但李志强没有想到的是，这一别竟是永别。

1930年8月7日，长沙战役打响，为了掩护部队的撤离，陈毅安不幸被机枪扫射，腰部连中数弹。次日凌晨，彭德怀远远瞧见前线抬过来一副担架，随后就听到陈毅安警卫员的哭声。还没等到有人报告，彭德怀心中就明白了，他赶紧走到担架前，得知陈毅安腰部中了四枚子弹，伤势已经非常严重。当时又没有输血设备，经过一番急救之后，陈毅安终因流血过多而壮烈牺牲，年仅25岁。

1931年3月，李志强收到了一封信。信封上是陈毅安的字迹，李志强一眼就能认出来。她欣喜万分，小心撕开信封，拿出信纸，然而，里面的信纸却是空白的。李志强惊慌失措，颤抖着双手将这两页纸翻来覆去看了又看，的确没有一个字在上面。原来，陈毅安曾经和她有一个约定，每次出战之前，陈毅安都会将一封没有写字的信交给战友，如果他牺牲了，战友就会将无字信寄给李志强。她始终不愿相信新婚丈夫就这样离开了她，她依旧在不断向人打听着丈夫的下落，依旧在痴情地等待着。

1937年9月，李志强怀着仅有的那一点点希望，给延安八路军总指挥部写去了一封挂号信。这封信先到了朱德手上，随后朱德转交给毛泽东，毛泽东心情沉重地交给了彭德怀。彭德怀亲自写了一封回信给李志强："毅安同志为革命奔走，素著功绩，不幸在1930年已阵亡。"听到这个消息，李志强泣不成声。

尽管确认了丈夫的死讯，李志强却并未如约定所说不再等待，而是痴痴地思念了陈毅安整整 53 年，他悉心地保管着陈毅安写给她的每一封信，一遍一遍地读，在字里行间寻找着丈夫的身影。

投影人物陈毅安与李志强的对话（李志强由肖淑慧扮演）：

李志强：毅安，你好吗？井冈山上的生活都还顺利吗？

陈毅安：志强，我很好，井冈山上条件有限，但比起优越的条件，我更享受现在这般精神上的充实！为共产主义而奋斗，是我一生的追求。

李志强：毅安，我知道你热爱你追求的信仰，我不会拦你。可是，一想到你要为之牺牲，我就……

陈毅安：志强，不要为我担心。革命总会有流血的、有牺牲的。如果人人都怕牺牲，那谁来拯救现在这水深火热的中国呢？志强，你上次写信跟我说你在教你的学生要有信仰，要热爱自己的国家。倘若我都害怕牺牲，那真是笑话了。

李志强：毅安，我明白你当然不怕牺牲……我知道你在井冈山获得了精神上的享受，而且更令我骄傲的是，我听说了你打了大胜仗！

陈毅安：那是 1928 年 8 月的一天，敌人趁我军主力还在湘南，竟纠结四个团的兵力来攻打井冈山，为了粉碎敌人的计划，我连夜带着两个连赶回黄洋界。击溃敌军三次进攻，可是敌军还是疯狂地进攻，此时情形十分危急，我叫人抬出山上唯一的一门迫击炮，一炮打在敌人的指挥所，打得他们仓皇逃窜！

李志强：毅安，我能想象你奋勇杀敌的样子，我为我的爱人是一名革命者而自豪。在这夜深人静的时候，我只想跟你说：我的爱人，我想要见你！

陈毅安：我也想见你，我也想与你完成我们的婚约，可是你看看今天的中国吧，到处都是血雨腥风，到处都是流离失所，我又怎能只想着我们呢？志强，如果有一天，你收到了我寄出的空白信笺，那就是我为我们信仰的主义牺牲了。

李志强：不！你别这样说，你还那么年轻，我不能失去你。

陈毅安：志强，如果我牺牲了，你要找一个爱你的人，我希望你可以为我好

投影人物陈毅安与肖淑慧饰演的李自强对话

好生活下去。

李志强：毅安，我们的孩子还没有出生，难道你不想见见我们的孩子吗？

陈毅安：我当然想见！但如果牺牲可以换来光明，那便是值得的。只是，我的爱人，还有素未谋面的孩子，我很遗憾不能看到你们了。如果真的有那么一天，我的遗憾就留给那无字的书信里诉说吧。

李志强：这是我收到的最后一封信，两页纸，无字。我反反复复看了无数遍，期望着在纸上哪怕找到一丁点字迹，可是，没有，什么都没有。毅安……你走了，走得那么急，每次和你相聚的日子总是那么短暂，我一直盼着你能回家。本以为等革命胜利了就可以相聚，可是你为什么丢下我？你知道我有好多话想对你说，有好多事情没有讲给你听吗？

陈毅安：志强，不要伤心。能够为了新中国的到来而牺牲，是我的光荣，我有了共产主义的信仰，有你给我的爱情，我感到无比的光荣，只是遗憾不能与你和孩子一起，见证我们日思夜想的新中国。志强，照顾好我们的孩子，愿他能完成我未完成的遗憾吧……

李志强：自从你走上革命这条路，我就想过会面临生离死别，只是这一天来得太突然。毅安，你放心，我会让孩子们继承你的遗志，完成你的使命。毅安，你不会离开我的，因为你给我的信，会一直陪伴着我和孩子。

合：会一起见证新中国诞生的那一天。

讲述人：陈琳

在确认丈夫陈毅安牺牲后，李志强虽然悲痛万分，却没有听从丈夫建议，另寻他人，而是精心抚育她和陈毅安唯一的孩子，终身未嫁。其间，陪伴她的是陈毅安写给自己的 54 封信，包括最后的那封没有只言片语的无字书信。

1983 年，李志强病逝于北京。她的骨灰和陈毅安的遗骨合葬于井冈山。他们为了信仰而生，为了人民而生，他们是一座丰碑，在历史的长河中，就像航标一样，为我们指引前行的方向。这一次，他们终于可以安安静静地倾诉对彼此的思念和深情，也给后人留下了悲壮豪迈、荡气回肠的爱情故事。

主持人：高华飞

一段跨越时空的对话，让我们感受到陈毅安对信仰的执着、李志强对陈毅安的不舍。革命是需要流血的，民族大义让他们把私情抛去，一句"去吧，毅安，去为我们信仰的主义而战斗吧！"是他们的最终使命。通过陈毅安与李志强，我们看到共产党人与普通人一样，也有属于自己最美好的爱情。然而，共产党人的爱情，在特殊年代，很多因为牺牲而无法持续，但又因为革命伴侣的忠贞坚守，使得这场特殊的爱情穿越岁月，铸就永恒！

伍若兰篇

主持人：高华飞

烽火连三月，家书抵万金。一封浸透着历史沧桑的家书，传递的是一段质朴的情感，留下的是一代共产党人坚定的信仰。陈毅安用家书来抒发着自己对妻子的思念，抒发着自己男儿当报国、舍生取义为革命的家国情怀。同样是思念，一位戎马一生的铁骨元帅用兰花来寄托自己对革命伴侣的无限怀念，而且一生写了40多首关于兰花的诗词。"井冈山上产幽兰，乔木林中共草蟠；漫道林深知遇少，寻芳万里几回看。"这首咏兰诗是1962年，76岁高龄的朱德委员长重上井冈山时写下的，下山时他什么都不要，只带走了一株井冈兰。曾经统率千军万马的朱老总为何对兰花情有独钟？到底是什么样的女子能让朱老总如此怀念？让我们走近他的革命伴侣——伍若兰。

讲述人：陈志如

伍若兰是湖南耒阳城南九眼塘村人，1906年出生于一个知识分子家庭，父亲当过私塾教师，母亲是个勤劳俭朴的家庭妇女。她出生在阴历九月，正是兰花中的珍贵品种——建兰盛开的时节，于是父亲便为女儿取名若兰，希望女儿像兰花一样高洁芬芳。可她自幼就有反抗精神。

在封建社会，家族中的女孩子是否裹脚甚至直接关系到整个宗族的名誉，伍家出了个不裹脚的姑娘，这件事很快就传到了族长那里。族长本着家丑不可外扬的宗旨，悄悄把伍若兰和她的父亲叫到了祠堂里，准备用家法强制伍若兰裹脚。但伍若兰坚决不裹脚，于是她成了村里第一个不裹脚的女孩子。18岁，伍若兰来到衡阳省立女子三师求学，在毛泽建、何宝珍、夏明衡等进步女同学的影响下，她开始阅读马克思的《共产党宣言》、鲁迅的《狂人日记》，还有《新青年》等进步书刊。通过和同学们的共同探讨，她明白了为什么中国人民深受帝国主义和封建主义的压迫，懂得了中国人民为什么苦难深重的原因。由于伍若兰思想进步，斗争坚决，表现突出，经过学校党组织的考验，在1926年秋天，伍若兰光荣地加入了中国共产党。

在伍若兰即将毕业的时候，她接到了耒阳中共党支部书记刘泰的信，希望她可以回家乡开展革命活动。伍若兰欣然答应，临行前还用自己所有的生活费买了一把左轮手枪。回到耒阳后她领导广大妇女砸烂封建枷锁，剪发、放脚、办夜校，宣传革命道理。而且还经常写文章、编歌曲来说明革命道理，以激发穷人们的反抗精神。

就这样，年轻的伍若兰已成为湖南地区颇有影响的女共产党员，但困难与挫折，危险与逆境，往往是考验信仰是否坚定的试金石。残酷的阶级斗争，曲折的革命道路，苦与累、生与死、理想和现实都在考验着这位年轻女子的革命意志。

1928年是个特殊的年份，对于伍若兰来说是幸福的绽放与生命的凋谢，而对于朱德来说这一年是永恒的开始。1928年2月，朱德率领工农革命军攻克耒阳，伍若兰担任了县女子联合会会长。她带领妇女搞演讲、打草鞋、抬担架，深受朱德赏识。有一天下午，伍若兰跑到朱德办公室，把手中的小包裹塞到朱德手上。朱德打开一看，原来是一双新布鞋。他从鞋里摸出一张纸片，上面写着一首诗："莫以穿戴论英雄，为民甘愿受贫穷。革命路长尘与土，有鞋才好赴成功。"朱德情不自禁地握住她的手，一种温暖的感觉，渗透了伍若兰的心田。部队的战士看着他们惺惺相惜的样子，便极力撮合两个人在一起。终于在3月中旬，他们在梁家祠堂举行了婚礼。入洞房后，伍若兰对朱德说："我长得不漂亮，脸上有麻子，配不上你。"朱德幽默地回答："麻子有啥关系，你是麻子，我是胡子，我俩'马马虎虎'过一辈子。"逗得窗外偷听的警卫战士哈哈大笑。师部参谋王展程听说后，写了一首打油诗："麻子胡子成一对，'马马虎虎'一头睡，唯有英雄配英雄，各当各的总指挥。"这首诗很快在军民中传开了。

与朱德结婚后，伍若兰并没有成为回归家庭的朱太太。她和朱德之间并没有太多卿卿我我的朝夕相处和直白的情感表达，有的是共同的信仰、相互倾慕的才华和惺惺相惜的关爱。伍若兰依旧活跃在战斗的最前线，依旧是百姓口中双枪女侠。可以说在井冈山的日子，是伍若兰和朱德这对新婚夫妻最为幸福的时光，他们也有了爱情的结晶。本以为两人将是心心相印、白头偕老的一对，但山河不稳，两个人的幸福生活，又怎能有保障？

1929年1月，伍若兰随毛泽东、朱德率领的红四军主力离开井冈山，转战赣南。2月1日晚，部队到达江西寻乌县，在吉潭乡圳下村扎营。第二天，天还没亮，国民党赣军独立第七师刘士毅部一个团包围了圳下村。朱德率警卫排同敌人展开了激战。这时伍若兰深知部队里可以没有自己，但不能没有毛泽东和朱德，于是她挺身而出，果断率领部分战士从敌人侧翼突围，有意将敌人的火力引向自己。朱德等军部领导脱离了危险，此刻的伍若兰已经怀有身孕，行动不便，最后陷入敌军重围，不幸受伤被俘。

抓住了朱德的妻子，敌人如获至宝，欣喜若狂，当天就把伍若兰押到了赣州，连夜审讯。敌旅长刘士毅亲自审问伍若兰，逼迫其交待红军的情况，但伍若兰始终守口如瓶。敌人于是就对她施行了踩杠子、灌辣椒水、坐老虎凳等各种酷刑，把伍若兰折磨得死去活来，最终却毫无所获。

于是刘士毅威逼利诱道："只要你能交待，或者公开声明一下同朱德脱离夫妻关系，我就能保你不死，还可给你官做。"

伍若兰斩钉截铁地回答："若要我低头，除非日头从西边出，赣江水倒流！"

刘士毅深知伍若兰宁死不屈，只好电告蒋介石，请示如何处置。蒋介石复电："从速处决，割头示众！"

投影人物伍若兰与讲述人陈志如对话：

陈志如：若兰同志，此刻，你害怕吗？

伍若兰：死，固然可怕。可我此番赴死是为革命、为民族。当然我也有怕的，我怕爱我的人不知我因何而死，但我希望玉阶和我未出生的孩子原谅我此刻的决定，我不能亲眼看到革命胜利的那一刻，但是我相信你们一定可以看到我们胜利的那一天。至于敌人，呵，我从未怕过，因为我知道。我们的革命队伍中，还有千千万万个像我一样，期待着革命胜利的兄弟姐妹。

陈志如：回顾这过去的23年，你有什么遗憾的吗？

伍若兰：玉阶曾说，咱俩得"马马虎虎"过一辈子，可是不行啊，我得先走了。在井冈山上，和你相识相知相爱的一年里，虽然环境艰苦，满目疮痍。但我们有共同的理想，有纯粹的感情，我真的很快乐。我多么希望能和玉阶共渡难关，过

投影人物伍若兰与讲述人陈志如对话

上平静安稳的生活。玉阶，不要为我悲伤，你要带着我未完成的使命，努力革命。愿我们早日能看到胜利的那一天！还有我那未出生的孩子啊，我多么希望能亲手抱着你，将我所有的母爱都给你，可是，他们却把你当成了让我屈服的筹码，我的孩子呀，母亲对不起你，你本该有一段精彩的童年，本该有你自己的人生。可是为了革命，为了更多的孩子能活下来，我只能选择牺牲。我亲爱的孩子，我对你如此无情，只因民族已到存亡之际，我只能奋不顾身，挽救于万一。我的孩子，母亲愿化为兰花，永远守护着你。

讲述人陈志如：

1929 年 2 月 12 日，刘士毅下令刽子手把伍若兰押送赣州卫府里刑场。她从容而立，刽子手右手一挥，大刀寒光一闪，殷红的鲜血喷出。毫无人性的刽子手剖开她的腹部，取出了腹中的婴儿，剁成肉块。将她的尸体劈成四块，浇上汽油焚烧。最后又将她的头颅，悬挂在赣州城门上三天三夜。还令人发指地在湖南《民国日报》上，发表两篇欣赏人头的文章，妄图震慑人心。2 月 12 日，正是阴历正月初三，本是万家团聚的日子，而 23 岁的伍若兰——这朵圣洁的兰花被敌人摧残了。伍若兰的生命虽然定格在了 23 岁那年，却留下了不朽的人生传奇。在革命遭遇挫折时，有人畏惧有人逃避有人背叛，而伍若兰却在生与死的时刻选择忠诚与担当，她的血肉之躯要承受更多的痛苦与磨难，她用生命诠释着她的信仰——为共产主义事业奋斗终生。

"中华儿女多奇志，不爱红装爱武装。"在艰苦卓绝的井冈山斗争时期，涌现了许多杰出的女性，她们为了民族大义和人民的利益，坚贞如玉，信仰如山，艰苦卓绝，玉汝于成。在信仰的碰撞和交锋中，女人不再是柔弱的代名词，而是毅然走向刑场的伟岸，是凛然面对铡刀的英勇。她们用青春和热血，不惜牺牲自己宝贵的生命。她们的豪迈和坚韧为井冈山道路的胜利开辟立下了不可磨灭的功勋，她们的铁血柔肠和巾帼情怀更对伟大的井冈山精神做了最好的诠释。我们将参加过井冈山斗争并作出贡献的所有女性都给予一个崇高又圣洁的称谓——女红军！

主持人：高华飞

在民族生死存亡的关键时刻，这种坚定的信仰是一种民族精神，是一种凝聚力，是一种斗志。因为信仰，伍若兰即使面对死亡，仍从容淡定，坚贞不屈。为革命事业、为民族大义，用鲜血浇灌理想，用生命捍卫信仰。这种信仰，宛如灯塔一般，照亮了中国人民驶向胜利的道路。同样是因为信仰，一位县委书记在就义前，即使被敌人割去舌头，仍用脚沾着鲜血写下"革命成功万岁"！他就是被习近平总书记称为铁一般热血英雄的刘仁堪。

刘仁堪篇

投影人物：刘仁堪

我是刘仁堪，我出生在莲花县洴塘村，我的父亲是个老中医，当时村子里穷，父亲不在乎乡亲们

投影人物刘仁堪

给多少看病钱，有时候还免费送药给他们，父亲对我说，大家都是贫苦出身，要相互帮助，别人落难的时候你帮助他，等到你困难的时候别人也会帮助你。那时我立志也要做一个医生，像父亲一样，救更多的人。

讲述人：肖淑慧

2011 年 6 月 27 日在中国共产党成立 90 周年之际，《人民日报》头版刊发了一篇文章《选择，凝聚在信仰的旗帜下》。这篇文章介绍了李大钊、彭湃、瞿秋白、方志敏、刘仁堪五位烈士从容赴死、英勇就义的壮举，赞扬他们都是理想的殉道者、主义的践行者、伟大的爱国者、无畏的革命者、无私的牺牲者。刘仁堪为什么在中共党史上有如此高的地位？让我们一起去追寻烈士的足迹！

父亲的品行对少年刘仁堪影响颇大，他本立志要做一名像华佗一样的神医。但后来发生的一件事，使刘仁堪走上了另外一条道路。

浯塘村有个刘启沛，与刘仁堪是本家堂兄弟，家境殷实。刘启沛幼时曾与刘仁堪在同一私塾读书。刘仁堪父亲逝世时，因家贫无钱安葬，到刘启沛家借谷葬父，不料遭到拒绝，还受到一顿奚落。这件事给刘仁堪刺激很大，使他开始认识到剥削阶级唯利是图、六亲不认的残忍本质。为了养家糊口，刘仁堪只好到长沙码头做搬运工，并结识了长沙工人运动领袖之一的郭亮，两人志同道合，很快成为朋友，郭亮是湖南人，先后担任中共湖南省委书记、湖北省委书记，他的入党介绍人就是毛泽东同志，曾被毛泽东同志称赞为"有名的工人运动的组织者"。1925 年在长沙码头的一个秘密仓库里，刘仁堪经郭亮介绍秘密加入中国共产党，成为一名真正的革命者。

1926 年春，他受组织派遣，回到莲花开展工农运动。浯塘一带的农会工作在刘仁堪的组织指挥下开展得非常出色。1927 年，莲花全县各区乡均成立了农民协会，会员达 3 万余人。不久，刘仁堪被调到县城担任清乡委员会负责人，领导农会干部清算土豪劣绅经营的祠公庙宇公产。莲花地处偏僻，封建势力顽固，刘仁堪不畏强暴，不怕风险，经常在土豪劣绅的围攻中挺身而出，为贫苦农民说话，受到群众的拥戴。

投影人物：刘仁堪

同志们，别看莲花是山区，等将来全国革命成功了，要搞共产主义，家家有田种，天天有肉吃，那时候，小孩子都有书读，都有出息，都跟着共产党干大事，莲花要搞社会主义，楼上楼下，电灯电话，每天每人都有六两肉吃，二两牛奶喝，赶上苏联老大哥，同志们，以前我们贫苦工农没有吃，没有穿，受剥削，受压迫，今天，我们成立了工农兵政府，自己掌了权，打土豪，分田地，以后还要搞社会主义，日子越过越好，同志们，万众一心，努力奋斗吧！

讲述人：肖淑慧

在白色恐怖的年代，作为一名革命者，不仅可能会随时牺牲生命，甚至为了革命事业，不得不牺牲个人的家庭与情感，他们将血浓于水的亲情，融入共产主义革命的浪潮之中。1927年"四一二"反革命政变后，白色恐怖笼罩莲花。以李成荫为代表的反动豪绅从外地组织"难民团"纷纷窜回莲花县城，疯狂镇压革命人士。血雨腥风遍及全县城乡。刘仁堪等党组织负责人前往西山区坚持斗争，他就天天在山里面进行宣传，与此同时他的妻儿也备受折磨。刘仁堪知道自己处于危险之中，只好狠心地把自己八个月大的女儿送养给了别人，可刘仁堪的心里是非常舍不得的，他在想念自己女儿的时候，便偷偷去他送养女儿的那家人那里，想看看她，可又不敢进去看，怕被敌人知道连累孩子。

后来，他的妻子彭桂秀也被敌人抓了过去，被逼问刘仁堪的下落。受尽了折磨的彭桂秀并没有供出刘仁堪的下落。之后彭桂秀好不容易逃出来，可又没有藏身之处。她只好躲进了老家后面的彭陇深山中，以野菜为食，过着"白毛女"般的生活。

1927年9月25日，毛泽东率秋收起义部队进军井冈山，途经莲花县城，刘仁堪闻讯与同志们连夜赶赴县城，与工农革命军会合。第二天凌晨，刘仁堪再次见到了毛泽东同志，并参加了毛泽东在宾兴馆召开的前委扩大会议，商量秋收起义部队何去何从。会上，熟悉井冈山情况的刘仁堪，当即汇报了井冈山的三大优势：群众基础好、地形好、物产丰富能够养活部队，为毛泽东作出引兵井冈的正确决策贡献了思想智慧，从此拉开了中国革命走向成功的序幕。

在井冈山，刘仁堪作为地方党组织骨干力量，被组织上安排到砻市龙江书院工农革命军军官教导队学习。

就在井冈山革命根据地一片欣欣向荣时，以蒋介石为首的国民党开始调集重兵"围剿"湘赣边界，根据地局势因此恶化起来，莲花县也处于水深火热之中。但此时刘仁堪已是县委书记，他誓要革命坚持到底。

由于敌人封锁严密，莲花县内党组织环境变得愈发恶劣，为了继续斗争，作为县委书记，刘仁堪开始奔波于在全县各地巡视工作，领导党组织和群众坚持斗争。但不幸的是，在南村组织活动的时候，他被敌人密探发现，为了掩护同志们安全转移，最终落入敌人魔掌，国民党莲花县县长邹兆衡得知抓获了一名县委书记，如获至宝，亲自劝降。

邹兆衡每天好酒好菜款待刘仁堪，企图软化他，但是始终不能改变刘仁堪的立场。这天，刘仁堪一个人被关在屋里，望着屋外乌云翻滚的天空，心潮澎湃，百感交集。国家孱弱、民生凋敝的现状却让他的内心饱受煎熬。他想起邹兆衡说过的劝降话，想起叛徒的丑恶嘴脸，觉得有必要让曾经参加革命却动摇立场的同志们清醒过来，于是以写自首书为名，向邹兆衡要来了纸笔，以县委书记的名义，向党员同志写信。

学员朗读：

纵观中国五千年历史，凡是统治阶级压迫最疯狂的时候，也就是人民群众为了生存，挺身而出起义夺权最兴旺的时候，生存竞争越激烈，群众越困苦，斗争就越艰难，挫折就越多，但这样就越接近胜利。因为这是为真理而战，为正义而战，是任何力量也打不败的。就像一株新生的幼树苗，它是新的力量，只要不怕风吹雨打，将来一定会成长为参天大树。统治阶级则不然，他们掌权已久，贪婪成性。为了维护他们骄奢淫逸的生活，不惜残杀千万人的生命，以镇压反抗他们的群众，但这注定是不能长久的，因为这是反动的、过时的力量，就像一棵柏树，看似强大，但里面已经腐烂蛀空，不管你怎样施肥和保护，最终是会倒下来的。现在反动派就是这个样子，尽管它有很大的力量，尽管它取得了暂时的胜利，但它是千百万工农群众的敌人，是穷人的克星，将来工农群众觉悟起来了，团结起来了，革命就一定会胜利，反动派失败的命运是逃不了的。

讲述人：肖淑慧

在劝降无果后，敌人对他施行了灌辣椒水、踩杠子、烧烙铁等酷刑，所有的酷刑在刘仁堪身上都用遍了，却毫无作用。对于一个视死如归的共产党员来说，这一切又算得了什么呢？越受刑，刘仁堪的意志反而更坚决。敌人最后只得决定当众处决他。1929年5月19日是个黑暗的日子，这一天微雨霏霏，天气阴得可怕，风吹着河边的芦苇，发出飒飒的声音，似乎是低低地哀泣。

投影人物刘仁堪与大劣绅李成荫对话：

刘仁堪："同志们，乡亲们，反动派想杀掉我刘仁堪，不准大家革命，保住他们自己过太平日子，这是痴心妄想！世界上任何时候、任何地方，都是穷人多于富人，革命派多于反动派，杀了刘仁堪，千千万万的刘仁堪会起来闹革命！大家要记住我的话，团结战斗，将来最后的胜利一定是我们的，反动派绝没有好下场！"

大劣绅李成荫："住口，你这个土匪头子，还想煽动民众。你晓得今天是什么日子吗？"

刘仁堪："我晓得你要杀人了，老实告诉你，革命的群众是杀不尽的，井冈山的星火是扑不灭的……"

讲述人：肖淑慧

敌人高喊不准他乱说！让刽子手割去他的舌头！锋利的屠刀撬开刘仁堪的嘴巴，把舌头割去。顿时，鲜血沿着刘仁堪嘴角边汩汩地流到了大腿上，再沿着大腿流到了那双赤脚上。他全身钻心的痛，眼前发黑，于是，他用尽最后的力量，用赤着的脚趾，沾着流在地上的鲜血写下六个大字："革命成功万岁！"

1929年5月19日，刘仁堪壮烈牺牲，年仅34岁。刘仁堪牺牲后，他的妹夫贺梅初到南门大州上收尸，发现刘仁堪竟被敌人惨无人道地破开肚皮，里面填满石块。

英雄长已矣，精神昭后人。刘仁堪用鲜血和生命书写出革命史上的悲壮一页，留下了一段荡气回肠的千古悲歌。今天，那段历史虽已远去，但英雄却越发鲜活地活在人们心间。

视频播放：

岁月的长河里，无数英烈前赴后继，他们以鲜血浇灌理想，用生命捍卫信仰，直到今天人们仍然怀念铭记。

"我希望我们的下一代不要忘记革命先烈为我们做出的贡献，我们要把他们的这种革命精神一代代传下去。"（刘仁堪后代讲话）

"渔鼓一敲咚咚响，唱一唱英雄刘仁堪。脚趾沾血写大字，惊天动地英雄汉。'革命成功万岁'六个血字闪红光。"（渔鼓词）

讲述人：肖淑慧

后人为了缅怀刘仁堪烈士，在刘仁堪烈士牺牲的地方，建了一所刘仁堪小学，学校有一个操场，操场上修了升旗台，人们想让刘仁堪烈士能够一直看到五星红旗的飘扬。刘仁堪，这位昭萍大地上的热血英雄，用短暂而光辉的一生，铸就了至死不渝的理想信念，矗立起一座信念永恒的精神丰碑！

主持人：高华飞

旧中国，山河破碎，国弱民穷。正是有陈毅安、伍若兰、刘仁堪等革命志士的上下求索、慷慨赴义，给黑暗的社会带来了光明，使中国走上了民族独立、人民幸福的道路。他们虽有不同的人生境遇、不同的选择、不同的生命轨迹，却有着同样的坚定信仰，他们矢志不移，无怨无悔，为信仰从容赴死的无畏精神永垂青史。今天，我们已走进建设中国特色社会主义的新时代，唯有循着先烈的足迹，以先烈为榜样，才能谱写更加壮丽华美的新篇章。

视频播放：

习近平总书记在2021年7月1日庆祝中国共产党成立100周年的大会上指出，为了实现中华民族伟大复兴，中国共产党团结带领中国人民，浴血奋战、百折不挠，创造了新民主主义革命的伟大成就……中国共产党和中国人民以英勇顽强的奋斗向世界庄严宣告，中国人民站起来了，中华民族任人宰割、饱受欺凌的时代一去不复返了！

主持人：高华飞

生活在新时代的我们，作为中国人，为我们伟大的国家而感到荣耀，为我们不断求索、不断前进的政党而感到骄傲，更为能够投身充满机遇和挑战的现代化建设而感到自豪。接下来，请学员代表上台与我们共同诵读《我骄傲，我是中国人》。

学员诵读：

> 我骄傲，我是中国人！
> 在无数蓝色的眼睛和褐色的眼睛之外，
> 我有着一双宝石般的黑色眼睛，
> 我骄傲，我是中国人！

诗朗诵《我骄傲，我是中国人》

在无数白色的皮肤和黑色的皮肤之外，
我有着大地般黄色的皮肤，
我骄傲，我是中国人！
我是中国人——

黄土高原是我挺起的胸脯，
黄河流水是我沸腾的血液，
长城是我扬起的手臂，
泰山是我站立的脚跟。

我是中国人——
我的祖先最早走出森林，
我的祖先最早开始耕耘，

我是发明指南针、印刷术之人的后裔，
我是创造圆周率、地动仪之人的子孙。

我是中国人——
在我的国土上不光有，
雷电轰不倒的长白雪山、黄山劲松，
还有那风雨扑不灭的井冈传统、延安精神！
我骄傲，我是中国人！

我是中国人——
我那黄河一样粗犷的声音，
不光在联合国的大厦里，
大声回荡着中国的声音，
也在奥林匹克的赛场上，
大声高喊着"中国加油"！
当飞船把五星红旗送上宇宙，
我骄傲，我是中国人！

我是中国人——
我那长城一样的巨大手臂，
不光让石油从外国专家预言
无油可采的地域涌出，
也把通信卫星送上
祖先们梦里也没有到过的苍穹，
当五大洲倾听东方声音的时候，
我骄傲，我是中国人！

我们是中国人——

我们是莫高窟壁画的传人，

那翩翩欲飞的壁画与我们共舞。

我们就是飞天，

飞天就是我们，

我骄傲，我们是中国人！

尾声

主持人：高华飞

历史不能忘却，精神永远传承。这些已经远去的人物，不会因为时光的流逝，而失去他们的光彩，这些荡气回肠的故事永远是激励我们后人前行的动力！不忘初心，才能牢记使命；善于继承，才能更好创新。对于行进在复兴征途的中华民族，井冈山精神蕴藏于心灵、作用于精神，是牵引我们前行的深层动力。让信仰之火熊熊不熄，让红色基因融入血脉，让红色精神激发力量，鼓舞我们为全面建成社会主义现代化国家、全面推进中华民族伟大复兴而团结奋斗！

一段对话，跨越时空；传承信仰，铭记感动。课程"永恒的信仰——跨越时空的对话"到这里就全部结束了，谢谢大家！

点评：该课程以红色历史为切入点，以虚拟现实为手段，全息投影下的革命烈士，饱含深情与思念的跨时空对话，这种沉浸式的教学新颖生动，对激发人们信仰的力量有很好的帮助。

★ 三次留任助脱贫 不负人民守初心

◎**内容提要** 本课程主要讲述国家部委挂职干部吉志雄到革命老区寻乌县连续三次担任驻村第一书记，深入开展脱贫攻坚的先进事迹。通过村干部和村民讲述的一个个感人的事迹，让大家更深刻地看到五年来高布村发生的变化，反映了老区人民深切感恩党中央、感恩国家部委的特殊关爱和鼎力帮扶的心情。同时本课程将老区人民不忘习近平总书记的嘱托，感恩奋进，全面学习贯彻党的二十大精神，奋力推动革命老区高质量发展示范区建设，谱写社会主义现代化建设赣州新篇章作了生动阐释。

◎**主创人员** 黄　莺　中共寻乌县委党校副校长
　　　　　　钟俊萍　中共寻乌县委党校副校长

　　这是北京 2022 年冬奥会火炬传递的现场，照片中这位迈着矫健步伐，手持奥运会火炬的是全国供销总社机关党委巡视处处长吉志雄。

　　2012 年，在习近平总书记亲自推动下，国务院出台了《关于支持赣南等原中央苏区振兴发展的若干意见》，国家部委选派了一大批挂职干部奔赴赣南老区。吉志雄就是其中的一位，吉书记连续三次担任寻乌县晨

奥运火炬手吉志雄

光镇高布村第一书记。2021 年他被中共中央、国务院授予"全国脱贫攻坚先进个人"，被中央文明办评为"中国好人"。

因疫情和工作原因，吉书记不能亲临讲课现场，我们通过电话连线吉书记，请他谈谈当年在高布村工作的亲身感受。

讲课人：您好，吉书记。

吉志雄：主持人好，各位学员大家好，我是吉志雄。2016 年 1 月，我来到了高布村，由于黄龙病在脐橙树上蔓延，支柱产业脐橙垮掉了，没有了收入，很多青年都外出务工。

经过我们一年多的努力，全村实现了 46 户 170 人脱贫，占到了贫困数户的一半，但是高布村还是贫困村，我决心把这个贫困村帽子摘掉，于是有了第一次留任。

接下来，我们继续提高村两委的战斗力，完善基础设施，拓展特色产业，以前软弱涣散的村两委班子也开始连年被评为先进。2018 年的时候，高布村退出了贫困村，但是村里还有少数的贫困户，我们决心让每一户贫困户都摘帽，这就有了第二次留任。

在大家的齐心协力下，2019 年终于全村再没有贫困户了，可就在这个时候，村里的乡亲们已经不愿意让我离开了，感恩奋进的老表们，不但视我为家人和亲人，也更让我感觉到帮扶是一件久久为功的事，为了更好地把接力帮扶事业的年轻力量培养起来，我有了第三次留任。

2020 年，就在我任期届满的时候，遇上了新冠肺炎，继续在帮扶阵地上工作了一年多，现在回想起来非常难忘，非常有意义。

讲课人：三次留任，一心为民，在您身上我们看到了共产党员的担当和坚守。我听说在您离开高布村时，乡亲们送了一本留言册？能和大家说说这本留言册吗？

吉志雄：说起这个留言册，我印象特别深刻，我记得是 2020 年底，全村所有贫困户都实现了脱贫，我的第三次任期即将结束，乡亲们给我准备了这份特殊的礼物，可以说里面凝聚也包含了大家一如既往的关心和支持，这也是我这些年在红土地上工作生活的最有纪念意义的礼物，也是让我非常感动的事。

讲课人：虽然只是一本普通的留言册，但这里面饱含了高布村乡亲们对您的感激和不舍，五年来吉书记把所有的时间都留给了高布村的村民，对家人您有什么想说的吗？

吉志雄：想起家人，心中对他们一直都有愧疚。最长一次没有见到自己的家人孩子超过了八个月，孩子对我有的时候会有生疏感，尤其是我的妻子，在我第二个孩子开始学走路的时候，我也决心留任，为了照顾家人让我无后顾之忧，她毅然辞掉了自己老师的工作，全心照料家人。这也是我唯一比较遗憾，对不住家人的情况之一，因为工作无法兼顾家庭，总要有人付出，牺牲自己的事业来支持另一半的工作。我也特别能理解很多的乡镇干部，一周只能周末回家，有的甚至还不一定，所以我是既感谢自己的家人对我的大力支持，也由衷地感谢特别是在攻坚时期一直支持我和我的同事们、扶贫战友的家人们，大家不容易，大家辛苦了！

讲课人：吉书记，距您离开高布村已经一年多的时间了，乡亲们都很想念您，有什么话要对高布村的乡亲们讲吗？

吉志雄：我在高布村待了五年多，近两千个日夜，那段和大家一起团结奋进的历程让我终生难忘，虽然已离开高布村，但红土地上的赣南老表们永远是我最亲切的人。相知无远近，万里尚为邻。祝愿咱们高布明天更美好！

讲课人：谢谢吉书记在百忙之中抽时间和我们视频连线。刚才听了吉书记一席肺腑之言，感慨万千，五年来吉书记为高布村办了许多好事实事，帮村民解决了许多生产生活困难。在村干部和乡亲们的眼里，吉书记就是新时代的焦裕禄。

讲课人：今天现场我们还邀请到了曾经和吉书记一起并肩奋斗在寻乌的战友们，接下来，请他们来谈谈他们心中的吉书记。

首先我们邀请到的是寻乌县晨光镇党委组织委员刘承钊同志，大家掌声欢迎。

刘承钊：大家好！我是晨光镇党委组织委员刘承钊。

讲课人：承钊，你给大家说说吉书记。

刘承钊：好的。吉书记来到村里，非常亲切，没有架子，他经常骑着电单车，走村串户，和我们聊家常，问情况，他用寻乌话常说"我是高布人"。在吉书记的帮扶下，村里这几年变化很大，特别是村集体收入，从没有到现在年收入45万元。

讲课人：正所谓进百家门、知百家事，才能晓百家难，那这五年高布村有哪些比较大的变化呢，我们一起来看一个短视频：

（播放高布村变化视频）

自2016年至今村级经济收入由原来的"空壳村"增长至年收入45万元，高布村党支部连续4年成为先进党支部，贫困户人均年收入从2800元增加到8000元，2019年12月全部贫困户实现脱贫摘帽。一大批与群众息息相关的水电路等基础设施都得到了进一步完善，村容村貌得到明显改观，村民直接受益，获得感明显增强，越来越多的高布人怀着脱贫致富的信心，积极参与到共同富裕事业中，90后大学生换届进入了村支委会，让支部班子平均年龄年轻了8岁。

讲课人：通过视频，我们看到了高布在这几年里村容村貌焕然一新，居住环境更加宜人，乡亲们的幸福感也提高了。

刘承钊：讲到幸福感，我就要跟大家分享吉书记筹钱帮村里新建供销大桥的事。高布村附近有一座老石拱桥，是附近村民出行的必经之路，因为年久失修成了危桥，严重影响村民出行。在吉书记的努力下，得到了全国供销总社的大力支持，共筹集资金200万元来新建供销大桥，大桥于2021年5月顺利建成通车，得到了村民的一致好评。

讲课人：对，桥建好了，干部和群众的心就更近了。吉书记后来是怎么带领大家脱贫致富的呢？今天我们还邀请到了高布村的致富带头人刘东方。让我们掌声有请东方。东方，您好！和大家打个招呼吧！

刘东方：大家好！我是高布村村民刘东方。

讲课人：听说你和吉书记是通过一张彩票认识的，能跟我们说一说吗？

刘东方：这事还得从吉书记讲起。我原来在镇上开了一家店，主要是卖彩票兼职维修电脑，生意还不错。有段时间我发现有一个外地人经常来店里买彩票，还时不时和我拉家常。后来我才知道他就是从北京来的扶贫干部，找我买彩票是假，其实是想说服我回村工作。

讲课人：听了你的讲述，吉书记做事还真是不走寻常路。

刘东方：是啊，后来慢慢地我们熟了，我发现吉书记有魄力、有能力，在吉书记的邀请下我就回村工作了。

讲课人：东方，你作为村里的致富带头人，能和我们谈一谈吉书记是如何带领大家脱贫致富的吗？

刘东方：我们村一直种脐橙，因为黄龙病暴发，脐橙树基本上都砍光了，为了增加我们的收入，吉书记千方百计引进了光伏项目，扶持村民种植百香果、养小龙虾、发展蔬菜基地等，村民收入多了，房子变漂亮了，外出打工的也少了。我原来是卖彩票的，现在我在镇里开了电脑店，补种了脐橙，改种了百香果，我还入了党，这都是吉书记的功劳。

讲课人：有了致富新产业，乡亲们自然更愿意在家发展。2020年1月，新冠疫情暴发，当时吉书记已回北京过年，得知此事，他非常担心村里的乡亲们。春节假期还没有结束就回到了寻乌。承钊，你能和我们谈谈当时的情况吗？

刘承钊：吉书记得知疫情发生后，他冒着严寒从北京出发奔赴寻乌，经历了16个小时的长途跋涉，及时缓解了寻乌县体温枪严重短缺的困境，被大家称为寻乌县"最快防疫物资邮递员"。回到村里他还主动要求隔离，在隔离的14天当中，他通过电话和微信建立健全了村防疫

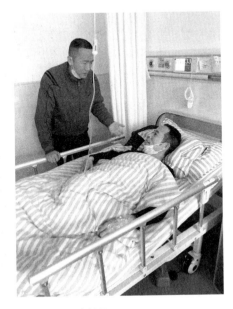

吉志雄看望住院村民

工作指导小组。他还积极对接，争取了很多防疫物资，第一时间联系中宣部学习强国平台，建立强国供销集市。除此之外，他自掏腰包，花了2万多元买2000多个N95和KN95口罩，全部捐给村民和应急救护中心。在得知武汉疫情加重后，他又通过寻乌红十字会向武汉红十字会捐了6600元。吉书记对自己就很节俭，无论冬夏也就一两套衣服，他那件灰色冲锋衣和绿色短袖，是大家最眼熟的。但只要群众遇到困难，他都会尽心帮助。

讲课人：吉书记这种舍小家为大家的大爱情怀确实让人感动，他是真正做到了"驻"在百姓当中，走进了群众心里。高布村村民陈建华，2021年因为直肠癌住进了县人民医院，接下来我们来看一个视频了解一下。

（播放采访陈建华视频）

讲课人：像这样的感人事迹，在吉书记身上还有很多。大家可以看到在我这里有一本台历，我想请东方和大家说说这本台历背后的故事。

刘东方：是的，这是一本特殊的台历，台历里面都是高布村孩子画的画。

（展示台历实物）

吉书记一直以来都很关心村里的孩子，每年"六一"活动和开学典礼他都会参加。高布村小学有座破旧厕所，一到下雨就出现漏雨的现象，为了解决这个事，吉书记联系中合联投资有限公司，把孩子们的绘画作品做成台历进行义卖，用义卖得来的4万余元给孩子们建了一个干净明亮的新厕所。

讲课人：对了，我听说吉书记还资助了两个大学生？

刘东方：是的，吉书记用自己的工资资助了刘春、刘秋仁两姐妹，在他的帮扶下，两姐妹都考上了重点师范大学，其中刘春还考上了研究生。现

用于义卖的高布村儿童画台历

在吉书记虽已不在高布村任职，但是他仍然还在资助这两姐妹，并鼓励她们好好学习，将来为家乡发展做贡献。

讲课人：那我想再问问承钊，吉书记离开高布村后，和大家还有联系吗？

刘承钊：那当然。村里有什么好消息，大家都会和他分享，遇到问题，也都会向他请教。2022 年 2 月 2 日，吉书记担任北京冬奥会火炬手，大家都围在电视前看直播，一起为吉书记加油。更让我们感动的是，2 月 21 日，赣州市乡村振兴局和我们县乡村振兴局收到了一份极其珍贵的礼物——北京冬奥会火炬手的帽子、冬奥会纪念银盘和一双冬奥会火炬手的鞋子。如此珍贵而又有纪念意义的物品，吉书记没有自己珍藏，而是捐赠给了我们赣南老区。

讲课人：虽然吉书记和我们相隔千里，但是他的心和我们紧紧联系在一起。

讲课人：从党的十八大到党的二十大这十年来，我们顺利完成了脱贫攻坚、全面建成小康社会这件大事。如今的寻乌，在国家部委对口支援、挂职干部的鼎力帮扶下，贫困户全面脱贫，贫困县顺利摘帽，乡村面貌焕然一新，老百姓时时处处洋溢着幸福的笑脸。

2019 年 5 月 20 日，习近平总书记视察赣南老区时，语重心长地说道：我们不能忘记党的初心和使命，不能忘记革命理想和革命宗旨，不能忘记革命前辈、革命先烈，不能忘记革命老区的父老乡亲。国家部委和挂职干部带着总书记的嘱托全心尽力地帮助着老区人民脱贫致富。作为老区人民，我们更不能忘记党中央的特殊关爱，更不能忘记国家部委的对口帮扶，更不能忘记每位挂职干部的辛勤付出。

我们开发这堂课，是从一个人一件事着眼，不仅宣扬挂职干部的先进事迹，更要懂得感恩奋进，用"吉志雄"式扎根基层的执着、苦干实干的韧劲、无私奉献的情怀，教育培养出更多的"吉志雄"式的本土好干部，激励着我们在党的二十大精神指引下，奋力建设革命老区高质量发展示范区，不负总书记的嘱托，不负挂职干部的初心使命，向党中央交出满意答卷。

今天的访谈课就到这里，感谢两位同志的参与。谢谢大家！

点评：该课程以吉志雄三次留任驻村第一书记为切入点，较好地展现了习近平新时代中国特色社会主义思想在赣南的生动实践以及习近平总书记对赣南的深情大爱，充分反映了赣南脱贫攻坚的具体实践和显著成效，生动展现了以吉志雄为代表的广大驻村第一书记投身精准扶贫实践的精神风范和思想境界。课程以现场访谈为形式，给人以身临其境的感觉。

★ 赣州践行初心记

◎ **内容提要**　本课程以"初心"为主题，分为东方欲晓、红耀苏区、风景独好三个篇章，包含十几个具体内容点及其相应的视听作品，并在整体视觉设计上呈现"时空放映机"的观看效果。通过"初心的诞生""初心的践行""初心的力量"这三个视角展示跨越百年的赣州党史，并融入党的二十大报告相关内容和精神。同时，课程还设计有"一封来自1921年的信""初心卡""跨越时空的对话"等互动环节，以此增强艺术党史课的体验感。

◎ **主创人员**　　总顾问：李红喜　中共党史专家

　　　　　　　　总策划：邓昭明　新思路智库理事长

　　　　　　　　总导演：罗梓丹　新思路智库艺术创作中心主任

　　　　　　　　视觉设计：邓　楠　新思路智库艺术创作中心

　　　　　　　　音乐设计：张铁岐　新思路智库艺术创作中心

　　　　　　　　视频制作：刘建伟　中共枣庄市市直机关工作委员会

　　　　　　　　理论研究：胡国豪　重庆大学马克思主义学院

　　　　　　　　　　　　　杨陇华　重庆大学马克思主义学院

　　　　　　　　旁白配音：刘智博　新思路智库艺术创作中心特邀配音员

　　　　　　　　角色配音：高国煊　新思路智库艺术创作中心特邀配音员

《赣州践行初心记》主题海报　　　　　　　"初心卡"式样

开场词

视频画外音

当昏沉的暗夜吞噬干涸的土地，

一道穿破云翳的曙光，带着开天辟地的力量，照向赣江两岸。

当赤诚的理想遭遇冰冷的打击，

一面崭新的红色旗帜，带着苏维埃共和国的荣耀，飘扬在赣南大地上。

当革命的火种在狂风中颤抖着燃烧，

一声出征的集结令，带着凤凰涅槃的信念，牵动客家儿女的似海深情。

是什么让我们锤炼出了钢铁意志？

是什么让我们凝聚起了磅礴力量？

是什么让我们赢得了一次又一次的伟大胜利？

今天，我们将共同走进赣州的红色记忆，

让百年的历史为我们打开感悟初心的时空之门。

第一篇章：东方欲晓

现场讲述 01

大家好，欢迎来到《赣州践行初心记》艺术党史课的现场，我是今天的时空引领人。

百年大党，百年风华，我们将通过一段段珍贵的时空影像和一首首穿过岁月、直抵人心的红色歌曲，带您走进烽火岁月，走进激情年代，走进共和国的伟大征程。现在我手上拿着的是一本特殊的《赣州民谣歌词集》，它之所以特殊，是因为这里面收录的民谣歌词至少有一百多年的历史，一百多年前的赣州民谣都唱了些什么？让我们跟随时空影像一起来揭晓这民谣歌词背后的故事。

视频《尘封的民谣》画外音（情景配音＋解说配音）

情境配音：

五更起，半夜眠；风雨来，霜雪奔；无粮食，糠充饥；豆角衫，洞满身；无腰带，捆箩绳……

解说配音：

"无粮食，糠充饥；豆角衫，洞满身"，这是一首曾流传于瑞金的民间歌谣，它形象地展现了当时劳动人民的生活状态。从经年累月的地租剥削到巧立名目的苛捐杂税，从肆意鞭笞下的饥寒劳苦到卖妻鬻子的辛酸悲凉，都无不揭露着封建社会"吃人"的本质。进入近代以来，帝国主义无以复加的侵略暴行更是让万千民众处于水深火热之中：一声炮响，英国发动鸦片战争；一声炮响，狂潮卷起甲午海战；又是一声炮响，八国联军肆意侵华，前所未有的民族劫难席卷中华大地。1911 年辛亥革命的爆发，推翻了清王朝，但却没能改变中国半殖民地半封建社会的性质，赣南地区在辛亥革命中得以光复，但也没能幸免于北洋军阀的野蛮统治。这首描写一百多年前劳动人民生活状况的民谣歌词，在历史的起伏之中，依旧等待着被新的力量所改写。

现场讲述 02

这首赣州民谣的歌词并不长，但它所展现的劳动人民的生活状况却曾持续了很长时间。当历史的车轮将满目疮痍的故乡带到我们面前，眼看着战乱频仍下的山河破碎，眼看着水火之中的手足同胞，眼看着中华民族处于危亡之际，我们该如何抉择？不畏强暴的赣南人民用一次次的反抗斗争做出了回答，五四运动的爆发更是点燃了每个人的拳拳爱国之心，一群赣州的新青年们开始勇立新文化的潮头，接受马克思主义的科学真理，吹响觉醒的号角。

视频《发刊日》画外音

配乐歌曲：《毕业歌》

情境配音：

男："同学们，今天我们在此发行本刊，就是改造社会的一种方法，目的就是要使这个'黑暗的江西'，变成一个光明的新的江西，所以这本刊物就叫《新江西》。日后，我们宁做断头鬼，也不做亡国奴！"

合："对！宁死不做亡国奴！""振兴江西！振兴中华！"

现场讲述 03

这位慷慨陈词的青年名叫袁玉冰，他与方志敏、赵醒侬一起被人们誉为"江西革命三杰"。这本于 1921 年 5 月 1 日创办的《新江西》，是当时江西马克思主义传播的重要阵地，它让革命的种子播撒在了赣南大地。此后的 1926 年，在推翻封建军阀统治的疾风骤雨中，南湖红船上唱响的《国际歌》开始传向赣江两岸。

视频《陈赞贤》画外音

视频歌曲：《国际歌》

解说配音：

1921 年，中国共产党应运而生，成为中华民族发展史上开天辟地的大事件，中国革命的面貌焕然一新。1926 年 8 月，南康籍共产党员陈赞贤、朱由铿和赣县籍共产党员谢学琅共同商定，成立中国共产党在赣南的第一个地方组织——中共赣州支部干事会。此后，以陈赞贤为代表的赣州共产党员们便积极领导工农革命运动，使赣州的工人运动获得了"一广州，二赣州"的赞誉，也让农民兄弟们"二五减租翻了身，废掉债务一身轻"。

但反动派势力却对此展开了强烈的反扑。1927 年 3 月 6 日晚，不顾个人安危坚持回到赣州指导工作的赣州总工会委员长陈赞贤被敌人诱骗杀害，倒在了血泊之中，年仅 31 岁。第二天清晨，当工人们找到陈赞贤委员长时，只见他全身布满了 18 个弹孔，这就是震惊全国的"赣州惨案"。

1927 年 4 月 10 日，赣州各界人士在明伦堂公祭陈赞贤烈士，赣南学生联合会的同学们敬献了这样一首悼念诗：

> 弹丸十八脱凡尘，竭力扶工是为人，
> 噩耗传来全国恨，狂风吹倒百年身，
> 惟奈忠奸分畛域，先生血色总常青。

现场讲述 04

惟奈忠奸分畛域，先生血色总常青。这首悼念诗诉说着一位共产党员铁骨铮铮为民请愿的一生，也触动着每一位革命者誓将热血沃中华的壮志丹心。热血男儿赖传珠听闻这一消息，便毅然选择继承先辈遗志，顶着白色恐怖的巨大威胁，一刻也等不了地

《陈赞贤》视频画面截图

加入了中国共产党。悲痛万分的赣州总工会副委员长钟友仟，一句"你死我来，看他怎样"掷地有声！屠刀不泯革命志，铁肩不负担道义，越来越多的有志青年汇聚在党旗之下，怀揣着共产主义的理想，继续书写践行初心的壮阔史诗。

第二篇章：红耀苏区

视频《星星之火》画外音

情境音效：枪炮声等

解说配音：

没有革命的武装就无法战胜武装的反革命，要想改变中国人民和中华民族的命运，就必须以武装的革命反对武装的反革命。1927 年 8 月 1 日，南昌起义打响武装反抗国民党反动派的第一枪，几天后，中共中央紧急召开八七会议，确定了实行土地革命和武装起义的方针。紧接着，由周恩来、贺龙、叶挺等率领的南昌起义部队在会昌战斗中获得胜利，这是南昌起义成功后起义军同敌军打的第一仗。但秋收起义、广州起义和其他许多地区的起义大多都因敌我力量悬殊而失败了，事实证明，通过占领中心城市来取得革命在全国的胜利是行不通的，迫在眉睫的是要找到一条适合中国国情的革命道路。

1927 年 10 月，毛泽东同志领导军民在井冈山建立了第一个农村革命根据地，从进攻大城市转为向农村进军，成为中国革命具有决定意义的新起点。与此同时，朱德、陈毅等领导人在赣南开始对南昌起义余部展开"赣南三整"，这在人民军队建设史上具有重要意义。

1928 年 4 月，朱德、陈毅率领部队来到井冈山，与毛泽东所领导的秋收起义部队胜利会师。而此时的赣南大地已是春雷阵阵，农民武装暴动此起彼伏。

不久，被誉为"红军成立以来最有荣誉之战争"的大柏地战斗在赣南打响。

现场讲述 05

井冈山革命根据地的建设让反动派势力坐立不安，随即调遣部队展开"会剿"。为此，毛泽东、朱德、陈毅等率红四军主力离开井冈山，踏上了转战赣南闽西的艰难行程。那是 1929 年的冬天，寒冬腊月中的红四军处境非常困难，各项作战都一再失利。士气难免有些低落的红四军部队在阴历除夕这一天来到了瑞金大柏地境内，在这里，毛泽东和朱德决定充分利用大柏地的有利地形打一个伏击战，以振奋军心。但此时的红四军战士们早已是饥肠辘辘，一顿饱饭成为当时最迫切的需求。

然而老百姓由于对红军还不太了解，大家为躲避战斗都纷纷跑到山上去了，只留下屋子里正准备过年用的一些粮食。这下该怎么办呢？

经过仔细的商议，毛泽东和朱德决定先行借用百姓家的粮食，并留下借条，以便来时再还。吃饱了饭的红四军战士们在大柏地战斗中打了一个大胜仗，毛泽东更是亲自带着警卫排在这场战斗中冲锋陷阵，成为他戎马一生唯一的一次带枪上阵杀敌。

50 多天后，当红四军重返大柏地时，便出现了这样的一幕：军需处干部挑着现大洋，当场向群众兑现大柏地战斗时留下的借条。有的群众借条撕毁或者丢弃了，只要有邻居作证，红军照数兑付，分文不少。这让不少百姓有些惊讶，这样好的军队可从来没见到过啊！他们开始深切地感悟到：朱毛红军真是穷人自己的军队啊！

就这样，红军部队从严明的纪律开始，逐渐走进了老百姓的心中。

视频《苏区故事》画外音

视频歌曲：《苏区干部好作风》

解说配音：

1931 年 11 月 7 日，中华苏维埃共和国在瑞金宣告成立，随即定都瑞金。这让敌人大为震怒，不断对中央革命根据地实行残酷的军事"围剿"和经济封锁，意图不让"一粒米、一撮盐、一勺水"落入共产党手中，但恰恰是这"一粒米、一撮盐、一勺水"的"小事"，让红军走进了老百姓的心里，也让老百姓把红军唱在了歌里。

这篇《吃水不忘挖井人》的课文大家还记得吗？文中的那口"红井"就位于赣州瑞金的沙洲坝。当年毛主席发现乡亲们吃水用水极为困难，要知道，当时的沙洲坝流转这样一句话"三天不下雨,无水洗手帕,旱死老鼠渴死蛙,有女莫嫁沙洲坝"。为了让大家吃上干净的水,毛主席不惧当地流传的挖井会破坏风水的迷信观念,带领几个红军战士开始选址挖井,当挖到 5 米深的地方时,一股泉水喷涌而起,让沙洲坝的百姓从此不再为吃水犯愁,甘甜的井水走进了家家户户。"吃水不忘挖井人,时刻想念毛主席"石碑上这 14 个大字如今依旧清晰,几十年来,因为有当地百姓精心维护,这口跨越大半个世纪"红井"从未干涸。

这是当时中华苏维埃共和国临时中央政府的机关报,名叫《红色中华》。在1934 年 3 月 13 日出版的第 161 期登载了"中央机关工作人员从家里自带米菜来办公"的消息。这样一种做法在当时的苏区形成了一种风尚。时任江西省苏维埃政府主席的刘启耀,就带头叫妻子从兴国老家步行百里,送米到设在宁都的省苏维埃政府机关来。他妻子一开始非常不理解,据说还半开玩笑半埋怨地说:"老公老公,饭要我供。你当个省苏维埃政府主席,怎么连饭都赚不到来吃呀?"刘启耀笑笑说:"现在革命遇到暂时困难,等日后革命成功,吃穿就不愁啦。"

红军有多好,大家是看在眼里,记在了心里。因为苏区严重缺盐,红军战士身体很是虚弱,当年周恩来的警卫员偷偷往饭菜里放了盐,尝出咸味的周恩来严肃地批评了警卫员,"有盐同咸、无盐同淡""只要红军有盐吃,就得让老百姓的菜碗也是咸的"。老百姓对此很是心疼,他们想尽办法,要么打通竹杠的关节装盐,要么用食盐水浸泡衣服,甚至假扮乞丐,硬是将食盐成功送到了苏区。哪怕要跨过重重险阻,哪怕要冒着生命危险,老百姓为帮红军解困都义无反顾,这是只有对亲人才会有的付出啊,这就是"鱼水情深"最鲜明的注解。

现场讲述 06

这支"穷人自己的军队"靠着一心为民的精神,在赣南收获了苏区人民的巨大支持,鲜红的旗帜下开始凝聚起最为磅礴的力量。1934 年 10 月,由于中央革命根据地第五次反"围剿"失败,红军不得不进行战略转移。10 月 17 日,中央红军主力开始跨过于都河走上长征路。于都 30 万老百姓不约而同地为红军保守着这一重大秘密。为了帮助红军顺利渡过于都河，他们还自发地从家中取下门板和床板，一路扛到河边，看到有位老人家把自己的棺材板都搬了过来，红军战士说什么也不让，可没想到，老人家却说："我连自己的儿子都献给了红军，还会在乎这一块棺材板吗？"就这样，红军战士看着乡亲们不断地从四面八方聚拢过来，有的把煮熟的鸡蛋塞到自己手里，有的把一把把炒熟的豆子放到自己的口袋里，还有的乡亲拉住红军战士的手问道："你们什么时候回来啊？"这注定是让无数人终生难忘的场面。

视频《长征》画外音
视频歌曲：《长征组歌》
解说配音：

赣南苏区在革命战争年代牺牲的有名有姓的烈士就达 10.82 万。在瑞金沙洲坝，村民杨荣显一家"八子参军，壮烈牺牲"。在兴国县高兴镇，党支部书记邱会培一家 12 口"全家革命、满门忠烈"。在二万五千里长征路上，平均每公里就有 3 名赣南籍

赣南籍英烈资料视频画面截图

烈士倒下，因为在参加中央红军长征的 8.6 万余人中，赣南籍红军就达 5 万余人，那些英勇牺牲的先烈们，为了红军跨越滔滔急流，征服皑皑雪山，穿越茫茫草地，突破层层封锁，最后到达陕北夺取长征胜利，而长眠于长征路上，化为一座座丰碑，铭刻着红军走向胜利之路。

这首《过雪山草地》是《长征组歌》10 首歌当中的一首，而写出如此豪迈歌词的正是我们赣州籍的开国中将——萧华。萧华将军曾说道："我写长征组诗，不知道自己掉了多少眼泪。"这首《过雪山草地》就是萧华将军流着泪写下的。

当他回忆起那些在艰苦卓绝的长征路上倒下去的战友，常常夜不能寐。萧华将军所描述的这场战役是 1934 年 11 月 27 日至 12 月 1 日中央红军突围以来打得最为壮烈、最为关键的一战，名叫湘江战役。这一战，让中央红军从出发时的 8.6 万余人锐减至 3 万多人，在牺牲的 3 万多名红军将士中，就有 2 万多赣南儿女"为苏维埃流尽了最后一滴血。"年仅 18 岁的战士陈金水，拼死鏖战的红十八团，他们用自己的血肉身躯在中华大地上铭刻着"革命理想高于天"的英雄丰碑。

现场讲述 07

"革命强中强""前进心不灰"，这是陈毅元帅在南方红军三年游击战争时期写下的《赣南游击词》中的诗句，在老百姓的帮助之下，陈毅元帅在艰苦的三年游击战争中一次次化险为夷，绝处逢生，磨砺出了更为坚定的革命意志。

历史再一次向我们证明了：赢得人民信任，得到人民支持，我们就能够克服任何困难，就能够无往而不胜。面对穷凶极恶的日本侵略者，中国军民浴血奋战 14 年，终于赢得了抗日战争的伟大胜利，这是中国近代以来抗击外敌入侵第一次取得完全胜利的民族解放斗争。解放战争时期，面对国民党反动派悍然发动的全面内战，党领导广大人民逐步由积极防御转向战略进攻，最终取得了新民主主义革命的伟大胜利。

第三篇章：风景独好

现场讲述 08

这是 1949 年 8 月 17 日的《人民日报》，《解放赣南重镇赣州》这一消息刊发在头版头条。当解放军雄赳赳地跨过浮桥时，胜利的红旗便开始在赣州城迎风飘扬。8 月 14 日那一天赣州全城欢声雷动，大街小巷都贴满了庆祝解放的标语，游行队伍声势浩大一路高歌，人们欢呼着"红军回来了！我们的亲人回来了！"可爱的赣州，终于在千万人民的狂欢中，对人民解放军热烈的欢迎中，获得了解放。一个多月后，开国大典在天安门广场隆重举行，中国共产党和中国人民以英勇顽强的奋斗向世界庄严宣告，中国人民从此站起来了，中华民族任人宰割、饱受欺凌的时代一去不复返了。让我们打开时空影像，重温 1949 年 10 月 1 日的那一天。

视频《保家卫国》画外音

情境配音：

1949 年 10 月 1 日，这是一个永远为中国人民所纪念的日子。北京 30 万军民聚集在天安门广场上，举行开国大典。人群和旗帜、彩绸、鲜花、灯饰，汇成喜庆的锦绣海洋。下午 3 时，广场欢声雷动。毛主席和朱总司令两位伟人，一前一后沿着城楼西侧的古砖梯道，最先登上了天安门城楼。

解说配音：

伴随着雄伟的《义勇军进行曲》，亿万中华儿女都在为中华人民共和国的诞生欢呼呐喊。但不到一年的时间，中国人民便不得不开始一场保家卫国的战争。

1950 年 10 月 25 日，抗美援朝战争第一枪打响。中国人民志愿军第 40 军（120 师 360 团）的战士用密集的炮火成功压制了敌人的贸然进攻。1951 年 4 月 22 日，抗美援朝战争第五次战役打响，中国人民志愿军第 64 军在此次战役中奋勇歼敌。1953 年 1 月 25 日，丁字山战斗打响，中国人民志愿军第 23 军（67 师 201 团）仅以一个加强排的兵力，在 17 万枚炮弹，23 万磅炸弹的狂轰滥炸中坚守阵地，彻底破灭美军突破志愿军正面坚固防御阵地的幻想。同年 7 月 14 日，中国人民志愿军第 68 军在金城战斗中奇袭敌方国防军主力——白虎团，以击毙敌军团长，缴获白虎团团旗的绝对胜利给予了敌人沉重的一击。中国人民志愿军第 54 军在金城战斗也立下汗马功劳。

而在当时，志愿军第 40 军军长温玉成、第 64 军军长曾思玉、第 23 军军长钟国楚、第 68 军军长陈坊仁和第 54 军军长丁盛等都是从赣州这片红色热土上走出去的开国将军。他们和许许多多赣州籍志愿军战士一起，毅然决然地站在了保家卫国的最前线，用自己的血肉之躯为祖国和人民筑就起了坚不可摧的钢铁长城。

而就在前方将士浴血战斗的同时，广大赣州人民在支援前线的爱国运动中也作出了巨大贡献。本着"后方多流一把汗，前方少流一滴血"的信念，赣州人民加工加产，截至 1951 年 9 月 18 日便已缴纳现款 85.24 亿元，赣州瑞金更是率先响应全省购买 81 架飞机的号召，第一时间表示捐献"红色故都瑞金号"飞机 1 架。抗美援朝爱国运动在赣州达到如此之高的热潮，离不开各级党委重视下所开展的卓有成效的宣传工作，仅在 1951 年五一前后，人口仅 11 万的赣州市区就积极组织了 2 万人的宣传队伍，赣州市的抗美援朝宣传工作一时成为全国的模范。就这样，赣州籍志愿军将士和赣州人民发扬着革命老区的光荣传统，在抗美援朝前线战斗和后方支援运动中都留下了浓墨重彩的一笔。

现场讲述 09

"为什么战旗美如画，英雄的鲜血染红了它。"无数志愿军战士用自己的血肉之躯筑起了保家卫国的钢铁长城。他们战胜了武装到牙齿的强敌，打出了国威军威，打出了中国人民的精气神，赢得了抗美援朝战争的伟大胜利。这一仗，让全世界对中国刮目相看，更让新中国在错综复杂的国内国际环境中站稳了脚跟。此后，在相对和平稳定的环境中，新中国的社会主义建设开始如火如荼地进行。十一届三中全会的召开，开启了改革开放和社会主义现代化建设新时期，实现了中华人民共和国成立以来党的历史上具有深远意义的伟大转折。赣州也在 1988 年迎来了成为经济体制改革试验区的第一个春天，让我们通过一段跨世纪的时空影像，来回望那激情燃烧的岁月。

视频《跨世纪的发展》视频画外音
情境配音：相关纪录片或者原声配音
视频字幕：
——跨世纪的钨矿产业
1932 年中华苏维埃国家钨砂公司在赣州于都县成立，为中央苏区根据地建设作出重大贡献。2007 年中国钨业在它的发祥地赣州庆贺百年华诞，钨矿产业已成为赣州首个产值超百亿元的产业集群。

"红色金融助力了中国革命的发展"

——跨世纪的上犹江水电大坝。1957 年被誉为"新中国水电人才的摇篮"的上犹江水电大坝在赣州上犹县落成。2007 年 10 月 30 日，累计发电 113.86 亿千瓦时，累计总产值 7.829 亿元。

"赣南苏区小太阳"

——跨世纪的稀土矿产业。1969 年赣州龙南县发现世界上第一个离子型稀土矿，后定名该矿区为 701 矿。2009 年赣南队完成规划开采区的详查工作，新增稀土资源储量数万吨。

"中东有石油，中国有稀土"

——跨世纪的铁路建设。1996 年京九铁路正式通车，168 次直快旅客列车徐徐驶进赣州。2005 年以赣州站为起点的赣龙铁路正式通车，成为经过赣州的第二条铁路线。

"火车一响，黄金万两"

《跨世纪的发展》视频画面截图

解说配音：

这是 1997 年香港回归时候的情景，在上个世纪末，作为"亚洲四小龙"之一的中国香港一度成为人们心中繁华都市的代表。但许多人所不知道的是，由于受自然环境所限，香港一直是一个严重缺乏淡水的城市。1962 年底，香港出现了自 1884 年有气象记录以来最严重的干旱，连续 9 个月滴雨未降。当时香港所有水塘的存水只够全市 350 万人饮用 43 天，最严重的时候 4 天才供一次水。香港同胞把最后希望寄托于祖国内地的援助。

1963 年 6 月 10 日，周恩来总理审阅广东省委《关于向香港供水问题的谈判报告》后，决定引东江水供应香港。东江发源于赣州市，是离香港最近、水量最充沛、水质最好的自然河流。从此奔腾不息的东江水开始承担起一项新的历史使命——哺育香港。得到东江水哺育的香港没有了后顾之忧，很快进入高速发展的黄金时期。

现如今，香港市民想用水，拧开水龙头就行，但这一看似寻常的举动背后，却是祖国为此投入的巨大关怀以及艰辛的付出。饮水思源，是我们对这段历史最好的尊重。

现场讲述 10

赣州安远县的三百山，就是东江源头，那里竖立着周恩来总理的亲笔题字"一定要保护好东江源头水"，50 多年来，当地人一直在默默地完成这项重大的使命，守护香港的生命线。在岁月凯歌行进的旋律中，流淌不息的"生命之水"，早已渗入香港的每一寸土地，更融入内地和香港同胞的血脉深处。

（以下是结合主题海报和配乐的现场讲述）

时间来到 2012 年，《国务院关于支持赣南等原中央苏区振兴发展的若干意见》的出台，为赣州的发展注入了强劲动力。党的十八大的胜利召开为实现全面建成小康社会宏伟目标作出了战略部署。此后，赣州的发展步入快车道，革命老区的面貌焕然一新。习近平总书记一直关心赣南的发展，先后 2 次亲临赣州视察指导，

9次对赣南苏区振兴发展作出重要指示批示，亲自推动《若干意见》等重大政策出台实施，反复强调"抓好赣南苏区振兴发展，具有特殊的政治意义""让老区人民过上富裕幸福的生活"。

2019年，中共中央总书记习近平来到赣州考察。他在这里曾深情地说："革命战争年代，江西人民为革命胜利付出了巨大牺牲、作出了巨大贡献。现在国家发展了，人民生活改善了，我们要饮水思源，不能忘记革命先辈、革命先烈，不能忘记革命老区的父老乡亲。"

现场讲述 11

是啊，我们怎能忘记，当年关山鏖战急，壮士豪情无所惧。

当年英雄血染湘江渡，江底尽埋英烈骨。

只愿取义成仁今日事，换取人间遍种自由花。

而后南方游击三年苦守，终守得云开见月明。

而后铁马金戈任其枪林弹雨，也压不垮民族脊梁。

我们浴血抗战14年，终让侵略者低下他那残暴的头颅。

而后弥天烽火举红旗，人民英雄在中国革命的曲折中托举起了共和国的尊严。

山河无言，天地有心，翻开历史，我们会知道，甘将热血沃中华的是谁，誓将真理传人寰的是谁，在红旗前许下铮铮誓言的是谁，用鲜血践行初心使命的又是谁。

若有人问，中国共产党人的初心使命是什么？身中18枪的陈赞贤烈士可以回答，大柏地斑驳的墙头可以回答，沙洲坝的那口红井可以回答，夜色于都河、血色湘江水可以回答，还有许许多多，活着的死去的红军战士可以回答，每一位胸前佩戴着党徽的人民公仆可以回答。为中国人民谋幸福，为中华民族谋复兴，就是中国共产党人的初心和使命！

而我们，不忘初心，就是对他们最好的缅怀。

如今，我们的盛世中国已如先辈们所愿，多么希望他们也能看一看……

情境演绎：

男：姐姐，你是从新中国来的吗？

女：对。

男：那我们胜利了吗？

女：我们胜利了。

男：太好了。姐姐，我们湘江这一仗，打得好苦啊，我的兄弟们，他们都……

女：（哽咽）我知道，我都知道。

男：我真想看看，新中国是啥样，大家都能吃饱肚子吗？

女：吃得饱，吃得好。

男：那，都能和亲人团聚吗？

女：在一起，家家团圆，特别的幸福。

男：那你们还会被白狗子和日本人欺负吗？

女：不会了，没有人敢欺负咱们。正是因为有了你的牺牲，才有了我们的平安和幸福。

男：不是的，不是的姐姐。不是只有我。还有王刚和李大柱，还有二班长三班长他们，还有指导员……

女：（打断）我知道！不仅仅是你，你和所有战士们，我们永远都不会忘记。

男：我好想回家，我真想看看，我们的新中国，她到底是啥样的。

女：来，我带你一起回家，一起看看我们现在的家。

（歌曲视频《追寻》）

结束词
现场讲述（面向党政机关群体）

"神女应无恙，当惊世界殊"。中国共产党已走过百年奋斗历程，一百年来，多少枪林弹雨的战斗，多少壮怀激烈的牺牲，多少上下求索的追寻，多少执着坚定的前行……习近平总书记在党的二十大报告中说道："我们党立志于中华民族千秋伟业，致力于人类和平与发展崇高事业，责任无比重大，使命无上光荣。"是啊，我们走得再远，都不能忘记来时的路，不能忘记为什么出发。历史已充分证明，江山就是人民，人民就是江山，时代呼唤着我们，人民期待着我们，唯有矢志不渝、笃行不怠，方能不负时代、不负人民。请大家起立，让我们共同唱响《没有共产党就没有新中国》。

（歌曲伴奏《没有共产党就没有新中国》）

现场讲述（面向学生群体）

"神女应无恙，当惊世界殊"。我们已走过百余年的奋斗历程，中华民族已巍然屹立于世界东方。在党的二十大报告中，习近平总书记这样说道："当代中国青年生逢其时，施展才干的舞台无比广阔，实现梦想的前景无比光明。"那就让我们一起把青春挥洒在全面建设社会主义现代化国家的火热实践中，绽放出绚丽的青春之花！让我们一起以昂扬挺立的姿态，怀抱梦想，脚踏实地，做新时代有理想、敢担当、能吃苦、肯奋斗的中国青年！朋友们，让我们共同起立，一起唱响《我和我的祖国》。

（歌曲伴奏《我和我的祖国》）

今天，我们比历史上任何时期都更接近、更有信心和能力实现中华民族伟大复兴的目标。今天，我们解放思想，牢记嘱托，奋力建设革命老区高质量发展示范区，我们作示范、勇争先，努力打造新时代"第一等的工作"，以昂扬斗志走好新的赶考之路！今天，我们见证着伟大奋斗所创造出来的百年伟业，在不久的未来，我们也一定能用新的伟大奋斗创造新的伟业。让我们祝福党，祝福祖国，祝福赣州！

（片尾视频《不忘初心》）

谢谢大家，今天的《赣州践行初心记》艺术党史课到此就全部结束了！期待我们再会!

点评:《赣州践行初心记》以赣州民谣导入课程,综合运用视频、音频、现场讲述等方式,生动地展现了赣州人民在中国共产党领导下践行党的初心的历史过程。教学主题鲜明,方式新颖,有较强时代性和针对性。课程素材选取较为丰富,教学内容的组合层次清晰、重点突出,有较强吸引力。

★ 用总理的品格教育人

◎ **内容提要**　本课程用现场采访的形式讲述了周恩来警卫员顾玉平的感人事迹。1975 年，顾玉平回到家乡瑞金。顾老常说："我最大的心愿，就是在有生之年，把革命传统传下去，用总理的品格和为人教育好后一代。"

◎ **主创人员**　温娟华　江西瑞金干部学院培训工作部主任

朱奕南　江西瑞金干部学院讲师

顾蓉生　江西瑞金干部学院特聘教师

杨晓华　江西瑞金干部学院特聘教师

讲课人：在中国共产党走过的百年历程中，涌现出了许多模范人物。中央苏区时期，有一大批坚定的红军战士、苏区模范，他们以高度的责任感、严格的自我要求为我们树立了光辉的学习榜样。欢迎大家来到"用总理的品格教育人"访谈现场。

习近平总书记多次指出："加强家庭家教家风建设""管好家属子女和身边工作人员，坚决反对特权现象，树立好的家风家规"。"没有任何自己特殊的利益"既是伟大建党精神的价值体现和实践表达，更是毛泽东、周恩来等老一辈无产阶级革命家崇高精神和红色家风的生动写照。

1975 年顾玉平从四川省南充军分区副司令员的岗位上退下来，回到了自己的家乡瑞金，他本可坐享清福，安度晚年，但他没有忘记作为一名老党员、老红军的责任，顾老常说："我最大的心愿，就是在有生之年，把革命传统传下去，用总理的品格和为人教育好后一代。"党和国家领导人江泽民、胡锦涛、贾庆林、杨尚昆都亲切接见过顾老！

顾玉平

顾玉平一共有 6 个孩子，4 个女儿 2 个儿子。今天的访谈嘉宾是顾玉平第 4 个孩子顾蓉生老师，在许多人眼中，顾老师一家与周恩来、邓颖超同志有密切的交往，应当过着与我们不一样的生活，可一到他家后，却让我深深地感受到顾老一家的朴实与亲切！今天，我们非常荣幸请到了顾玉平的儿子、儿媳——顾蓉生和杨晓华老师，掌声有请顾老师和杨老师！

顾蓉生：大家好！我是顾玉平的儿子顾蓉生，原在瑞金市财政局工作，现已退休。

杨晓华：尊敬的各位领导、各位学员们，大家好！我是杨晓华，顾玉平的儿媳，我在瑞金一中退休。

讲课人：每次看到你俩都觉得非常亲切，杨老师，想问您一个个人问题，您是怎么嫁给顾老师的？

杨晓华：1978 年，我认识了顾家老四顾蓉生，并由相识到相爱。那时有人曾悄悄地劝我说：晓华，还是找个普通人家好，干部出身的训惯了人，脾气大，你少不了挨训；再说，干部子女架子大，难伺候，以后有你受委屈的。到了顾家后，我就喜欢上了两位老人，爱上这个家，时间越长，感情越深。

讲课人：在您心中，您公公是怎样的一个人呢？

杨晓华：他是一个爱学习，爱卫生，非常讲原则的人！有这么一件事。那时，我公公除了享受军队离退休人员的医疗待遇外，因在本地居住也享受地方老红军的医疗待遇，凡是需要的医疗药物实报实销。因我丈夫顾蓉生患有心脏频发性早搏，当时瑞金医院规定享受公费医疗的公职人员，中药一天只开一剂药。为了图省事，我就拿着公公的保健本开了 5 包中药。不料公公知道后非常生气："这本子是我用的，你怎么拿去用呢？如果没有钱可以问我要嘛。"当时，还丢了一些钱给我，我也有点生气，就说："有的家属大包小包往家里开药，我们家就用了这一次，而且还是纯中药。"公公说："一次也不行，不能揩公家的油水。"

讲课人：这么讲原则，你们能理解顾老的做法吗？我听说您家里原来是配有专车的，后来为什么又没在您家了呢？

杨晓华：1998 年，组织上给享受副军职以上的待遇军队离休老红军配专车，公公配了一部新的桑塔纳轿车，司机是赣州军分区干休所的现役军人，吃住在我家，轮流在我家值班，记得有一位安徽籍战士，比我儿子大三岁，有一位河南籍战士比我儿子大一岁，我们上班，孩子们上学去了，就剩下司机和两位老人在家。

1999 年春节，在赣州工作的二姐打电话回来，想用公公的专车接一下，我公公就对二姐说：这车是公家的车，不是我们家的私有财产，你还是乘公共汽车回来吧。

这年春节过后，我公公就打电话给干休所政委，提出申请，把车退回去，说了三个原因：一是当时本地私家车非常少，两个孙子都是在校中学生，不搞特殊；二是司机都是年轻人，每天守着两个老人就会耽误他们的前途；三是把车放在我这里太浪费，还是把车子让给工作上更需要的同志。他还说，以前我在周总理身边当警卫员的时候，经常叫我们不能搞特殊，他总是这样教我们！

讲课人：不能揩公家的油水、把组织安排的专车退回去……看上去是小事，却很了不起！顾老常说："不能因为是老红军的后代，就搞特殊，要把自己当成普通人一样学习、工作、生活。"1975 年 11 月您父亲就带领全家回到瑞金定居，那时已经 63 岁了，我在您家抽屉里看到您父亲的党费证，我有个疑问，年纪那么大，他的党费怎么交给组织呢？毕竟以前交党费不比咱们现在，微信里直接关联公众号，手机一点就行了！

顾蓉生：他自己去交，坚持了很长时间！我父亲离休以后，组织关系转到了瑞金人武部，我父亲就成了人武部的常客。从我们住的家里到人武部机关，要经过八一路和红军巷，这段路人多车多，很不安全。以前组织上决定派人到家里去收缴党费，我父亲知道后不同意，他说："交党费是一个党员应尽的义务，自己到组织部门交党费，更感到无比光荣。"有一次，我父亲交完党费后，发现身上还有一毛钱，估计是党费少交了一毛钱，于是又马上从家里走路到人武部补交了那一毛钱，来回走了一个小时。

讲课人：补交一毛钱党费，事很小，却让我们深深感受到一名老红军、老党员的初心与忠诚！我们给您父亲做了一个他的简历小视频，我们一起来看看好吗？请看大屏幕……

讲课人：参加红军是顾老人生的重要转折点。这段视频里，估计大家都注意到一个细节——那就是顾老在 1934 年 8 月至 1936 年 11 月曾经担任过周恩来同志和邓颖超同志的警卫员。顾老师，据我了解您父亲参加红军时 21 岁，先是在张宗逊同志身边工作，怎么又成了周恩来同志的警卫员呢？

顾蓉生：我父亲能当上周恩来同志警卫员，应该是张司令推荐的。当时经过政治审查，1934 年 8 月我父亲就调到中革军委警卫队内勤排，开始在周副主席身边工作了。

讲课人：那您父亲和周恩来夫妇这么长的时间，有合影吗？

顾蓉生：没有，有制度规定工作人员不能和领导单独合影。

讲课人：按规矩办，周恩来同志这样教导着身边人。那你们问过父亲第一次见到周恩来同志的场景吗？

顾蓉生：问过，这也是我们都非常好奇的问题！我父亲说，没见面时，心里七上八下地紧张，毕竟没见过大世面，从来没这么近距离见过大首长，何况还是周副主席。第一次见周副主席，是内卫队队长领我父亲去的，当时周副主席正一个人在院子里散步，像是在思考什么问题。他听了情况介绍后，很认真地跟我父亲说：你到我身边工作我欢迎，不过丑话说在前，在这里，不许有高人一头的思想，不许有盛气凌人的态度，不许有疏于检点的行为。还有一条：注意加强学习！共四条，你能做到吗？我父亲马上回答：能！

顾玉平接受采访

　　讲课人：翻阅您父亲的简历，顾老曾陪着周恩来、邓颖超同志走完了长征。那么顾老师，您父亲作为一个亲历者，有和您说起这些经历吗？

　　顾蓉生：有的，长征对于每一个红军来说，都是磨灭不了的记忆。我父亲也是，对他来说，长征有太多难忘的场景、难忘的人与事，长征路上，我父亲的命还是邓颖超同志帮他捡回来的！

　　我父亲经常说起和周恩来同志一起同吃住的事。长征路上，大家吃的是"包子饭"，警卫员轮流着当炊事员，按定量每人一包，菜也是一份。周副主席和警卫员吃的都是同一种菜，一样的分量。

　　记得有一次，我父亲为了给周副主席补充营养，用周副主席的伙食费在老乡家买了两个鸡蛋，开饭的时候，将蒸好的蛋端上桌来，周副主席问清了鸡蛋是从哪里来的后，叫我父亲把几个警卫员都叫来，周副主席将蒸蛋一一拨到每个人碗里。吃过饭，周副主席对警卫员们说："今天我们吃顿鸡蛋，就算挺不错了。这说明我们现在的环境的确很艰苦。但是，如果想到我们吃苦是为了人民，就不觉得苦了。你们说是不是呢？"当时，我父亲说，所有人边吃鸡蛋边落泪！

　　讲课人：您这段话，让我想到习近平总书记在纪念周恩来同志诞辰120周年座谈会上这样讲："周恩来，这是一个光荣的名字，不朽的名字。每当我们提起这个名字就感到很温暖，很自豪！"您父亲作为贴身警卫员，确实是段宝贵的经历！

顾蓉生：是的！1935年10月，部队到了吴起镇，我父亲再次回到周副主席身边担任警卫员。在陕北，我父亲和周恩来夫妇继续相处了一年左右的时间。后来根据安排，我父亲要离开周副主席夫妇，临走时，邓大姐握着我父亲的手说：这两年辛苦你了。希望你到新的岗位上，努力学习，立场坚定，为党的事业奋斗一辈子。胜利以后，我们再见面吧！父亲也是一直谨记教诲，无论是在什么困苦条件下都坚持学习。

讲课人：几十年来，顾老从不向人夸耀自己担任过周恩来、邓颖超同志警卫员的这段特殊经历，也从没写信向身居党和国家要职的周恩来夫妇提出个人要求，以致太长时间没有任何联系，周总理还以为曾经朝夕相处的警卫员牺牲了。那后来顾老与周总理夫妇又相见了吗？

顾蓉生：见上面了，用父亲的话来说，太难得了！

讲课人：那一共见上了几次面？

杨晓华：中华人民共和国成立后，周总理、邓颖超同志都日理万机，先后四次接见过我公公。每一次见面在公公心中都留下了珍贵而又感人的回忆。

顾蓉生：1960年4月，中央召开首届全国民兵代表会议，我父亲作为四川的代表，受到毛泽东、朱德等党和国家领导人的亲切接见。会议期间，顾玉平特地到中南海西花厅拜见朝思暮想的首长。一见面，邓颖超同志就紧紧握住顾玉平的手说："20多年了，终于见到你了！我和恩来同志一直在打听你的消息，还以为你在战场上牺牲了呢。这么多年你在哪里呀？"我父亲听后哽咽着说："我一直想着你们呀……"

第一次见面后，邓颖超大姐就问我父亲有没有什么困难，我父亲说没有。邓大姐说："好吧。以后还有机会见面。这次我也没有别的送你，有两块布，送你爱人和孩子做衣服。还有两支笔，给你和孩子学习用，这个球，也带回去给孩子玩。"我父亲推迟再三，邓大姐一定要他收下，说：顾玉平同志，不要客气了。我们是共过患难的同志，东西虽不多，礼轻情谊重嘛。这样，我父亲只好收下了。

我现在还记得当时父亲带回来的那个皮球。我们当时还住在四川，每次拿来玩的时候都特别高兴，我隔壁的小孩也常常跑到我们家玩。前几年，和四川儿时的玩伴联系时，他还用四川话对我说："四哥，你知道吗？小时候我最羡慕你有周总理送给你们家的皮球呢！"

讲课人：周总理夫妇知道顾玉平家孩子多，生活也不是很富裕，自从第一次见面后，总理夫妇时常挂念着曾经的战友，便托人送些布、日常生活用品、孩子的玩具等。那么顾老师，您父亲收到周总理日理万机寄过来的礼物后，有回礼给总理吗？

顾蓉生：有的，还有小插曲呢！有一次，我父亲趁军分区的同志去北京参加学习班的机会，捎去了几十斤自己家种的广柑，请总理和邓大姐尝尝，没想到送去以后，总理派秘书非得问清价钱不行，说不收钱就不收广柑。最后，军分区同志没有办法，只好按照市价收了钱，秘书才把广柑拿去。所以我父亲也深受周总理的影响，严于律己，从不搞特殊！

讲课人："从不搞特殊"是周总理等老一辈无产阶级革命家崇高精神和红色家风的生动写照，它深深地影响着身边人，一代代人！顾老师，我看到您家里还有好几件被奉若"传家宝"的物件，顾老师能给我们分享来历吗？大家想看看吗？想看的话，那就用热烈的掌声请顾老师为我们讲述。

顾蓉生：今天我特地把总理夫妇赠送的几样物品带了过来，这几件物品我父亲非常爱护和珍惜。

第一件是照片。一张是周总理夫妇的合影照片，另一张是邓颖超同志的个人照，赠送时间是 1960 年 10 月，这是从北京寄到四川南充的。

周恩来、邓颖超送给顾玉平的手表

第二件是手表。1960 年第一次见面时，邓大姐发现我父亲没戴手表，后来就托成都军区的领导带了一块表送给我父亲。1964 年成都见面时，我父亲就提起了这块手表的事情说："邓大姐，您也太认真了，还给我寄手表？"邓颖超大姐说："你现在也是领导，有块手表好掌握时间。再说了，这块手表也不是特意买的，是恩来同志用过的！"这块表我父亲戴了 40 多年，现在是我戴着它。这也时刻提醒自己要按照父亲的叮嘱要用总理的品格和为人教育好后人。60 多年至今，这块手表还很准。

第三件是四本书，1977 年 10 月邓大姐送的。一本是文物出版社出版的《纪念周恩来总理文物选刊》和一套三本人民出版社出版的《敬爱的周总理，我们永远怀念你》。总理走后，父亲非常想念他，经常自己动笔写些文字怀念周总理。

讲课人：我们有请杨老师朗诵顾老写的一篇纪念周总理的文章。

杨晓华：敬爱的周总理给我们今人和后人留下的精神财富很多，我这里讲件小事，可以照见他老人家的人格光辉，这是长征到达陕北以后的事。当时他穿过一件棉衣，二万五千里长征的风霜雨雪，摸爬滚打，已经破了几个大洞，棉絮都露在了外面，我想拿到后勤部给他换一件，因为他平时很节俭，要换还得事先征得他同意，不然我们下不了台。所以，我对他说："周副主席，您的棉衣破了，我拿去换一件怎样？"他看了一下，说："真的破了。"但接着又说："不要换，拿去补一下就可以穿了，现在有的战士还在穿单衣，我有这件棉衣就很好了。"我说："您是中央首长，还要接见外宾，穿补丁的衣服不太好。"

他听我这样说，转过身，两眼直望着我，后来又走到我跟前，亲切地说："我们共产党人就是要实事求是，现在人民很困难，军队也很困难，我们机关的同志，要和大家一起共渡难关，不能图自己享受。"我听了这几句话，受到很大的教育，周副主席心中装着人民大众，装着普通战士。

周总理生前说过这样的话，我们为人民服务，要像春蚕吐丝一样，把最后一丝都要吐给人民。我们缅怀敬爱的周总理，我想，我们都要用实际行动向周总理学习，只要我们心里永远装着广大群众，永远保持艰苦朴素，廉洁奉公，全心全意为人民服务，我们的事业就永远会立于不败之地。

讲课人：周总理走后，顾老通过文字表达了自己对周恩来同志深切回忆与缅怀，一字一句，饱含深情！您父亲作为曾经担任过周总理的警卫员，回到瑞金后，他会经常去宣讲吗？

顾蓉生：1975 年回到瑞金后，很多同志知道父亲曾经担任过周恩来和邓颖超同志警卫员的经历，经常请父亲去接待，但他非常少主动说起这一段经历，父亲也是不接受采访的，我父亲牢记着周总理的教导"在任何场合都不要说出与我的关系，不要炫耀自己"。直到 1977 年，父亲去北京看望邓颖超大姐时说了在瑞金需要接受采访的情况，征求邓大姐意见时，邓大姐对我父亲说："写写回忆录，讲讲革命传统，是好事情，可以教育下一代，不要有什么顾虑，但一定要实事求是，不要像有的同志那样，添油加醋，甚至借回忆别人来吹嘘自己，这样要不得。"就这样，父亲才开始讲红色故事，作革命传统报告，对来访人员很热情，从不拒绝。

杨晓华：1996 年纪念红军长征胜利 60 周年期间，来瑞金接受传统教育的人络绎不绝，我公公顾玉平更忙了。慕名而来的人一茬接一茬。有部队的，有学校的，有机关团体的，有中外媒体。他们一来到我家，我们就要准备好待客的，忙前忙后。

我记得公公接待最多的一天达 200 人。我们担心他身体受不了，劝他能接待的就接待，不想接待的就回绝，可老人家听后很生气，批评我们说："讲革命传统，宣传总理的品格和为人，本身就是我们这些老同志的职责。我最大的心愿，就是在有生之年，把革命的传统传下去，用总理的品格和为人教育好后一代。"28 年来，我公公顾玉平，接待过很多客人，做过很多传统报告，接受过大量的采访，为大家讲述革命传统。

讲课人：在顾老采访接待这么多人次里，留给您印象最深的是什么？

杨晓华：我公公最后一天接受采访。2005 年 3 月 8 日，当时有一个采访团来到家，希望他讲讲长征精神和革命传统。那个时候，公公的身体已经非常不好了，作为家属我们都想拒绝这一次采访。但是，老人家很坚持一定要完成。对于公公来说，多接受一次采访，就多一次传承红色基因的机会，就有更多的人知道老一辈故事。刚刚结束这一批采访不到一小时，解放军报社记者又前来采访，这次他特意穿起了红军服，戴上了红军帽和记者交谈。可谁都没想到，这成了他一生中最后一次的采访。没过几天，3月12日早上8点，公公永远地离开了我们，享年93岁。

讲课人：回忆顾老一生，平凡但又不普通，谁人舍命做警卫，谁人隐去功与名？到了耄耋之年，顾老依旧行走在传承的路上，讲述历史的荣光！顾老师，当您父亲走了后，讲述红色故事，传承红色基因的接力棒又是怎样到您手里了呢？

顾蓉生：父亲经常教导我们"不能因为是老红军的后代，就搞特殊，要把自己当成普通人一样学习、工作、生活"。作为父亲的儿子，我和老伴也是耳濡目染。父亲走后，我们秉承着父亲的教诲，不断加强苏区红色文化的学习，学着父亲的样子讲述他曾经讲过的红色故事。现在我的孙子也是学校的红色讲解员，立志讲好红色故事！

讲课人：习近平总书记多次指出，要"继承和弘扬革命前辈的红色家风""家风家教是一个家庭最宝贵的财富，是留给子孙后代最好的遗产。"实际上，在没有和顾老师接触前我很忐忑，我总在想顾老师一家和周恩来总理都有往来，会不会很傲气？从2021年第一次登门拜访，看到穿着朴素，说话和气热情的顾老师一家人时，我再也没有了任何顾虑！每次去顾老师家里核对历史材料时，他们总是翻箱倒柜，楼上楼下不断寻找，不嫌麻烦。顾老师经常用他父亲的话教导自己的孩子们——用总理的品格和为人教育好后一代。现在顾老师一家成为红色文化传人，对来到家里的访客不厌其烦地一遍遍讲述革命传统故事，到社区义务宣讲。

今天，我们坐在这一起学习，就是要学习革命先辈不为名，不为利，绝不搞特殊的崇高品德；就是要学习革命先辈良好的家风家教，以革命先辈为镜子，以革命先辈为榜样，推动全社会见贤思齐，加强理想信念教育，解决好世界观、人生观、价值观这个总开关问题，自觉做共产主义远大理想和中国特色社会主义共同理想的坚定信仰者和忠实实践者，把习近平新时代中国特色社会主义思想转化为坚定理想、锤炼党性和指导实践、推动工作的强大力量！

　　点评：该课程综合运用各种科技手段，以现场采访的方式采访了周恩来警卫员顾玉平的儿子顾蓉生和儿媳杨晓华，通过两件小事讲述了顾玉平同志光明磊落、廉洁奉公、重视家风家教的一生。教学主题非常鲜明，方式比较新颖，实效性和针对性强。课程虽然只选取了两件小事，但以小见大，完美诠释了一位优秀共产党员坚守革命理想和信念的过程，为新时代继续推进家风教育，弘扬红色文化，加强革命传统教育提供了生动素材。

★ 穿越百年历史　体验中华崛起

◎**内容提要**　赣州方特东方欲晓是全国首座以红色文化为主题的大型高科技主题公园，也是赣州市批复的第一批红色教育培训基地，基地占地近 40 万平方米，总投资 30 多亿元。

本课程通过六大历史区域和八大主题剧场，以党史、新中国史、改革开放史和社会主义发展史为主要内容，采用 AR、VR 等现代高科技手段和真人演绎等多种不同的表现形式，让学员以亲自参与、互动、体验的方式深入学习百余年来中华民族从危亡走向繁荣的历史，营造身临其境的沉浸式的体验感。

◎**主创人员**　彭洪彬　方特东方欲晓（赣州）旅游发展有限公司
　　　　　　　胡日旺　指导老师

各位学员：

大家好！欢迎大家来到赣州方特东方欲晓主题公园教学点。这里不仅是一座现代化和高科技的主题公园，更是一个主题突出、体验感强、别开生面、寓教于乐的教学场所，在以党史、新中国史、改革开放史和社会主义发展史为主要内容的红色文化培训教育中发挥着突出的作用。

习近平总书记在党的二十大报告中指出：要"弘扬以伟大建党精神为源头的中国共产党人精神谱系，用好红色资源，深入开展社会主义核心价值观宣传教育，

在赣州方特东方欲晓举办的"传承红色基因 落实助企纾困"红色教育主题活动

深化爱国主义、集体主义、社会主义教育,着力培养担当民族复兴大任的时代新人。推动理想信念教育常态化制度化,持续抓好党史、新中国史、改革开放史、社会主义发展史宣传教育,引导人民知史爱党、知史爱国,不断坚定中国特色社会主义共同理想。"如何开展好党史、新中国史、改革开放史和社会主义发展史教育,真正做到党史学习教育常态化、长效化,大力弘扬好伟大建党精神和苏区精神、长征精神,切实引导广大人民群众做到知史爱党、知史爱国,不断坚定中国特色社会主义共同理想?坐落在赣州城西北的赣州方特东方欲晓主题公园,在这方面进行了有益的尝试,探索了一条新路。

赣州方特东方欲晓主题公园是全国首座以红色文化为主题的大型高科技主题公园,也是赣州市批复的第一批红色教育培训基地,取名源自毛主席的诗词《清平乐·会昌》中的"东方欲晓,莫道君行早",具备浓厚的赣南文化特色。基地占地近 40 万平方米,总投资 30 多亿元,以中国共产党团结带领中国人民推翻帝国主义、封建主义和官僚资本主义三座大山,实现民族独立,人民解放,国家富强、人民幸福的百年奋斗历史为背景,精心选择了百年党史中的一些重大历史事件、重要英雄人物、重要历史片段、重要战斗场景，依托于华强方特集团内部的创意院、研究院、设计院三大创意研发机构，精心打造园区六大历史区域和圆明园、致远致远、巾帼、突围、铁道游击、东方欲晓、岁月如歌、飞翔等八个综合运用AR、VR、球幕等前沿高科技制作的沉浸式专题项目。项目不仅视野宏阔、画面精美、场景震撼，而且代入感强、体验感强，能让观众身临其境，深入其中。此种寓教于乐的全新红色教育培训模式深受广大学员尤其是青少年的喜爱。许多学员在体验后都连声称赞道，太震撼了，太值得一看了！这在目前的同类党史教育题材的课程中非常难得，有助于红色文化、红色经典和革命精神深深扎根在新一代中国青年的内心。可以说，这是赣州贯彻落实党的二十大精神，创新红色教育形式，把党史教育常态化长效化开展的非常难得的一种好形式。这些项目通过使用现代高科技手段逼真地再现历史场景，为学员打破红色文化与过去百余年时空的"次元壁"，让受教育者得以穿越历史时空，身临其境地感受，心灵深受震撼。通过今昔对比，从旧中国山河破碎，生灵涂炭，民不聊生，到今天新中国国泰民安，国富民强，日益走近世界舞台中央的巨大变化，使人从内心深切地体会到："红色政权来之不易，新中国来之不易，中国特色社会主义来之不易"的道理；使人从内心深处认识到：中国共产党是一心救国救民的党，是伟大、光荣、正确的党，没有共产党就没有新中国，就没有今天中国的高速发展和人民的幸福生活。

赣州方特研发的《穿越百年历史，体验中华崛起》红色精品课程采用时间轴串联课程内容，从大国之殇到救亡图存，从星火燎原到光辉岁月再到改革开放，展现的是中华民族从危亡一路走向繁荣的场景。课程从设计理念到体验内容上都有鲜明的红色印记。这些都是在充分尊重党史、国史的基础上，汲取先进经验，邀请众多近现代历史专家和学者参与专题论证，并经中宣部组织相关专家多次会议审议后，历时数年，围绕红色文化进行合理的二次创作，实现了既能准确传递史实，又能生动体现出红色文化独特魅力的效果。

在体验这八个不同的项目前，讲师将带领学员们了解每一个项目的背景故事以及所反映的主题思想，揭示深刻道理，让学员们在体验后得到更加深刻的感悟。

方特东方欲晓主题公园正大门

方特东方欲晓主题公园全貌

一、圆明园

圆明园是凝聚了中华民族智慧的建筑瑰宝。这座"万园之园"不仅融入了江南烟雨楼阁的唯美，有皇家院落的恢宏大气，更有西洋建筑的异域风景。园内收藏的奇珍异宝数不胜数，若能保留至今定是人类伟大文明的奇迹。然而，因为清政府的无能，圆明园被英法联军付之一炬，无数珍宝被洗劫一空，很多珍宝至今下落不明，成为国人永远抹不去的历史伤痛……

作为中国近代史上标志性的历史事件，"火烧圆明园"是近代中国"弱后就要挨打"的真实写照，它惊醒了中国的有识之士，促使洋务运动于第二年开启。赣州方特的大型剧场表演项目"圆明园"以超大 LED 巨屏为背景，通过科技手段和艺术形式的紧密配合，真人表演与影像的巧妙结合，以圆明园大总管文丰和现代青年穿越时空的对话为线索，生动再现了圆明园从恢宏到毁灭的全过程。学员在项目中不仅能感受这座皇家园林曾经的富丽堂皇，而且知道了这座美轮美奂的万园之园是如何一步步被毁灭，成为中国人心中永远的痛的。

启示：作为中华儿女，我们必须永远铭记"落后就会挨打"的历史教训！中国紧跟时代发展的进程，加大改革开放的力度，加快经济发展的步伐，尽快建成社会主义现代化国家！伟大的民族复兴，需要我们每一个人的付出。

二、致远 致远

乘坐室内漂流运载船,配合巨幕与实景的多角度联动,学员将在"致远 致远"经历清朝晚期以李鸿章、张之洞为代表的洋务派,发起洋务运动,打造北洋水师,引进"致远"舰,以及 1894 年甲午海战,北洋水师全军覆没,宣告洋务运动破产的重大事件,领略中国海军百年发展的伟大历程。洋务运动是中国近代历史上第一次工业变革的尝试,北洋舰队正是洋务运动的产物。为建设海防,清廷花重金购置以"致远""定远"为代表的铁甲快船,打造出当时世界上最先进的北洋舰队,曾一度让西方列强不敢妄动。但因清政府的无能腐败,军费被挪用,军舰装备未能及时更新,北洋舰队于 1894 年的甲午海战中全军覆没。没有北洋舰队的威慑,西方列强凭借强大的军事实力,胁迫清政府签下众多不平等条约,并大肆瓜分我国资源及领土。最终,是中国共产党改变了这段屈辱岁月,带领人民推翻了三座大山、走向国富民强。项目内容与形式完美结合,银幕表演和实景特技展现跨时空的内容,使学员身临海战现场,强化项目沉浸感体验。

启示:封建主义和资本主义不能救中国,只有社会主义才能救中国。要始终牢记"弱国无外交"的教训,强国必须强军!今天在中国日益走向富强之时,必须建设与我国国际地位相称、与国家安全和发展利益相适应的巩固国防和强大军队。

三、巾帼

"巾帼"项目的内容取材于近代以来,特别是中国共产党成立以来,在争取民族独立、人民解放斗争中的一批杰出女性英雄的光辉事迹。她们秉持救国救民的民族大义,坚定信念,顽强斗争,英勇就义。从鉴湖女侠秋瑾,到毛泽东妻子、共产党员杨开慧;从东北抗联的女英雄赵一曼,到八女投江的众英烈;从到生的伟大、死的光荣的刘胡兰,到含着热泪绣红旗的江姐。她们既有热爱生活、眷恋亲人、肝肠寸断、柔情似水的一面,更有大义凛然、不屈不挠、视死如归的坚贞不屈。

项目通过 28 个升降平台上的演员表演，配合 LED 幻影成像，把真人表演、虚拟演员、三维特效相结合，她们的故事以全新的舞台形式展现得出神入化、亦真亦幻。

启示：项目带领学员置身历史现场，领略女中豪杰以身许国的动人传奇，感悟她们为民族解放而不惜牺牲生命的大无畏精神和舍小家为大家的爱国情怀。

四、突围

抗战史上有许多著名的以少胜多的战例，"夜袭阳明堡"战役正是其中之一，共歼灭日军 100 余人，击毁、击伤日军飞机 24 架，取得了重大胜利，削弱了日军的空中突击力量，有力地配合了忻口战役正面战场作战，有效扭转了当时抗战的形势，是抗日战争初期八路军开赴抗日前线后最有影响的胜仗之一，与平型关大捷、雁门关大捷一并创造了中国抗战史上的奇迹。4D Ride 项目"突围"正是以这段真实历史为内容主题，通过轨道动感球幕，让学员们能够以八路军小队的身份乘坐轨道车"亲身参战"，在"赵崇德营长"的率领下，化身突击队成员穿越枪林弹雨，深入敌营执行摧毁日军飞机的艰巨任务，在日军基地内展开一场惊险的逃脱之旅。刺激的体验感能给学员留下深刻的印象，牢记战争的残酷与和平的不易。

启示：正义战争必然会得到人民支持，得道多助，必定胜利。在中国共产党领导下，已经组织起来了的中国人民是不可战胜的。只要坚定信念，坚持斗争，机智勇敢，不怕牺牲，敢于斗争，善于斗争，弱小的力量也能够战胜貌似强大的敌人，取得革命战争的最后胜利。

五、铁道游击

4D Ride 项目"铁道游击"选取抗日战争时期在山东微山湖一带中国共产党领导的抗日武装不畏强暴、机智勇敢打击日本侵略军的感人故事。"西边的太阳快要落山了，鬼子的末日就要来到了"……当熟悉的歌声再次于耳畔响起，学员们重回抗战年代，乘坐动感车，化身游击队员与"战友"一同潜入峄县车站，夺取日军一辆装满炸药的物资火车前去炸毁大铁桥，随后在铁路线上与追击而来的日军展开激烈的战斗，最终成功将大铁桥炸毁，完成任务。以轨道类项目表现刺激的战争题材，更加突出历险以及环境的沉浸感，帮助我们更好地向学员讲好抗战故事。

启示：生在红旗下，长在红旗下的新中国青少年，必须牢记苦难辉煌的历史，懂得今天的幸福生活是千千万万革命先烈流血牺牲换来的。我们要珍惜当下的美好生活，祝福祖国永远繁荣富强。

六、东方欲晓

"东方欲晓"项目通过今昔对比的手法，利用超大型立体巨幕影院配合全新的视听技术，采用三维制作、实拍、纪录片素材相结合的方式，首先带领学员从今天风景如画、美不胜收的北京城穿越到百年前的北京。学员得以见证中国在封建统治者腐朽没落的统治下，闭关锁国，盲目自大，导致落后挨打，受尽西方列强的凌辱，人民挣扎在死亡线上的悲惨情景。许多的仁人志士为救国救民，奔走呼号却抱恨终生！无论是太平天国农民起义，李鸿章、张之洞的洋务运动，康有为、梁启超发起的维新变法，还是孙中山领导的辛亥革命，都没有完成救国救民的历史重任，未能改变近代以来旧中国半殖民地半封建的社会性质。只有1921年成立的中国共产党，才做到了团结带领中国人民经过28年的艰苦奋斗，推翻了三座大山，取得了中国革命的彻底胜利，实现了民族独立和人民解放。珍贵的彩色高清版开国大典影像资料更是首次呈现在上千平方米的巨大屏幕上，让学员仿若亲临盛事，真切感受到穿越时空的震撼。画面来到中华人民共和国成立后，在中国共产党领导下，我国完成了社会主义改造，建立了社会主义制度，建立起了独立的完整的工业体系，改善了人民生活。特别是通过改革开放，中国经济快速发展，让中国的国内生产总值不断上升。项目通过千余平方米球幕大屏的指标变化，让观众热血沸腾，让学员真真切切地感受没有共产党就没有新中国的道理。

此外，在"东方欲晓"项目预演厅内还有专门为赣州量身打造的现代化赣南苏区展馆，展现中国共产党在赣南苏区波澜壮阔、艰苦卓绝的革命斗争历史，讲述在不同历史时期做出卓越贡献的苏区军民的光荣事迹，为广大参观者提供一个全面了解中央苏区历史、接受革命教育洗礼的平台，对提升赣南红色文化传承力和影响力意义重大，也让每一个赣南儿女倍感自豪和鼓舞！

七、岁月如歌

"岁月如歌"项目以一个普通家庭的发展变化为切入点，借助真人歌舞演出配合大型 360 度旋转舞台的演出形式，向学员介绍中国从 20 世纪 50 年代以来所发生的变化，重现共和国成长的岁月记忆。岁月是一首首回味的金曲，每个年代都有催人奋进的故事，都有时代的主旋律，都有令同龄人感同身受的人和事件。节目通过一对邂逅于开国盛典的青年男女的视角，借助他们一家人的视野见证共和国成长的历程。通过多个大型舞台之间的转换，学员将穿越时空，坐在旋转观众席上，欣赏多种形式的精彩舞台表演，重温这段激情澎湃的光辉岁月。

没有亲历过开国大典那举国欢庆的热血场景，也能体验到那个年代人们的淳朴和善良。经历 20 世纪 50 年代全国高涨的基建热情，百废待兴的新中国处处是热火朝天的建设场景，红色是那个年代的主色调，歌唱祖国是那个年代的主旋律。20 世纪 60 年代涌现出焦裕禄、雷锋、王进喜等一批为新中国奋进而献身的英雄，让我们铭记于心，并以他们为榜样。自律自强是那个年代人的品质，自行研制的原子弹、氢弹的成功爆炸也让国家有了自己的定海神针，可以保护自己，不畏惧西方强国威胁；当东方红的音乐首次传播在太空，我们也有了自己的卫星，让我们科技水平又前进了一步。知青响应国家号召下乡援建、恢复高考、农村土改、十一届三中全会的召开这一件件激动人心的大事件也是中国 20 世纪 70 年代的写照。当《小城故事》的歌声缓缓响起，俊男靓女牵手漫步舞池，这是 20 世纪 80 年代的主旋律，人民的精神生活与物质生活也在逐步提升。《春天的故事》是 20 世纪 90 年代的主旋律，那些年香港、澳门陆续回归，巍巍中华逐步走向富强的道路。新世纪的钟声敲响，开启了21世纪的大门，中国以大国速度全力冲刺，申奥成功、加入WTO、经历2008年雪灾、5·12汶川大地震却依旧将当年的奥运会成功举办，让世界惊叹中国之强大，人民之安居乐业，中国这只雄狮已然清醒，巨龙即将腾飞。通过多个大型舞台之间的转换，学员穿越时空，在享受精彩的表演中见证伟大祖国的兴盛和繁荣。

启示：中国巨大的发展变化，全靠中国共产党的英明领导！是中国共产党领导我们走过万水千山，踏平沟壑天堑，率领我们奋勇向前，为实现中华民族的伟大复兴而奋斗。当前这个时代的主旋律，就是牢记习近平总书记的谆谆教诲，自立自强、守正创新、勇毅前行、团结奋斗，实现党的二十大所提出的奋斗目标，全面建设社会主义现代化国家，全面推进中华民族的伟大复兴。

八、飞翔

以宏大的视角，超高清的镜头，带领学员饱览祖国大好河山，领略巍巍中华之壮美。项目采用3D球幕技术，以悬挂式座椅的运动模拟高空飞行，带领学员从巍峨雄伟的万里长城出发，遥望庄严神圣的布达拉宫，飞越世界屋脊喜马拉雅山脉；穿过壁立千仞别有洞天的湖南天门山、天门洞，领略三峡大坝的气势磅礴，

"飞翔"项目体验现场

瞻仰革命摇篮井冈山，呼吸五指峰天然氧吧的气息；感受青山秀水千户苗寨的淳朴民风，盛赞自然的鬼斧神工，瞬息万变的云海，群峰荟萃雄险奇峻的黄山奇观；惊叹人定胜天的奇迹，"天堑变通途"的北盘江大桥；俯瞰山水黔南，天眼奇观的中国天眼，再游历史遗迹的故宫；穿越回"凤凰展翅"的大兴机场，伴随飞机

起落的轰鸣来到上海，穿梭在虹桥高铁中体验中国时速，陆家嘴上空的绚丽烟花，东方明珠塔及周边璀璨的灯火，感受伟大祖国的大好河山和日新月异的变化，增强作为中国人的自豪感、自信心！

启示：祖国山河之美，不仅有自然的馈赠，更是伟大的中国共产党的英明领导所创造！正是在中国共产党的领导下，秉承"江山就是人民，人民就是江山"的执政理念，全心全意为人民服务的态度，中国共产党人与中国人民一起同甘共苦，攻克了一个个难题，带领我们摆脱贫困，走向富裕，奔向小康。身为中华儿女，理应自强不息，要永远"听党话，跟党走，不动摇"。

小结：从课程开启的一刻起，参观者就置身于百年历史长河。从大国之殇到救亡图存，从星火燎原到光辉岁月，最后从改革开放走向新时代。通过赣州方特独家打造的"体验式红色文化学习模式"，学员们不仅愉悦了身心，而且增长了见识，体验了战争的残酷，学习了革命先辈的高贵品德和崇高风范。进一步加深了对"红色政权来之不易，新中国来之不易，中国特色社会主义来之不易"的理解，加深了对"没有共产党就没有新中国，只有社会主义才能救中国"的认同。增进了对中国共产党、对伟大祖国、对中国特色社会主义的热爱，树立永远热爱党、永远跟党走的思想自觉和行动自觉，高举中国特色社会主义伟大旗帜，认真学习贯彻习近平新时代中国特色社会主义思想，自立自强，守正创新，踔厉奋发、勇毅前行，为全面建成社会主义现代化强国、为全面推进中华民族伟大复兴而团结奋斗。

让历史告诉现在，让现在启迪未来。让我们在赣州方特穿越历史，汇聚起实现中华民族伟大复兴的磅礴力量！

点评：该课程以赣州方特东方欲晓主题公园为现场教学点，既介绍了主题公园的整体情况，又以沉浸体验的方式生动讲述了圆明园、致远致远、巾帼、飞翔等八个主题项目的内容和表现形式，主题突出、情景交融、体验感强、别开生面、寓教于乐、效果震撼。

中国·赣州首届红色教育培训精品课程大赛获奖名单

一等奖

1.《马前托孤践初心》

报送单位：中共兴国县委党校

2.《永恒的信仰》

报送单位：中共井冈山市委红色教育基地

3.《三次留任助脱贫　不负人民守初心》

报送单位：中共寻乌县委党校

二等奖

1.《赣州践行初心记》

报送单位：北京新思路智库艺术创作中心

2.《情牵英雄红土　寻脉赣南油山》

报送单位：南京大学

3.《赓续长征精神　不负青春韶华》

报送单位：于都县思源实验学校

4.《用总理的品格教育人》

报送单位：江西瑞金干部学院

5.《南方红军三年游击战争的精神内涵及时代价值》

报送单位：中共大余县委党校

6.《傅连暲的红色信仰》

报送单位：江西瑞金干部学院

三等奖

1.《用生命守护苏区贸易》

报送单位：中共赣州市赣县区委组织部

2.《举行过"开国大典"的谢氏宗祠》

报送单位：瑞金市井冈山小学

3.《开国将军梁达三》

报送单位：瑞金市怡安希望小学

4.《赓续红色血脉　争做"诚毅"少年》

报送单位：信丰县陈毅希望学校

5.《生是为中国　死是为中国》

报送单位：中共大余县委党校

6.《就义前的慷慨家书》

报送单位：中共上犹县委党校

7.《"带镣长街行"　正气励后人》

报送单位：安远县思源实验学校

8.《共和国的根基是人民》

报送单位：江西瑞金干部学院

9.《为有牺牲多壮志》

报送单位：中共赣州市赣县区委组织部

10.《坚守承诺八十八载　烈士英魂不会孤单》

报送单位：中共崇义县委党校

优秀奖

1.《传承红色基因　争做时代新人》

报送单位：全南县实验小学

2.《盘山魂》

报送单位：会昌县红色资源保护发展中心

3.《死到阴间不反水　保护共产党万万年》

报送单位：中共赣州市委党校

4.《人民支援永不忘》

报送单位：中共大余县委党校

5.《红色无线电发展史中的管理之道》

报送单位：赣州汇智企业管理顾问有限公司

6.《兴国官田中央兵工厂的现实启示》

报送单位：中共赣州市委党校

7.《月屋围的红色故事》

报送单位：龙南市龙南镇人民政府

8.《对党忠诚　一心一意》

报送单位：兴国县红色资源保护发展中心

9.《信念的力量》

报送单位：中共信丰县委党校

10.《为人民解放而死最光荣》

报送单位：江西省赣游通文化旅游发展有限公司

11.《群众路线是党的生命线》

报送单位：中共寻乌县委党校

12.《艰难抉择》

报送单位：中共瑞金市委党校

13.《点亮青年理想之明灯》

报送单位：中共宁都县委党校

14.《煤油灯下译巨著》

报送单位：赣州建控投资控股集团有限公司

15.《要用冲锋的精神去做好革命的工作》

报送单位：中共赣州市委党校

16.《中央苏区的廉政建设及其当代启示》

报送单位：中共赣州市委党校

17.《中央苏区党的建设实践与经验》

报送单位：江西瑞金干部学院

18.《常修共产党人的心学》

报送单位：中共崇义县委党校

19.《办好中国的事情关键在党》

报送单位：赣南师范大学

20.《新时代中国特色社会主义在赣南苏区的伟大实践》

报送单位：赣州市第十五中学

21.《穿越百年历史 体验中华崛起》

报送单位：方特东方欲晓（赣州）旅游发展有限公司

十佳红培讲师

（一）现场教学类

范　颖　中共兴国县委党校教育培训中心主任

朱慧琳　江西瑞金干部学院讲师

张智晖　中共大余县委党校教师

刘道远　赣县区公安局大田派出所民警

郭　弘　中共上犹县委党校教研室教师

（二）专题教学类

皮建文　中共大余县委党校三级主任科员

（三）课堂教学类

韩　悦　南京大学文学院思政辅导员

邱康媛　于都县思源实验学校教师

（四）创新教学类

黄　莺　中共寻乌县委党校副校长

肖淑慧　中共井冈山市委红色教育基地培训室副主任

最佳组织奖

江西瑞金干部学院

中共赣州市委党校

中共大余县委宣传部

中共信丰县委党校

瑞金市红色资源保护发展中心

兴国县红色资源保护发展中心

开展红色教育培训，教学课程是基础，是核心竞争力。近年来，赣州市依托丰富而独特的红色资源，开发出了不少优质课程，但与党员干部、大中小学生和人民群众多样化个性化的学习需求相比，还存在数量不多、品类不全、质量不高等问题。赣州市委宣传部、市红色资源保护发展中心面向全国举办红色教育培训精品课程大赛，就是为了补齐这一短板，着力构建以苏区精神、长征精神和苏区干部好作风为核心的红培课程体系。

中国·赣州首届红色教育培训精品课程大赛从 2022 年 10 月正式启动，历时三个多月，经过初评、复评和现场决赛等环节，评选出一、二、三等奖，优秀奖共 40 门获奖课程和十佳红培讲师，以及优秀组织奖 6 个。《人民日报》、新华社、中央广播电视总台等央媒和湖南、深圳、延安、遵义等省市媒体平台对大赛进行了集中宣传报道，对获奖课程进行了展示展播，在社会上引起广泛关注和热烈反响。

将获奖课程汇编成册是此次大赛的最后一项任务，也是最繁琐细致的工作。早在 2022 年年底，我们就着手收集整理，统一编排，联系获奖单位和选手对课程文稿和插图进行补充修改完善，组织专家评委对每门课程进行点评。通过对这些红色作品的深入研究和思考，我们再次被赣南红色文化所震撼，并对其蕴含的深刻内涵有了更加全面的理解，由此也感受到了红色教育的力量，见证了每一位参赛者在传承弘扬红色基因道路上的不懈努力。

为做好本书的编写出版工作，主办方牵头统筹，成立了专门的编委会，承办方赣州市融媒体中心通力协作，做好具体协调保障工作。在此，首先要感谢参赛的单位和个人奉献出来优质课程；其次要感谢大赛的专家评委张泰城、匡胜、吴晓荣、张孝忠、凌步机、王石水、王小元、贺新春、陈安、张均卿、刘琳、刘玲芳等对汇编的课程进行审核把关和精彩点评，市融媒体中心记者温居林对大赛进行宣传报道并执笔撰写前言；最后还要感谢江西人民出版社副总编辑王一木和责任编辑张志刚，对本书的审稿、排版等倾注了大量心血汗水。众人拾柴火焰高，正是因为你们的辛勤付出和热情参与，才有了这本书的顺利出版，才使得大赛得以完美收官。

我们希望本书的出版，向更多的人传递红色教育培训的重要价值，通过这些精品课程的分享和传播，让更多的人从红色历史中找到前进的动力和方向，从先烈的事迹中汲取奋进的力量和智慧。同时，也希望有更多的人参与红培课程开发，更好地赓续红色血脉，传承红色基因，为实现中华民族伟大复兴提供强大精神力量。

愿红色教育的火种在每个人心中燃烧，点燃希望的明灯，为我们的美好未来照亮前行的道路！

本书编委会

2023 年 11 月

图书在版编目（CIP）数据

红耀赣南:赣州首届红色教育培训精品课程大赛获
奖课程汇编/赣州市红色资源保护发展中心编著.--南昌:
江西人民出版社,2023.11
ISBN 978-7-210-14867-8

Ⅰ.①红… Ⅱ.①赣… Ⅲ.①革命传统教育—赣州—
干部教育—学习参考资料 Ⅳ.① D642

中国国家版本馆 CIP 数据核字（2023）第 196667 号

红耀赣南：赣州首届红色教育培训精品课程大赛获奖课程汇编
HONG YAO GANNAN:GANZHOU SHOUJIE HONGSE JIAOYU PEIXUN JINGPIN KECHENG DASAI HUOJIANG KECHENG HUIBIAN

赣州市红色资源保护发展中心　编著

责 任 编 辑：张志刚
封 面 设 计：同异文化传媒

 江西人民出版社 出版发行
Jiangxi People's Publishing House
全 国 百 佳 出 版 社

地　　　　址：江西省南昌市三经路 47 号附 1 号（330006）
网　　　　址：www.jxpph.com
电 子 信 箱：jxpph@tom.com　web@jxpph.com
编辑部电话：0791-86898873
发行部电话：0791-86898815
承　印　厂：南昌市红星印刷有限公司
经　　　销：各地新华书店

开　　　本：787 毫米 × 1092 毫米　1/16
印　　　张：18.75
字　　　数：284 千字
版　　　次：2023 年 11 月第 1 版
印　　　次：2023 年 11 月第 1 次印刷
书　　　号：ISBN 978-7-210-14867-8
定　　　价：58.00 元
赣版权登字 -01-2023-475